编审委员会

法学 系列教材

行 政 法 学

XINGZHENGFA XUE

主　编／王敬波

副主编／林鸿潮

撰稿人／（以撰写章节先后为序）

薛志远　申　静　祖博媛

林鸿潮　宗婷婷　王　政

昌永岗

中国政法大学出版社

2018·北京

图书在版编目（ＣＩＰ）数据

行政法学/王敬波主编. —北京：中国政法大学出版社,2018.9
ISBN 978-7-5620-7956-9

Ⅰ.①行…　Ⅱ.①王…　Ⅲ.①行政法学—中国　Ⅳ.①D922.101

中国版本图书馆CIP数据核字(2018)第042688号

出　版　者	中国政法大学出版社
地　　　址	北京市海淀区西土城路 25 号
邮　　　箱	fadapress@163.com
网　　　址	http://www.cuplpress.com（网络实名：中国政法大学出版社）
电　　　话	010-58908435(第一编辑部)　58908334(邮购部)
承　　　印	北京朝阳印刷厂有限责任公司
开　　　本	720mm×960mm　1/16
印　　　张	15.25
字　　　数	225 千字
版　　　次	2018 年 9 月第 1 版
印　　　次	2018 年 9 月第 1 次印刷
印　　　数	1～4000 册
定　　　价	43.00 元

编写说明

    法学的实践性历来为法学教育所重视和强调，如何培养法科学生的法律运用能力也一直是法学教育的重点和难题。随着国家统一法律职业资格考试对法治实践水平的着重考察，以及同等学力人员申请硕士法学学位教育对理论知识结合司法实务的迫切需求，本系列教材编写组结合互联网科技和移动电子设备的发展趋势，根据全国各大法学院校不同学制法学教育的特点，针对学生法学基础深浅不一、理论与实践需求各异的现状，以掌握法学最基础理论知识、应对国家统一法律职业资格考试和同等学力人员申请法学硕士学位专业考试、提升司法实践能力和法律运用能力为目标，组织编写"法学 e 系列教材"。

    本系列教材的特点主要体现在以下几个方面：

    第一，本系列教材的编写人员均为中国政法大学从事法学教育数十年的知名教授，拥有极为丰富的法学教学经验和丰硕的科研成果，同时深谙司法实务工作特点和需求，能够在授课过程中完美地结合法学理论知识与法律实务技能，多年来深受学生的喜爱和好评。他们立足于法学教育改革和教学模式探索创新的需要，结合互联网资源信息化、数字化的特点，以自己多年授课形成的讲义和编著过的教材为基础，根据学生课堂学习和课外拓展的需要与信息反馈，经过多年的加工与打磨，精心编写。本系列教材是各位编写人员数十年法学教学、司法实践与思考探索的结晶，更是他们精心雕琢的课堂教学的载体和平台。

    第二，知识详略得当、重点突出，完善法科学习思维导图。首先，本系列教材内容区别于传统法学全日制本科、研究生专业教材和学术著作，主要涉及法学教育中最根本、最重要的知识要点，教材篇幅适中，内容简洁明了、通俗易懂，准确阐述法学的基本概念、基本理论和基本知识，主要使学生了解该学科的通说理论。其次，本系列教材不仅旨在传授法学基础知识，更要帮助学生在脑海中形成脉络清晰的树状知识结构图，对于如何解构法律事实、梳理法律关系、分清主次矛盾、找到解决方法，形成科学完整的法学方法论，为法学理论拓展或法律实务工作奠定坚实的基础。最后，对于重难点内容进行大篇幅详细对比和研究，使学生通过学习本教材能够充分掌握重要知识点，培养学生解决常见问题的能力；

对其他相关知识点如学术前沿动态和学界小众学术观点，则以二维码的形式开放线上学习平台，为有余力者提供课外拓展学习的窗口。

第三，实践教学与理论教学相结合，应试教学与实务教学相结合。本系列教材承载了海量案例库和法律法规库，同时结合扫描二维码形式跳转到相关资源丰富的实务网站，充分结合案例教学、情景教学、课后研讨和专题研究等教学、学习方法，引导学生从理论走向实践、从课堂走向社会。同时，为了满足学生准备国家统一法律职业资格考试和同等学力人员申请法学硕士学位专业考试的需要，本书设置了专项题库和法规库并定期更新，以二维码的形式向学生开放各类考试常考的知识点及其对应的真题、模拟题，提供考点法律法规及案例等司法实务必备信息，引领学生从法学考试走向法律实务、从全面学习走向深度研究。

第四，立体课堂与线下研讨相结合，文字与图表、音视频相结合。除了完善课前预习和课堂授课内容，本系列教材也为学生提供了丰富、立体的课下学习资源，结合网络学习平台，加强出版单位和读者沟通，加强师生互动沟通，不断更新、完善教师教学效果、学生学习成果、出版整合资源成果。

本系列教材是各位参编教师数十载潜心研究、耕耘讲台的直接成果，搭乘 e 时代的高速科技列车，以法学结合互联网、教材结合二维码为创新方式，攻克法学教育资源庞杂、重难点难以兼收的难题，希望为广大法科学子和司法实务工作者提供更加科学、实用的法学教材。我们相信，这些成果的出版将有力地推动各类法学院校法学教学改革和法律人才培养目标的实现，我们也希望能够得到广大从事法学教育工作的专家、学者的鼓励、交流与批评、指正！

编审委员会
2017 年 7 月

　　行政法学系高等法学专业教学的核心主干课程。本教材主要面向同等学力申请硕士学位的学生，因而在编写时既注重理论体系的完整性，同时兼顾实务训练和法律职业技能培养。本教材正文部分尝试用简洁凝练的语言阐述行政法学的基本理论、制度和知识点，做到重点突出、结构清晰、观点明确。二维码部分充分利用现代信息技术，将有关学术观点争鸣、最新理论研究成果等在此呈现，极大地扩展学生视野，这是行政法学教材顺应"互联网＋"时代的一次有益尝试，也是本教材的一大特色和亮点。二维码部分主要包括行政法领域最前沿的理论知识、行政法治实践的制度创新、典型案例分析以及精选的练习习题。

　　本教材由中国政法大学王敬波教授主持编写，并负责全书统稿。本教材共分为十二章，撰写分工如下：薛志远（中国政法大学博士）负责第一章；申静（河北大学政法学院副教授、法律硕士专业导师）负责第二章、第四章、第六章；祖博媛（国际关系学院讲师）负责第三章、第七章、第九章；林鸿潮（中国政法大学法治政府研究院教授、博士生导师）负责第五章、第十二章；宗婷婷（中国政法大学博士后）负责第八章；王政（河北环境工程学院教授）负责第十章；昌永岗（内蒙古大学讲师）负责第十一章。

　　在本书稿付梓之际，感谢中国政法大学出版社为本书的编辑、出版和发行工作的辛勤付出。由于行政法学涉及内容广泛且我国行政法治实践理论也在逐步更新，加之编者时间、能力有限，本书存在诸多不妥之处，敬请广大读者不吝赐教。

王敬波

2018 年 8 月于北京

图书总码

目录

第一章　行政法概述

本章知识结构图

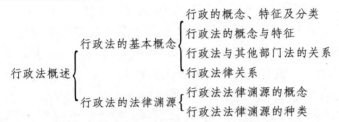

重点内容讲解

　　本章重点在于：①理解行政的概念、特征及分类；②掌握行政法的概念与特征；③了解行政法与其他部门法的关系；④厘定行政法律关系的构成要素；⑤把握行政法的法律渊源，准确区分形式渊源与实质渊源。

第一节　行政法的基本概念

一、行政的概念、特征及分类

（一）行政的概念

　　行政的字面含义是指组织的执行、管理。现代行政的范围随着公权力的分化和发展而拓展。现代行政分为公共行政（公行政）和普通行政（私行政）。公行政又可分为国家行政与非国家行政。国家行政又可分为形式行政与实质行政。现代行政法意义上的行政是公共行政，主要是国家行政、形式行政，即国家行政机关进行的执行、管理活动，包括国家行政机关进行的准立法和准司法活动。

　　国内外行政法学者为行政作出过各种各样的定义，最具代表性的观点至少包括："扣除说"（又称"排除说""蒸馏说""除外说"），认为行政是指"国家立法、司法以外的一类国家的职能"[1]"目的说"，认为"近代行政，可理解为于法之下，受法之规制，并以现实具体地积极实现国家目的为目标，所为之整体上具有统一性之继续的形成性国家"[2]"组织管理说"，认为行政是指"国家行政机关对国家与公共事务的决策、组织、管理和调控"[3] 尽管对于这些定义，我们往往难于在短时间内准确把握其内涵与外延。同时，由于社会生活的复杂性与不断发展，对于"行政"的确切疆域难以完全清晰地予以把握[4] 但是，以行政法学视野来为"行政"下一个内涵与外延相对完备的定义，并非不能为之。本书选择采用马怀德教授对行政所作之界定，即认为"行政法学研究的行政是指为实现国家目的，运用制定政策法规、规章、组织实施管理、命令、监督制裁等方式执行国家法律和权力（立法）机关意志的活动"[5]

【拓展案例】

（二）行政的特征

从不同的角度可以对行政的特征作不同的描述。马怀德教授认为，行政法学视域下的行政具有如下特征：①行政法学研究的行政不同于一般意义上的"管理"，有别于企事业单位内部的"行政"，而是以实现国家目的，执行国家法律及立法机关意志的活动为特征的；②行政法学意义上的行政是现代国家权力分工体制的产物；③行政法学研究的行政是执行国家法律和权力机关意志的活动，相对于立法而言，处于从属地位；④行政与立法的本质区别在于，行政是执行法律的活动，而立法是创制法律的活动；行政与司法的区别在于，行政是为实现国家目的而主动执行适用法律的活动，而司法是追诉犯罪、裁判纠纷的被动适用法律的活动[6] 另外，还可以将行政法视角下的行政之特征总结为法

【理论扩展】

---

〔1〕 罗豪才主编：《行政法学》，北京大学出版社 1996 年版，第 2 页。

〔2〕 [日] 田中二郎：《行政法》（上卷），弘文堂 1974 年版，第 5 页。

〔3〕 罗豪才主编：《行政法学》，北京大学出版社 1996 年版，第 3 页。

〔4〕 参见姜明安主编：《行政法与行政诉讼法》，北京大学出版社、高等教育出版社 2015 年版，第 4~5 页。

〔5〕 马怀德主编：《行政法与行政诉讼法》，中国法制出版社 2015 年版，第 2 页。

〔6〕 马怀德主编：《行政法与行政诉讼法》，中国法制出版社 2015 年版，第 2~3 页。

治化、公益性、职权职责一致性、积极性。[1]

（三）行政的分类

国家行政按照不同的标准可以进行不同的分类。

1. 根据是使公民负担义务还是为公民提供利益、赋予权利，或者免除义务，可以将行政分为负担行政和授益行政。

2. 根据行政的主体的不同，可将行政分为形式行政和实质行政。认为只要是行政机关从事的活动，则都属于行政活动的，属于形式行政。而从行政活动的性质、内容和功能上界定行政，认为行政是指排除了行政机关制定规则和裁决争议的活动后，所有管理社会的执行性活动的，则属于实质行政。形式行政的范围大于实质行政，扩大了行政法的调整范围，扩展了行政法学研究的对象。

【理论扩展】

3. 根据行政的内容和任务的不同，可将行政分为秩序行政（维护公共秩序、国家安全，排除对公民及社会的危害的行政活动）和给付行政（以提供公民福利和生存照顾为内容的行政活动）。

4. 根据行政受法律约束的程度的不同，可将行政区分为羁束行政和裁量行政。前者指政机关的行为权限被法律严格限定的行为；后者指行政机关享有自由裁量权的行为。[2]

【课后练习与测试】

二、行政法的概念与特征

（一）行政法的概念

同行政一样，中外理论界对行政法也有多种定义方式。有从行政法的目的出发定义行政法的（"控权论""管理论"和"平衡论"），有从行政法调整对象角度定义行政法的（调整行政关系[3] 调整行政活动、调整各种社会关系、调整特定社会关系、调整行政关系以及在此基础上产生的监督行政关系等），还有从

---

[1] 马怀德主编：《行政法与行政诉讼法》，中国政法大学出版社 2012 年版，第 1~2 页。

[2] 马怀德主编：《行政法与行政诉讼法》，中国政法大学出版社 2012 年版，第 2~3 页。

[3] 对行政关系的定义，早期的研究可参见罗豪才主编：《行政法学》，中国政法大学出版社 1989 年版。新近的研究可参见姜明安主编：《行政法与行政诉讼法》，北京大学出版社、高等教育出版社 2015 年版。姜明安教授认为行政关系是指，行政主体行使行政职能和接受行政法制监督而与行政相对人、行政法制监督主体所发生的各种关系以及行政主体内部发生的各种关系。

行政法包含的主要内容角度定义行政法的（日本学者多采用此角度）。[1]

针对上述三种行政法的定义方式，马怀德教授进一步指出："上述三种定义方式各具特色，从不同角度把握了行政法的实质内涵，为我们进一步认识行政法的作用、调整对象及内容结构奠定了理论基础。"然而，"行政法的作用和目的是多重的，从单一目的出发定义行政法失之偏颇；而行政法的调整对象范围不一……以此作为定义方式不够准确。比较而言，行政法涉及的内容则相对稳定，容易把握，以此作为定义方式更接近行政法的本质。"从此角度定义行政法，可将之总结为："行政法是关于行政权力的授予、行使以及对行政权力进行监督和对其后果予以补救的法律规范的总称。"[2]

【理论扩展】

（二）行政法的特征

根据内容与形式二分法，可将行政法的主要特征总结如下：

形式上的特征包括：①较难制定一部统一的实体行政法法典。行政法调整范围广泛，且内容繁杂易变，因此难以通过一部统一的行政法实体法典进行规范。②行政法有统一的行政程序法典。从世界范围看，许多国家已经制定出统一的行政程序法典。我国目前尚未出台《行政程序法》，有关行政程序规范散见于《行政处罚法》《行政许可法》《行政强制法》等多部法律规范中。

内容上的特征包括：①行政法涉及的领域十分广泛，内容十分丰富；由于行政法所调整的对象非常广泛，因此，与民法、刑法相比，行政法的内容更加丰富。②行政法具有很强的变动性。③行政法常集实体与程序于一身。[3] ④在行政法调整的行政关系中，行政主体始终是其中的一方主体。在行政管理关系中存两方主体，分别是行政主体和行政相对人。在行政救济关系中，存在三方主体，分别为行政救济机关、行政主体和行政相对人。

【考试真题】

〔1〕 马怀德主编：《行政法与行政诉讼法》，中国法制出版社 2015 年版，第 5～6 页。
〔2〕 马怀德主编：《行政法与行政诉讼法》，中国法制出版社 2015 年版，第 6 页。
〔3〕 马怀德主编：《行政法与行政诉讼法》，中国法制出版社 2015 年版，第 9～10 页。

王名扬先生曾对英法美三国的行政法的特征进行过总结,[1]
详见表1－1：

表1－1　英法美三国行政法的特征对比

国别	英国	法国	美国
特点	①没有独立的行政法院体系；②行政诉讼适用一般的法律规则；③行政程序法优先于实体法	①独立的行政法院系统；②行政法是独立的法律体系；③行政法上的重要原则由判例产生；④行政法没有编成完整的法典；⑤中央集权的行政体制	①没有独立的行政法院体系；②行政法不构成独立的法律体系；③重视行政程序；④行政公开和公众参与

英美法三国的行政法所表现出的特征，从整体上也印证了上述以形式与内容二分法来界定行政法特征所得出的结论。值得注意的是，荷兰于1994年生效实施的《行政法通则法案》在世界范围内为探索制定统一行政法法典作出了努力。荷兰的相关探索与实践同样值得我们认真研究。

三、行政法与其他部门法的关系

（一）行政法与宪法

宪法是国家的根本大法。行政法作为部门法，从属于宪法。行政法可称为"动态的宪法"，主要是贯彻落实宪法的相关规定，是重要的宪法实施法。行政制度乃宪法中必不可少的内容。国家行政机关所遵守之基本原则、所实施之基本制度等，均主要由宪法与宪法性法律加以规定。

（二）行政法与民法

民法调整的是公民、法人及其他组织等平等主体之间的民事法律关系。其中人身关系和财产关系是民法所着力调整的内容。

---

〔1〕　王名扬：《王名扬全集①：英国行政法、比较行政法》，北京大学出版社2016年版，第250～259页。

而行政法主要是调整行政权行使过程中所形成的行政法律关系。行政法律关系多以命令服从关系为主，这实质上体现的是行政机关与行政相对人双方地位的不平等。当然，在由传统的以命令服从关系为主的行政管理向现代的以服务行政为主的行政治理转型的过程中，行政法逐渐增加了诸如行政指导、行政和解、行政协议等柔性执法方式。上述柔性执法方式，不再简单以命令控制为特征，而是更加强调行政主体与行政相对人之间合意的达成。

（三）行政法与刑法

行政法在规范行政相对人的行为时，通常使用警告，罚款，没收违法所得、没收非法财物，责令停产停业，暂扣或者吊销许可证、执照，行政拘留等行政处罚方式。而刑法在规范触犯国家刑事法律规范的行为时，使用的是由主刑和附加刑所构成的刑事处罚。主刑包括管制、拘役、有期徒刑、无期徒刑和死刑。附加刑则包括罚金、剥夺政治权利和没收财产，以及适用于犯罪的外国人的驱逐出境。由此可见，行政法与刑法均致力于对侵犯国家行政管理秩序的行为进行惩戒，但行政法的惩戒程度相对较低，其主要规范的是违法但尚未构成犯罪的行为。而刑法惩戒程度更高，其主要规范的是构成刑事犯罪的行为。

四、行政法律关系

（一）概念、要素及特征

一般认为，行政法律关系，是指行政法律规范对行政权力行使过程中产生的各种社会关系加以调整后，所形成的一种行政法上的权利义务关系。[1] 行政法律关系作为法律关系的一种，其构成要素和法律关系的构成要素相同，包括主体、客体、内容。

行政法律关系的主体，包括行政主体与行政相对人。这一点，在我国台湾地区也是如此，如有学者指出："行政法律关系既最常见于人民与国家或地方自治团体等公法人之间，故此一法律关系之主体，即为人民与国家或地方自治团体。"当然此处的人民不仅指公民，也包括各种法人、其他组织。此处的国家与地

---

〔1〕 马怀德主编：《行政法与行政诉讼法》，中国法制出版社 2015 年版，第 58 页。

方自治团体，也包括被授权或委托行使公权力者等。[1] 行政法律关系的客体是指行政法权利义务的对象（如物、行为和精神财富）。行政法律关系的内容，也即行政法律关系主体双方所享有的权利义务的总和。[2]

行政法律关系主体上的特征表现为：①主体的恒定性与不可转化性；②主体资格的受限制性；③主体地位的不对等性。行政法律关系内容上的特征表现为：①内容的法定性与不可分割性；②内容处分的有限性；③纠纷处理的特殊性；④行政纠纷处理的行政性。[3]

（二）产生、变更和消灭

行政法律关系的产生、变更和消灭，可以统称为行政法律关系的变动。行政法律关系的变动不是无条件的，最主要的条件包括两个：①行政法规范的存在（或规定）；②行政法律事实的出现。行政法律规范的存在是前提条件，但仅有行政法律规范，没有行政法律事实，行政法律关系也不会发生变动，规范与事实二者缺一不可。行政法律事实可进一步划分为法律事件与法律行为。[4]

【课后练习与测试】

第二节　行政法的法律渊源

一、行政法法律渊源的概念

行政法法律渊源是指行政法律规范的外部表现形式和根本来源。[5] 我国遵循成文法传统，制定法是行政法的主要法律渊源。一般包括：宪法、法律、行政法规、地方性法规、民族自治条例和单行条例、行政规章、国际条约和协定、法律解释等。此外，通常把行政机关与党派、群众团体等联合发布的行政法规、规章

---

〔1〕 法治斌："行政法律关系与特别权力关系"，载翁岳生主编：《行政法（2000）》（上册），中国法制出版社 2009 年版，第 291～293 页。

〔2〕 马怀德主编：《行政法与行政诉讼法》，中国政法大学出版社 2012 年版，第 5～6 页。

〔3〕 马怀德主编：《行政法与行政诉讼法》，中国法制出版社 2015 年版，第 66～68 页。

〔4〕 马怀德主编：《行政法与行政诉讼法》，中国法制出版社 2015 年版，第 68～72 页。

〔5〕 马怀德主编：《行政法与行政诉讼法》，中国法制出版社 2015 年版，第 10 页。

等文件，也视为行政法的渊源。[1]

二、行政法法律渊源的种类

我国目前主要有以下几种行政法法律渊源：

（一）宪法

宪法是国家的根本大法，也是行政法最高位阶的法律渊源。我国《宪法》在"序言"部分规定："本宪法以法律的形式确认了中国各族人民奋斗的成果，规定了国家的根本制度和根本任务，是国家的根本法，具有最高的法律效力。全国各族人民、一切国家机关和武装力量、各政党和各社会团体、各企业事业组织，都必须以宪法为根本的活动准则，并且负有维护宪法尊严、保证宪法实施的职责。"宪法关于国家机构的权限配置、公民的基本权利义务等条款均为行政法的重要的法律渊源。

（二）法律

法律是宪法之下，位阶最高的法律规范，也是行政法极为重要的法律渊源。《立法法》第7条规定："全国人民代表大会和全国人民代表大会常务委员会行使国家立法权。全国人民代表大会制定和修改刑事、民事、国家机构的和其他的基本法律。全国人民代表大会常务委员会制定和修改除应当由全国人民代表大会制定的法律以外的其他法律；在全国人民代表大会闭会期间，对全国人民代表大会制定的法律进行部分补充和修改，但是不得同该法律的基本原则相抵触。"由此可见，法律的制定及修改权属于全国人大及其常委会。法律分为基本法律和普通法律。目前我国已形成相对比较完整的行政法法律规范体系，内容涵盖行政组织、行政行为、行政管理、行政监督、行政救济等。

【课后练习与测试】

（三）行政法规

行政法规的效力位阶排在宪法、法律之后。根据《立法法》第65条的规定，国务院根据宪法和法律，制定行政法规。行政法规可以就下列事项作出规定：①为执行法律的规定需要制定行政法规的事项；②《宪法》第89条规定的国务院行政管理职权的事项。由此可见，行政法规主要是对宪法与法律中的有关国家

【法条链接】

---

〔1〕 马怀德主编：《行政法与行政诉讼法》，中国法制出版社2015年版，第14页。

行政管理事务的规范作出更为具体的规定。

（四）地方性法规

虽然地方性法规的效力范围仅局限于本行政区域内，且在法律效力位阶上，低于宪法、法律和行政法规，但由于相较于高位阶的法律规范而言，地方性法规更加具体化与本地化，故其也属于非常重要的一类行政法法律渊源。我国《立法法》第72～79条对地方性法规作出了较为具体的规范。有权制定地方性法规的主体主要有：①省级人大及其常委会根据本行政区域的具体情况和实际需要，在不同宪法、法律、行政法规相抵触的前提下，可以制定地方性法规；②设区的市的人大及其常委会根据本市的具体情况和实际需要，在不同宪法、法律、行政法规和本省、自治区的地方性法规相抵触的前提下，可以对城乡建设与管理、环境保护、历史文化保护等方面的事项制定地方性法规，法律对设区的市制定地方性法规的事项另有规定的，从其规定。设区的市的地方性法规须报省、自治区的人大常委会批准后施行。自治州的人大及其常委会可以依法行使设区的市制定地方性法规的职权。

地方性法规可以就下列事项作出规定：①为执行法律、行政法规的规定，需要根据本行政区域的实际情况作具体规定的事项；②属于地方性事务需要制定地方性法规的事项。此外以地方性法规作为行政法的法律渊源时，还应注意以下事项：一是地方性法规不得与法律或者行政法规相抵触，抵触部分无效，制定机关应当及时予以修改或者废止；二是制定地方性法规，对上位法已经明确规定的内容，一般不作重复性规定；三是规定本行政区域特别重大事项的地方性法规，应当由人大通过。

（五）民族自治条例和单行条例

我国《宪法》第116条规定："民族自治地方的人民代表大会有权依照当地民族的政治、经济和文化的特点，制定自治条例和单行条例。自治区的自治条例和单行条例，报全国人民代表大会常务委员会批准后生效。自治州、自治县的自治条例和单行条例，报省或者自治区的人民代表大会常务委员会批准后生效，并报全国人民代表大会常务委员会备案。"此外，结合立法法的相关规定可知，民族自治条例和单行条例作为我国行政法的又一大法律渊源，主要有以下特点及注意事项：①自治条例和单行条例可以依照当地民族的特点，对法律和行政法规的规定作出变通规定，但不得违背法律或者行政法规的基本原则，不得对宪法和民族区域自治法的规定以及其他有关法律、行政法规专门就民族自治地方所作的规定作出变通规定；②其效力范围仅限于民族自治地方。

（六）行政规章

行政规章主要包括部门规章与地方政府规章两种，在法律效力位阶上，低于法律、行政法规和地方性法规，其中地方政府规章的效力范围往往仅限于本行政区域内。根据《立法法》第80~86条的规定可知，有权制定规章的主体主要有两大类，包括：①国务院各部、委员会、中国人民银行、审计署和具有行政管理职能的直属机构，可以根据法律和国务院的行政法规、决定、命令，在本部门的权限范围内，制定规章；②省、自治区、直辖市和设区的市、自治州的人民政府，可以根据法律、行政法规和本省、自治区、直辖市的地方性法规，制定规章。

【课后练习与测试】

作为行政法又一大法律渊源，行政规章值得注意的事项主要包括：①部门规章规定的事项应当属于执行法律或者国务院的行政法规、决定、命令的事项。没有法律或者国务院的行政法规、决定、命令的依据，部门规章不得设定减损公民、法人和其他组织权利或者增加其义务的规范，不得增加本部门的权力或者减少本部门的法定职责。②涉及两个以上国务院部门职权范围的事项，应当提请国务院制定行政法规或者由国务院有关部门联合制定规章。③应当制定地方性法规但条件尚不成熟的，因行政管理迫切需要，可以先制定地方政府规章。规章实施满两年需要继续实施规章所规定的行政措施的，应当提请本级人大或者其常委会制定地方性法规。没有法律、行政法规、地方性法规的依据，地方政府规章不得设定减损公民、法人和其他组织权利或者增加其义务的规范。

（七）国际条约和协定

我国参加或批准的国际条约，若其内容涉及我国行政机关权力的行使和公民、法人及其他组织的权利义务，则同样是我国行政法的渊源。如1980年9月29日实施的《第五届全国人民代表大会常务委员会关于批准联合国〈消除对妇女一切形式歧视公约〉的决定》表明，《消除对妇女一切形式歧视公约》在我国同样具有行政法上的效力。[1]

（八）法律解释

法律解释是法定机关对法律规范如何适用所作出的一种具体说明。在成文法的法律体系中，法律解释是一种重要的适用技术。[2] 关于法律解释，我国《宪法》第 67 条规定，全国人大常委会有权解释宪法、法律。《立法法》设专节作出规定，通过对第 45～50 条的梳理可知，法律有以下情况之一的，由全国人大常委会解释：①法律的规定需要进一步明确具体含义的。②法律制定后出现新的情况，需要明确适用法律依据的。此外以下主体有权向全国人大常委会提出法律解释要求：国务院、中央军事委员会、最高人民法院、最高人民检察院和全国人大各专门委员会以及省、自治区、直辖市的人大常委会。在法律效力上，全国人大常委会的法律解释同法律具有同等效力。

【课后练习与测试】

我国台湾地区的学者陈清秀先生认为，行政法的法源可分为成文法源和不成文法源。成文法源包括：宪法、法律、行政命令、自治法规、国际条约。不成文法源包括：习惯法、解释与判例、一般法律原则与法理。此外，其对法源位阶问题也进行了研究，认为宪法与行政法的一般法原则为最高位阶，法律优越于法规命令与地方自治法规，法规命令优越于职权命令与自治规章，上级法规范优越于下级法规范，一般抽象的法律优越于执行该法律之法律规定。上述法源位阶理论，前提条件之一在于互相抵触的法律规范本身是有效的。相同位阶的法律规范竞合时，一般适用新法优越于旧法（后法优于前法），特别法优于普通法的原则。若依据上述法则仍无法解决相互冲突的法规范之间的适用问题时，则相互矛盾的规定彼此互相废弃，均属无效，因而产生需进行填补之法律漏洞。对于习惯法的位阶，则依其内容及其流行地区而定。除此之外，"效力优先原则"（即高位阶法规范之效力优先于低位阶法规范，低位阶法规范抵触高位阶法规范者无效）与"适用优先原则"（有权主体在适用法律规范时，应优先适用低位

---

[1]　马怀德主编：《行政法与行政诉讼法》，中国法制出版社 2015 年版，第 13 页。

[2]　章剑生：《现代行政法总论》，法律出版社 2014 年版，第 68 页。

阶之法规范，不得径行适用高位阶之法规范，除非缺乏适当之低位阶法规范可资适用）在解决不同位阶的法律规范之间的矛盾冲突问题时，同样具有重要作用。[1] 另外，王名扬先生曾对英法美三国的行政法法律渊源进行过对比研究，详见表1-2：

表1-2　英法美三国的行政法法律渊源

国别		英国	法国	美国
法律渊源	形式渊源	①议会的立法；②条约；③枢密院令；④部长制定的法规；⑤地方法规和单行条例；⑥判例法	①宪法；②条约；③法律和法的一般原则；④判例；⑤条例	①宪法；②国会立法；③条约；④总统的行政命令；⑤行政法规；⑥判例
	实质渊源	①当代的社会、经济事实；②历史事件、哲学和伦理思想；③自然科学与社会科学的研究成果；④法学家的著作；⑤官方为研究法律的改革而提出的报告；⑥法学团体提出的立法建议；⑦其他	①法律，包括行政法以外其他部门法的规定，过去的法律制度；②外国关于同类行政事项的立法和判例；③法学家的著作，特别是行政法学家的理论；④社会事实、经济事实、政治、哲学、伦理、道德观念、一切达到一定成熟阶段的物质因素与精神因素；⑤历史事件；⑥社会科学与自然科学的研究成果；⑦其他	①英国的传统；②美国流行的哲学和社会思潮；③社会经济环境；④法学著作

---

[1] 参见陈清秀："行政法的法源"，载翁岳生主编：《行政法》（上册），中国法制出版社2009年版，第120~180页。

英法美三国区分形式法源与实质法源的做法，为分析行政法法律渊源问题提供了重要研究素材。实质上，行政法的发展仰赖于多因素的共同作用，而非单纯是形式渊源的"功劳"。这也从另一个角度提示研究者，对行政法法律渊源问题的研究，应拓宽思路，不局限于行政法的形式渊源。

【拓展案例】

第二章 行政法基本原则

本章知识结构图

行政法基本原则
- 行政法基本原则概述
  - 行政法基本原则的概念
  - 行政法基本原则的作用
  - 行政法基本原则的体系
- 依法行政原则
  - 依法行政原则的含义
  - 依法行政原则的内容
    - 职权法定
    - 法律优先
    - 法律保留
- 合理性原则
  - 合理性原则的含义
  - 合理性原则的内容
    - 比例原则
    - 平等原则
- 正当程序原则
  - 正当程序原则的含义
  - 正当程序原则的内容
    - 公开
    - 说明理由
    - 告知
    - 听取意见
    - 回避制度
- 信赖保护原则
  - 信赖保护原则的含义
  - 信赖保护原则的具体内容
  - 《行政许可法》有关信赖保护原则的规定
- 高效便民原则
  - 高效原则
  - 便民原则
- 权责统一原则
  - 权责统一原则的含义
  - 权责统一原则的具体要求
  - 权力清单和责任清单

重点内容讲解

行政法基本原则是指导和规范行政法的立法、执法以及指导、规范行政行为的实施和行政争议的规范。本章重点针对依法行政原则、合理性原则、正当程序原则、信赖保护原则、高效便民原则、权责统一原则的内容进行分析和讲解。

第一节　行政法基本原则概述

一、行政法基本原则的概念

行政法基本原则是指导和规范行政法的立法、执法以及指导、规范行政行为的实施和行政争议的处理的基础性规范。[1] 行政法基本原则与行政法的基本理念和具体制度紧密相连，是行政法体系的重要组成部分，也是行政法学的基本理论问题。行政法基本原则具有重要意义，其效力贯穿于行政法规范之中，在行政立法、行政执法和行政司法过程中对行政关系进行指导、调整和规范。它集中体现了行政法的价值取向，反映出现代民主法治国家的法治精神。

行政法基本原则具有以下特点：

1. 普遍性。行政法基本原则区别于行政法律规范的重要特点为普遍性。如果某一原则仅适用于行政管理的某一领域，那么该原则不能作为行政法基本原则。行政法基本原则的效力范围广，具有贯穿于行政立法、行政执法、行政司法的普遍性和始终性。

2. 适用性。行政法基本原则对于行政行为具有法律约束力。如果行政主体的行政行为违反行政法基本原则，将会产生某种法律后果。[2] 由于立法者主观认识的局限性以及立法技术的限制，行政法律规范无法对处于变化之中的行政法律关系全部予以调整。在依法行政实践中，一般情况下行政法基本原则不直接调整和规范行政行为。如果某领域存在立法空白，没有具体法律规则可以遵循，这时可以依据行政法基本原则进行处理，以弥补行政法律规范的漏洞。

---

〔1〕 姜明安主编：《行政法与行政诉讼法》，北京大学出版社、高等教育出版社 2011 年版，第 65 页。

〔2〕 胡建淼：《行政法学》，法律出版社 2010 年版，第 44 页。

二、行政法基本原则的作用

行政法基本原则在推进依法行政和建设法治国家进程中具有重要功能和作用，其主要表现在以下几个方面：

（一）指导行政法律规范的制定

行政法基本原则作为根本性的法律准则，可以指导行政法律规范的制定。法律、法规、规章以及规范性文件的制定、修改和废止都要以行政法基本原则为指引，应当符合行政法基本原则所倡导的价值，不得与其相冲突。例如，行政机关在制定行政规范性文件时，应当遵循合法原则，不得与上位法相抵触。此外，行政法基本原则也可以指导行政法规范的实施。[1] 行政关系纷繁复杂，这要求行政主体遵循行政法基本原则和具体法律规范作出符合行政法价值取向的行政行为。

（二）引导行政权力运行

行政法的基本原则是行政主体行使行政权力的指南针。行政主体在行使行政权力时需要以行政法的基本原则作为指引，以保障行政权力在正确的轨道上运行。

（三）弥补法律漏洞和解释法律

行政法基本原则具有弥补法律漏洞和解释法律的功能。行政法的调整对象即行政关系包罗万象，总是处于不断变化之中。囿于成文法固有的局限性和滞后性，行政法律规范无法针对社会实践进行及时调整。行政法基本原则可以有效弥补法律漏洞，填补法律空白。当具体个案没有能够直接适用的法律规范时，行政法基本原则可以作为行政主体和司法机关判案的依据。此外，行政法基本原则具有解释法律的功能。我国没有制定统一的行政法典，行政法律规范数量多，且存在不同法律位阶。立法机关、行政机关和司法机关在对行政法律规范进行解释时，应当遵守行政法基本原则。

三、行政法基本原则的体系

各个国家在控制行政权过程中形成了符合国情的行政法基本

---

〔1〕 杨海坤、章志远：《中国行政法基本理论研究》，北京大学出版社2004年版，第109页。

原则。在我国，学界有关行政法基本原则体系的认识不一，呈现出百家争鸣的局面。有的学者认为，依法行政（行政法治）原则是行政法的基本原则，主要包括职权法定、法律优先、法律保留、依据法律、职权与职责统一等五项子原则。[1] 有的学者认为，行政法的实体性基本原则包括依法行政原则、尊重和保障人权原则、越权无效原则、信赖保护原则、比例原则；行政法的程序性基本原则包括正当法律程序原则、行政公开原则、行政公正原则、行政公平原则。[2]

行政法的基本原则并非一成不变，同一国家的不同历史时期，行政法基本原则也不尽相同。它随着行政法理论和行政法治实践的发展而不断调整、变化。我国行政法基本原则的确立需要与我国依法行政和建设法治国家的目标相契合，同时要考虑我国公共管理和公共行政改革的方向。我们认为，行政法基本原则包括依法行政原则、合理性原则、正当程序原则、信赖保护原则、高效便民原则和权责统一原则。

第二节　依法行政原则

一、依法行政原则的含义

依法行政原则作为各国行政法所普遍遵循的基本原则，体现了法治国家的基本要求。在英国，依法行政被认为是法治原则最为重要的内容之一，是法治原则在行政法领域的具体化。[3] 德国行政法也奉行依法行政原则，其行政法鼻祖奥拓·迈耶认为，依法行政是行政活动受法律支配。[4]

我们认为，依法行政的基本含义是指政府的行政行为必须依法作出，受到法律约束。依法行政原则的"法"包括宪法、法律、法规、规章。宪法是我国的根本大法，其法律位阶最高，具

---

〔1〕　应松年：《行政法学新论》，中国方正出版社1999年版，第42页。

〔2〕　姜明安主编：《行政法与行政诉讼法》，北京大学出版社、高等教育出版社2011年版，第67～82页。

〔3〕　应松年主编：《当代中国行政法》（上卷），中国方正出版社2005年版，第80页。

〔4〕　应松年主编：《当代中国行政法》（上卷），中国方正出版社2005年版，第81页。

有最高效力。法律的效力高于法规和规章。法规包括行政法规和地方性法规。行政法规的效力高于规章。实践中，当上、下位阶的法律产生冲突时，行政机关和司法机关应当适用上位法，而不能适用与上位法相抵触的下位法。

我国于 1999 年修改的《宪法》明确指出"依法治国，建设社会主义法治国家"。依法行政原则是依法治国的核心和关键，对于建设法治政府、实现行政法治、推进依法治国具有重要意义。国务院于 2004 年颁布《全面推进依法行政实施纲要》，于 2010 年颁布《国务院关于加强法治政府建设的意见》。2014 年，党的十八届四中全会通过《中共中央关于全面推进依法治国若干重大问题的决定》，明确规定深入推进依法行政，加快建设法治政府。各级政府必须坚持在党的领导下、在法治轨道上开展工作，创新执法体制，完善执法程序，推进综合执法，严格执法责任，建立权责统一、权威高效的依法行政体制，加快建设职能科学、权责法定、执法严明、公开公正、廉洁高效、守法诚信的法治政府。

【理论扩展】

二、依法行政原则的内容

有关依法行政原则的具体内容，学者有不同的理解。通说认为，依法行政原则包括以下内容：

（一）职权法定

职权法定是依法行政原则的基本要求和前提。所谓职权法定，指行政机关或者其他组织的行政职权必须有法律的明确授权。行政机关的行政职权并非固有，而是来源于法律的授权。法律由权力机关制定，集中体现了人民意志。法律设定行使行政权的边界，行政机关的职权法定。在现代法治国家中，行政权与公民权有不同的运行规则。对于公民而言，法无明文规定则可为；对于行政主体而言，法无授权则不可为。主要原因在于行政权是把"双刃剑"，容易侵犯公民权利，因而必须对其加以控制。

职权法定旨在解决行政机关和其他组织行使行政职权的合法性问题。我国宪法授予行政机关各项行政管理职权。行政组织法和其他法律也划定了行政机关之间的职权范围。行政机关之外的组织只有在得到法律、法规授权时，才可以行使行政职权。职权法定的基本要义在于行政权力的来源"法定"，行政权的运行要受到法律约束。《行政处罚法》《行政许可法》《行政强制法》均遵循职权法定，为行政机关设定相应的职权。需要注意的是，职权法定中的"法"，有时仅指全国人大及常委会制定的法律，有时也包括法规和规章。

（二）法律优先

法律优先（法律优位），是指行政机关行使行政权应当受到法律的约束。行政法律规范不得违反法律，不得与法律相抵触。法律优先旨在解决行政法律规范的效力问题，对于防止法律规范冲突、维护法治统一具有重要意义。

法律优先在现代法治国家中是一项重要的宪法原则，是人民主权原则的体现。基于人民主权理论，国家权力属于人民，人民通过选举组成代议机关来行使立法权。法律由国会或者议会代表人民意志所制定。在我国，一切权力属于人民，人民行使国家权力的机关是全国人民代表大会和地方各级人民代表大会。全国人民代表大会为最高国家权力机关。国务院及地方各级人民政府属于行政机关。行政权与立法权之间为从属关系，因此，行政机关的行政立法、行政执法、行政司法行为均不得与法律相冲突。

这一原则包含以下涵义：从法律位阶上看，行政法规、规章以及规范性文件的效力均低于法律，其不得与法律相抵触。如果存在冲突，应当优先适用法律。若上位法对某一事项作出规定，那么下位法应当在上位法设定的权限范围内进行规定和细化，不能与之相抵触。法律尚未规定而行政法律规范率先作出时，一旦法律对同一事项进行规定，则法律具有优先地位，应当适用法律，其他规范性文件必须服从法律。

（三）法律保留

所谓法律保留，是指有些事项只能由法律进行规定，行政机关非经特别授权不得规定。行政权力来源于法律授权，法律保留体现出现代法治主义精神。行政权具有一定的扩张性，且极易侵犯行政相对人的权益，因而不能将所有事项授权给行政机关，有些重要事项只能由法律予以规定，行政机关必须依法执行。关于法律保留的范围，各国理论界和实务界有不同的观点。较为主流的学说包括"干预保留"说、"侵害保留"说、"重要事项保留"

说、"权力保留"说。[1]

【课后练习与测试】

我国立法中已经明确了"法律保留"原则，具体体现在《立法法》的第8条和第9条。

1. 绝对保留。绝对保留是指该事项的设定权只属于法律，不能授权行政机关。在我国，绝对保留事项包括：有关犯罪和刑罚、对公民政治权利的剥夺和限制人身自由的强制措施和处罚、司法制度等事项。上述事项只能由全国人大及常委会制定法律，其他国家机关不得进行设定。

2. 相对保留。相对保留是指该事项的设定权属于法律，但在某些情况下，法律可以授权行政机关行使。依据《立法法》的规定，尚未制定法律的，全国人民代表大会及其常务委员会有权作出决定，授权国务院可以根据实际需要，对其中的部分事项先制定行政法规。但是绝对保留事项除外。请注意，相对保留的被授权主体只有一个即国务院，不能授权其他国家机关行使。

【拓展案例】

第三节　合理性原则

一、合理性原则的含义

行政合理性原则的主要含义是指行政主体的行政行为不仅要合法，而且要理性、适当。其中，以普通人的正常理性作为判断理性与否的标准。行政行为既要遵循合法性原则又要遵循合理性原则，这是对行政主体从事行政活动的要求。

现代行政中行政主体具有较大的自由裁量权。正如美国学者伯纳德·施瓦茨所说："自由裁量权是行政权的核心。"[2] 然而，自由裁量权有可能被滥用，因此必须加以控制。合理性原则作为控制行政机关自由裁量权的重要武器应运而生，该原则是实现实质法治的重要保障，目前已经被广泛应用于英国、美国、德国等法治国家。判例法国家的法官可以在具体案件中对合理性原则进行解释。对于成文法国家而言，合理性原则过于抽象。德国的理

---

〔1〕 应松年主编：《当代中国行政法》（上卷），中国方正出版社2005年版，第90页。
〔2〕 ［美］伯纳德·施瓦茨：《行政法》，徐炳译，群众出版社1986年版，第566页。

论界和实践界发展出比例原则，该原则与合理性原则相比，含义更加明确、内容更加丰富，更具有可操作性，能够给予行政机关以明确指引。

二、合理性原则的内容

合理性原则的内涵丰富，具体而言，包括以下内容：

（一）比例原则

比例原则是指行政行为的目的和手段之间要确保必要性和适当性。[1] 该原则作为一项重要的公法性原则，起源于德国的"警察法"。著名公法学家奥托·迈耶主张，"警察权力不可违反比例原则"。比例原则划定了警察在行使公权力时的限度。在德国魏玛共和国时代，比例原则作为行政法治原则在德国实定法中得以确立。[2] 如今，比例原则作为一项重要原则，已经在世界范围内得以广泛确立和应用，典型代表国家如荷兰、葡萄牙、日本。我国脍炙人口的谚语"杀鸡焉用牛刀"即是比例原则的体现。

比例原则的内涵丰富，分为广义比例原则和狭义比例原则。广义比例原则包括以下内容：

1. 必要性原则。比例原则要求行政机关在从事行政行为时所选择的手段应当有利于实现行政目的。尤其是作出对行政相对人不利的行政行为时，只有认定该手段对于达成行政目的是必要的，方可实施。如果行政机关所采取的手段无法达成该目的，则不能采用该手段。

2. 适当性原则。行政机关进行行政行为时，需要在手段和目的之间进行综合考量，行政手段所造成的损害不得与行政目的所实现的利益失衡，不得采取超越目的需要的过度手段。正如谚语所言："警察不可以用大炮打麻雀。"该原则要求行政机关在行为时进行利益衡量。如果该手段对于实现行政目标是适当的，且能够取得的利益大于可能造成的损害，则可以实施。反之，不能采用该手段。例如，政府拟修建一条高速公路，需要对沿途村庄集

【考试真题】

---

〔1〕 马怀德主编：《行政法与行政诉讼法》，中国政法大学出版社 2012 年版，第 15 页。

〔2〕 应松年主编：《当代中国行政法》（上卷），中国方正出版社 2005 年版，第 95 页。

体土地进行征收。依据比例原则，政府在征收之前应当对该行为所造成的损失与所取得的公共利益之间进行衡量。

【课后练习与测试】

【拓展案例】

3. 最小侵害原则。行政机关从事行政管理时，如果有多种手段均可实现行政目的时，应当选择对相对人权益侵害最小的方式。《行政强制法》中规定采用非强制手段可以达到行政管理目的的，不得设定和实施行政强制。这一规定体现出最小侵害原则。例如，在城市管理过程中，城市管理执法人员可以通过疏导、教育等非强制方式达到管理目的，那么，不得设定和实施行政强制。

狭义的比例原则是指行政机关采取的行政手段所造成的损害，不得与拟达成的行政目的所获得的公共利益明显失衡。

（二）平等原则

平等原则又称法律平等保护原则。行政法领域的平等原则主要指行政主体在从事行政活动时应当平等地对待行政相对人，同等情况，同等对待，不得对特定相对人进行歧视。早在资产阶级革命时期，法律面前人人的平等就已经成为重要的宪法原则。1789 年法国《人权宣言》指出："在权利方面，人们生来是而且始终是自由平等的。"美国《独立宣言》明确宣布："人人生而平等。"平等权是我国公民的一项基本权利。我国《宪法》第 33 条第 2 款规定："中华人民共和国公民在法律面前一律平等。"

依据我国行政法治实践，平等原则具体包含以下内容：

1. 行政立法合理分类。平等原则不是意味着"一刀切"和无差别对待，而是允许存在合理差别。这种合理差别从形式上看并不平等，但是其目的是实现实质意义上的平等。如行政给付立法中给予特定群体物质帮助，旨在实现实质平等。具体到行政立法领域，行政机关需要进行合理的分类，避免因立法分类不合理而产生的歧视。

2. 行政机关在实施行政行为时应当同等条件、同等对待；不同情况，不同对待。在裁量行政中，行政机关拥有自由裁量权，可以根据具体案情选择行为的方式、范围和幅度。行政机关面对同样的案情和法律适用条件，应当作出相同的行政决定。行政机关不得因为相对人的民族、性别、身份、家庭出身、教育程度等给予不平等待遇。

3. 禁止恣意。禁止恣意为法律面前人人平等原则的基本
要求。

4. 考虑相关因素。考虑相关因素是行政合理性原则的必然要
求。行政机关在从事行政活动时，应当合理考虑相关因素，不能
考虑不相关因素。如行政机关作出行政处罚决定时不能考虑行政
相对人的家庭背景、长相等不相关因素，而是应当综合考虑违法
行为的事实、性质、情节以及社会危害程度等相关因素。

【课后练习与测试】

第四节　正当程序原则

一、正当程序原则的含义

正当程序原则又称为程序正当原则。正当程序原则是指行政
机关作出行政行为必须遵守正当法律程序，包括告知当事人、说
明理由、听取陈述和申辩等。正当程序原则发轫于英国的"自然
正义原则"（natural justice），其核心思想为：任何人不能在自己
的案件中做法官；人们的抗辩必须公正的听取。[1] 这一原则构成
英国法治的核心理念，并成为判断行政行为合法性的重要衡量标
准之一。《美国宪法第五修正案》规定了"正当法律程序原则"
（due process of law），即"非经正当法律程序，不得剥夺任何人
的生命、自由或财产"。正当程序原则是实现实体正义的重要保
障。世界范围内的许多法治国家已经制定行政程序法典，如韩
国、日本等。我国目前尚未制定统一的行政程序法典。《湖南省
行政程序规定》作为地方立法首开先河，开启我国行政程序立法
的序幕。

二、正当程序原则的内容

正当程序原则的内涵非常丰富，主要包括以下制度：

（一）公开

行政公开原则要求行政行为除了依法应当保密的之外，一律
予以公开。具体包括以下内容：①行政立法公开。行政机关制定

---

〔1〕　参见［英］韦德：《行政法》，徐炳等译，中国大百科全书出版社 1997 年版，第 95 页。

行政法规、规章等行政立法活动应当公开,进行开门立法。法律规范草案应当向公众公开,征求公众意见。法律规范的正式文本应当以政府公报等为载体向公众公布。②行政执法行为公开。行政执法的标准、程序等应当向公众公开,便于公众了解相关情况,实现对行政权的监督。③行政复议公开。行政复议是层级监督和相对人权利救济的重要途径,应当向当事人公开复议的标准、程序等。重大复杂案件,为了查清事实,可以公开举行行政复议听证。

行政公开原则具有重要意义。"阳光是最好的防腐剂,路灯是最好的警察。"行政公开是行政公正的重要保障,可以有效实现对于行政权力的监督,防止权力滥用,预防和减少腐败,也有利于实现公民知情权。我国于2007年颁布了《中华人民共和国政府信息公开条例》,该条例可谓打造阳光政府和透明政府的里程碑,开启了我国信息公开的新时代。

(二)说明理由

行政主体作出行政行为,尤其是有可能对相对人权益产生不利影响的行政行为时,应当向当事人说明理由。说明理由制度有利于获取行政相对人的信任,从而保证其心悦诚服地接受和执行行政决定。我国在《行政处罚法》《行政许可法》《行政强制法》等法律中均明确规定了说明理由制度。

(三)告知

告知可以分为事前告知和事后告知制度,行政程序中的告知制度一般以事前告知为主。在行政程序中,应当告知行政相对人和利害关系人拟作出行政行为的内容并保证其参与的机会。

(四)听取意见

行政主体作出行政行为,尤其是有可能对行政相对人产生不利影响的行政行为时,应当听取相对人的陈述和申辩。听取意见是正当程序的必然要求,有利于行政机关进一步查明案件事实,作出正确的行政决定。此外,该制度也是参与式民主的重要体现。通过行政相对人陈述和申辩,充分体现了对行政相对人的尊重,可以增强其对行政行为的认同感和接受度。听取陈述和申辩有多种表现形式,包括正式听取意见程序和非正式听取意见程序。正式听取意见程序中较为典型的形式即听证会。我国《行政

处罚法》中首次引入听证制度，《行政许可法》首次规定了听证
笔录的效力。实践中，听证程序已经广泛应用于多个领域中，如
行政立法听证、价格听证、重大决策听证。非正式听取意见程序
包括听证会、座谈会、论证会、讨论会等多种方式。综上所述，
行政机关在作出决定前普遍适用听取意见程序，以保障决策的合
法性、民主性。

【课后练习与测试】

（五）回避制度

"任何人不做自己的法官"是正当程序原则的基本要求。行
政机关工作人员在履行职责过程中，如果与案件或者案件的当事
人存在利害关系，有可能影响公正裁决的，应当予以回避。回避
原则可以确保行政主体中立、不偏私地从事行政活动，也有利于
行政相对人建立与行政机关的信任关系，从而自愿接受行政决
定。我国《公务员法》第68～72条明确规定了回避制度。回避
包括任职回避、地域回避和公务回避。回避的方式有两种，包括
利害关系人申请回避和公务员主动回避。

【拓展案例】

第五节　信赖保护原则

　　诚实信用原则作为私法领域的"帝王条款"，源于私法关系
中契约应当遵守的基本理念。诚实信用原则不仅仅适用于平等主
体之间的民事法律关系，同样适用于行政法律关系。信赖保护原
则是诚实守信原则在行政法领域的具体体现。信赖保护原则发轫
于德国，之后许多国家将其确立为行政法基本原则。该原则在保
障人权、维护法的安定性、实现实质的行政法治等方面发挥着不
可替代的作用。[1] 在我国确立信赖保护原则具有重要意义，即有
利于树立法律权威，建设诚信政府。

一、信赖保护原则的含义

　　信赖保护原则是指政府应当守信，不得随意变更行政行为或
行政承诺。行政相对人基于对政府的信任而取得的信赖利益应当
受到保护。该原则源自法的安定性原理。法的安定性要求行政机

---

　　〔1〕　张树义主编：《行政法学》，北京大学出版社2014年版，第35页。

关的行政行为具有稳定性，不得朝令夕改，以维持正常法律秩序，保护行政相对人由此取得的信赖利益。信赖保护的适用需要具备以下条件：①具有信赖基础。即行政机关已经作出行政行为，这是信赖保护的前提和基础。②具有信赖表现。行政相对人基于对于行政机关的信任，而在客观上从事了某种行为。如公民取得采矿许可证后，购买了采矿设备并开始从事生产。③信赖利益值得保护。行政相对人合法取得的信赖利益值得保护。反之，采取欺诈、贿赂、提供虚假材料等方式取得的利益不值得保护。

二、信赖保护原则的具体内容

（一）行政行为具有明确性和可预期性

信赖保护原则要求行政行为具有明确性和可预测性。在法治国家中，行政行为具有明确性和可预期性是公民有效安排其生活的前提条件。

（二）行政机关原则上不得制定具有溯及力的法律规范

信赖保护原则要求行政法律规范具有稳定性，不得朝令夕改，以维持正常法律秩序。一般情况下，法不溯及既往，行政机关原则上不得制定具有溯及力的法律规范，尤其是对于公民不利的侵益性立法一般禁止溯及既往。

（三）行政机关不得随意变更或者撤销行政行为

行政行为一经作出，即被推定为有效。行政相对人基于行政机关的信任而取得的信赖利益应当受到保护。行政机关不得随意改变、撤销已经生效的行政行为。如果行政机关违背承诺或者改变其行政行为，由此造成行政相对人损失的，应当承担相应责任。

三、《行政许可法》有关信赖保护原则的规定

我国2004年颁布的《行政许可法》首次在立法中规定信赖保护原则。信赖保护原则要求行政行为一经作出，非经法定程序和法定事由不得随意撤销。如果行政行为作出后所依据的法律、法规、规章发生变化，或者客观情况发生变化，为了公共利益的需要，行政机关可以依法改变或者撤销行政行为。因撤销或改变行政违法行为给相对人造成损害的，需要对其进行赔偿。因撤销

【课后练习与测试】

或者改变合法行政行为而给相对人造成损失的，应当对其进行行政补偿。

第六节 高效便民原则

高效便民原则是指行政机关在行政管理过程中，应当提高行政效率，打造高效便民服务平台，尽可能为行政相对人提供便利。

一、高效原则

高效原则要求行政机关遵守法定期限，提高行政效率。"迟来的正义为非正义。"社会事务纷繁复杂且瞬息万变，行政效率是行政权的生命。行政的性质要求行政机关进行行政管理和服务活动时遵循高效原则，确保行政目的的实现。

遵循高效原则有以下具体要求：

1. 严格遵循行政程序。我国虽然尚未制定统一的《行政程序法》，但在行政处罚、行政许可、行政强制等各个领域都有相应程序规定。行政机关必须按照法定程序行使职权，这是高效原则的基本要求和保障。

2. 遵守法定时限。行政机关应当遵守法定期限，这是高效原则的最低要求。行政机关可以主动优化流程，主动尽快完成行政行为，不断提高行政效率。如《行政许可法》规定，除可以当场作出行政许可决定的外，行政机关应当自受理之日起 20 日内作出决定。许多地方的行政审批机关自我革命，进一步压缩行政审批期限，提高审批效率。

二、便民原则

现代行政是服务行政，行政机关要积极创造条件为公民提供服务，谋福祉。便民原则是服务型政府建设的必然要求，该原则要求行政机关在从事行政活动时，应当尽量为相对人提供便利条件。伴随着信息社会的到来，行政机关可以充分利用互联网等信息技术为公民提供便民服务。实践中，各地政府积极探索建立行政服务中心和行政审批局也是便民原则的集中体现。政府通过

【课后练习与测试】

"一站式办公"和"一个窗口对外"等制度创新为公众提供便民服务，减少当事人在各个行政部门之间的奔波。

第七节　权责统一原则

一、权责统一原则的含义

权责统一是指行政主体的行政权力与法律责任相统一，以实现执法有保障，有权必有责、用权受监督、违法受追究、侵权须赔偿。行政机关和法律、法规授权的组织在享有权力的同时，应当承担相应的义务，并且对自己的行为后果承担相应责任。权力与责任的平衡是法治社会对行政主体提出的要求。责任行政要求行政主体依法享有多大的权力，就应当相应承担多大的责任。

二、权责统一原则的具体要求

（一）积极主动地依法行使法定职权

权责统一原则首先要求行政机关积极主动地依法行使法定权力，拒绝行政不作为。法律、法规授予行政机关一定的权力，同时也为行政机关设定了责任和义务。

（二）明确行政主体违法行政应当承担法律责任

行政主体在违法或者不当行使职权时应当承担相应的法律责任，这是权责统一原则的必然要求。要加强对于行政机关行使权力的监督，确保权力受到监督。构建权力机关监督、行政机关监督、司法监督、国家监察机关监督、社会监督在内的五位一体的监督模式，建立全面、系统的监督网络。对于因行政机关违法或者不当行使行政职权侵犯相对人合法权益的，依法由国家承担赔偿责任。

三、权力清单和责任清单

（一）权力清单

中共十八届三中全会通过的《中共中央关于全面深化改革若干重大问题的决定》提出"推行地方各级政府及其工作部门权力清单制度，依法公开权力运行流程"。"将地方各级政府工作部门行使的各项行政职权及其依据、行使主体、运行流程、对应的责任等，以清单形式明确列示出来，能够进一步明确地方各级政府工作部门职责权限，大力推动简政放权，加快形成边界清晰、分工合理、权责一致、运转高效、依法保障的政府职能体系和科学有效的权力监督、制约、协调机制，全面推进依法行政。"[1]　建立权力清单制度作为法治政府建设和国家治理体系现代化建设的重要组成部分，对于简政放权、深化行政体制改革、促进依法行政具有重要意义。

地方政府推行权力清单制度具有以下作用：①促进权责一致。通过行政职权清理和权力清单制定，梳理、厘清各行政机关所拥有的行政权力，便于今后行政机关对照权力清单，秉持"法无授权不可为""法定职责必须为"的原则依法行政。②将权力关进制度之笼。权力清单制度将行政权力及权力运行流程图向社会公开，实行权力公开透明运行，接受公众监督。③有利于简政放权。简政放权是深化政治体制和行政体制改革的重要方向。制定权力清单，对权力进行削减、下放、整合，是简政放权的必然要求，充分体现了政府管理方式的变革，是有效处理政府、市场和社会关系的良方。

（二）责任清单

有权必有责，责任清单与权力清单相对应，旨在针对行政机关行使权力所应当承担的责任进行规定。"要按照权责一致的原则，逐一厘清与行政职权相对应的责任事项，建立责任清单，明确责任主体，健全问责机制。"[2]

【理论扩展】

---

〔1〕 "中共中央办公厅、国务院办公厅印发《关于推行地方各级政府工作部门权力清单制度的指导意见》"，载新华网，http://news.xinhuanet.com/politics/2015 - 03/24/c_ 1114749180.htm，2017 年 4 月 3 日访问。

〔2〕 "中共中央办公厅、国务院办公厅印发《关于推行地方各级政府工作部门权力清单制度的指导意见》"，载新华网，http://news.xinhuanet.com/politics/2015 - 03/24/c_ 1114749180.htm，2017 年 4 月 3 日访问。

第三章　行政法主体

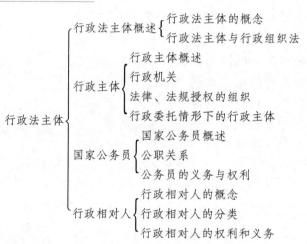
本章知识结构图

重点内容讲解

　　行政法主体是行政法律规范所调整的各种行政关系的参加人，是享有行政法上权利和承担行政法上义务的组织或个人，包括行政主体与行政相对人等其他主体。本章重点在于：①理解行政法主体与行政主体的区别；②理解行政主体的概念，掌握行政主体构成要件，能够准确找出实践案例中的行政主体；③了解中央和地方各级行政机关的种类及其关系。

第一节　行政法主体概述

一、行政法主体的概念

（一）行政法主体的概念

　　简言之，行政法主体是指行政法律关系的主体，是行政法律规范所调整的各种行政关系的参加人，是享有行政法上权利和承担行政法上义务的组织或个人，包括行政主体与行政相对人等其他主体。行政法律关系是指由行政法律规范调整的，受国家强制力保障的行政关系。只有实际参加了行政法律关系，才能成为行政法主体，不实际参加行政法律关系，则不能成为行政法主体。因而，在我国，公民、法人和其他组织都有可能成为行政法律关系的主体，在具体的行政法律关系中表现出不同的权利义务关系。

（二）行政法主体与行政主体的区别

行政法主体与行政主体是易混淆的两个概念，虽然仅为一字之差，但两者在行政法中的含义截然不同。简言之，凡实际参加行政法律关系的主体都是行政法主体，这其中包括行政主体，如国家机关和法律、法规授权的组织，以及行政相对人等。而行政主体的范围小于行政法主体的范围。行政法主体包含行政主体，行政主体仅为行政法主体的组成之一。具体关系如下所示：

$$
行政法主体\begin{cases} 行政主体\begin{cases} 行政机关 \\ 法律、法规授权的组织 \end{cases} \\ 行政相对人 \\ 其他行政法主体（如国家公务员等） \end{cases}
$$

二、行政法主体与行政组织法

（一）行政组织法的概念

行政组织是指担当行政事务、享有行政权的各级人民政府及其设置的行政机关的综合体。行政组织法有广义与狭义的区分。广义的行政组织法包括行政机关组织法、行政机关编制法和国家公务员法；狭义的行政组织法仅包括行政机关组织法。本书使用狭义的行政组织法的概念。行政法主体中的行政机关，是行政组织法的重点研究对象。

（二）行政组织法的内容

狭义的行政组织法对国家行政机关展开研究，是规范行政组织设立的法。如行政组织法的内容包括国家行政机关的性质和法律地位，国家行政机关的设立、变更、撤销。行政组织法还是规范行政组织活动或控制行政组织的法，其内容涉及国家行政机关基本活动原则与制度、国家行政机关的职权、国家行政机关的组成和结构等。本章将在第二节行政主体部分，讨论以上关于国家行政机关的具体问题。

（三）行政组织法的体系

在我国，行政组织法的体系与行政机关的体系是一致的。行政组织法的体系主要包括两部分：中央行政组织法和地方行政组织法。中央行政组织法包括中央人民政府组织法和中央人民政府工作部门组织法。地方行政组织法包括地方各级人民政府组织法。我国的行政组织法体系仍有待完善，目前只有《中华人民共和国国务院组织法》与《中华人民共和国地方各级人民代表大会和地方各级人民政府组织法》，省、市、县、乡、镇均无单独的行政组织法。

第二节　行政主体

一、行政主体概述

（一）行政主体的概念

行政主体是指依法享有行政职权，可以以自己的名义实施行政行为并能够独立承担法律责任的组织。在行政法律关系中，处于管理者一方的，就是行政主体。行政主体在不同的法律关系里，表现出不同的法律地位。行政主体是行政许可法律关系中的许可机关，是行政处罚法律关系中的处罚机关，是行政复议中的被申请人、行政诉讼中的被告和行政赔偿中的赔偿义务机关。

（二）行政主体的构成要件

从行政主体的概念可知，取得行政主体资格需要满足"权""名""责"三个构成要件，具体如下：

1. "权"。行政主体依法享有行政职权，这是行政主体资格的实质要件。并不是所有的行政法主体都能够成为行政主体，只有依法享有行政职权的组织才能成为行政主体。行政主体取得行政职权的方式有二：①在行政主体成立时就享有，如行政机关。②在成立时不享有行政职权的组织经过法定授权而享有，如法律、法规授权的组织。在我国，行政主体主要是行政机关。

2. "名"。行政主体以自己的名义实施行政行为，这是构成行政主体资格的法律人格要件。"以自己的名义",是指能够依法作出自己的判断和处理决定,以自己的名义对外行文,即具有独立的法律人格。有些组织虽然享有行政职权,例如,行政机关的内部机构,可以具体地实施行政行为,但是,不能够以自己的名义作出,因此不是行政主体。

3."责"。行政主体能够独立承担法律责任,这是构成行政主体资格的责任要件。一个组织不仅要享有行政职权,可以以自己的名义实施行政行为,而且必须能够独立承担该行为的法律责任,才构成行政主体。

(三)行政主体的分类

行政主体的类型可以简单总结为如下三类:

1.职权性行政主体。职权性行政主体的权力是原生的,来源于组织法和授权法的授权,其自诞生时起即获得行政主体资格。职权性行政主体一旦作出具体行政行为,当事人都可以以其为被申请人申请行政复议,或以其为被告提起行政诉讼。职权性行政主体包括各级人民政府及其职能部门、派出机关。

2.授权性行政主体。授权性行政主体的权力是派生的,其是否获得行政主体资格取决于是否享有法律、法规的另行授权。常见的授权性行政主体包括被授权的组织、内设机构、派出机构。

3.非行政主体。非行政主体本身不具有行政主体资格。常见的非行政主体是在行政委托的情形下的受委托的组织。此类组织受人之托作出具体行政行为,当事人不服的,只能以委托机关为被申请人或被告。

二、行政机关

(一)行政机关的概念与特征

1.行政机关的概念与特征。行政机关是指依宪法或行政组织法的规定而设置的,行使国家行政职能的国家机关。行政机关的性质具有双重性,相对于国家权力机关与国家司法机关,它是执行机关;相对于行政相对人,它是行政主体。行政机关行使国家行政权,依据宪法和组织法而设立,具有以下特征:

(1)行政机关行使国家行政职权,管理国家行政事务。与其他国家机关相比,国家行政机关行使的是国家行政权,是执法机关。而国家立法机关行使的是立法权，国家司法机关行使的是司法权。行政机关通过行政立法权、行政命令权、行政处理权、行政许可权、行政强制权、行政处罚权等行政权，管理国家行政事务。

（2）行政机关上下级之间实行领导从属制。上级行政机关领导下级行政机关，下级行政机关从属于上级行政机关，并对其负责和报告工作。这种制度设计旨在保障行政权行使的高效率。这种上下级之间的领导关系，区别于人民法院上下级之间的关系。人民法院上下级之间是监督与被监督、指导与被指导的关系，旨在保证人民法院依法独立行使审判权。

（3）行政首长负责制。行政机关在决策体制上实行行政首长负责制。所谓行政首长负责制，是指各级政府及其所属部门的首长对本政府或本部门的工作负全面责任的制度。1982年《宪法》规定，国务院实行总理负责制。国务院各部、各委员会实行部长、主任负责制；地方各级人民政府实行省长、市长、县长、区长、乡长、镇长负责制。行政机关采取首长负责制可有效减少责任的推诿，提高行政效率，保障权责统一。

2. 行政机关与其他概念的区别。

【考试真题】

（1）行政机关与行政主体。行政机关是最主要的行政主体，但是，行政机关不是唯一的行政主体，其他依法得到授权的组织也可以成为行政主体，行政主体的范围要大于行政机关。行政机关也并非总是行政主体，当行政机关参与民事活动时，就是一般的民事主体，只有在行使国家行政权时才成为行政主体。

（2）行政机关与国家机关。国家机关是指行使国家权力、管理国家事务的机关。包括国家权力机关、国家行政机关、国家司法机关。例如，全国人民代表大会是最高国家权力机关，国务院是国家中央行政机关，最高人民法院与最高人民检察院是最高国家司法机关。所以，行政机关是国家机关的一个类型。

（3）行政机关与行政机构。行政机关是指国家机构中行使行政职权，管理行政事务的机关，是由各行政机构组成的整体；而行政机构是构成各行政机关的个体。行政法上的行政机关，是指依法设立的，具有独立编制、预算、能够对外行文，并独立行使行政职权的机关整体。行政机关与行政机构是包含与被包含的关系。

（二）我国行政机关的体系

1. 中央行政机关。在中央行政机关体系里，具有行政主体资格的行政机关有：国务院、国务院各部委、国务院直属机构、国务院部委管理的国家局等。具体如下：

【法条链接】

（1）国务院。国务院即中央人民政府，是最高国家行政机关。具有行政主体资格。国务院的组织原则和活动准则由宪法和组织法规定。国务院的职权主要有四个方面：①行政立法权。根据宪法和法律，规定行政措施，制定行政法规，发布决定和命令。②领导监督权。统一领导和监督国务院各部、委的行政工作和地方各级行政机关的行政工作，改变或撤销它们发布的不适当的命令、指示、规章和决定。③行政管理权。领导和管理全国范围内的经济、科学、教育等各项行政工作。④其他职权。全国人大及人大常委会授予的其他职权。

（2）国务院各部委。国务院的各部委是国务院的组成部门，又称作国务院的工作部门、职能部门。具备行政主体资格，依法享有制定规章、发布决定和命令等权力，负责和管理本部门所辖的行政事务，有权领导或指导地方各级人民政府中相应职能部门的行政工作。

（3）国务院直属机构。国务院直属机构是指国务院依据组织法，根据需要设立的主管各项专门行政事务的行政管理部门。从性质上讲，直属机构是独立的职能部门，在成立时就取得了独立的法律地位，具有行政主体资格。

（4）国务院部委管理的国家局。国务院部委管理的国家局是国务院在组织法规定的权限范围内，根据行政事务的需要而设立的行政职能部门。其具有行政主体资格，但无规章制定权。

2. 地方行政机关。在地方行政机关体系中，具有行政主体资格的行政机关有地方各级人民政府，地方人民政府的派出机关，县级以上地方各级人民政府的职能部门。地方政府的内设机构和议事协调机构、工作部门的内设机构和派出机构一般不具有行政主体资格。

【法条链接】

（1）地方各级人民政府。我国一般的行政区域层级为四级制：省、自治区、直辖市；设区的市（行政公署）；县、市；乡、民族乡、镇。因而地方各级人民政府也依此设立。地方人民政府是综合性的行政机关，一般为省级、地市级、县级、乡级。地方各级人民政府上下级之间是领导与被领导的关系。

（2）地方人民政府的派出机关。地方人民政府的派出机关是指地方人民政府依法在一定行政区域内设立的行政机关。派出机关能够以自己的名义作出行政行为并对行为后果承担法律责任，因此具有行政主体资格包括三种类型：省、自治区人民政府经国务院批准设立的行政公署；县、自治县人民政府经省、自治区、直辖市人民政府批准设立的区公所；市辖区、不设区的市人民政府经上一级人民政府批准设立的街道办事处。

（3）县级以上地方各级人民政府的职能部门。县级以上地方各级人民政府的职能部门是专门性的行政机关。这些职能部门实行的是双重领导关系，即该职能部门既接受本级人民政府的领导，又接上一级职能部门的领导。

三、法律、法规授权的组织

（一）法律、法规授权的组织的含义与法律地位

1. 法律、法规授权的组织的含义。行政机关以外的社会组织经过法律、法规的授权，以自己的名义行使行政职权，并独立承担相应的法律后果，也可以成为行政主体。行政机关以外的社会组织不是国家行政机关，不具有国家机关的地位。被授权的组织只有在行使法律、法规所授权的行政职能时，才具有行政主体资格，除此之外，被授权组织只是一般的社会组织或民事主体。被授权组织的权力来源具有派生性，并非来源于行政组织法。

2. 法律、法规授权的组织的法律地位。法律、法规授权的组织其法律地位体现在两方面：

（1）被授权组织在行使法律、法规授予的行政职能时，具有行政主体的资格，能以自己的名义作出行政行为并对此承担法律责任。此时，被授权组织与行政机关具有基本相同的法律地位，两者都是行政主体。但是，被授权组织与行政机关的地位仍有一定区别：①行政机关的权力来源于行政组织法，是原生的；被授权组织的权力是派生的，只有在行使被授权的职能时，才成为行政主体。②由于被授权组织的行政职权是因授权而取得，因而不

可能拥有所有的行政机关的职权，例如，行政立法权、行政拘留权等。

（2）在不行使行政职能的场合，被授权组织不享有行政权，不具有行政主体资格。此时，它与公民、法人和其他组织一样，处于民事主体或行政相对人的地位，而不具有行政主体的地位。

（二）被授权组织的条件

目前，我国没有法律统一规定被授权组织的条件。根据一般法律原则，被授权的组织一般满足以下条件：①被授权的组织是公益性的法人或其他社会组织；②被授权的组织具备符合条件的人力资源，如具有了解和掌握与所授权能有关的法律人员和技术人员；③被授权组织具有行使权能所必需的基本设备与设施。

（三）法律、法规授权的组织的类型

在我国，法律、法规授权的组织包括以下几种类型：

1. 行业组织。行业组织是行业成员利益的代言人和维护者，是基于共同的利益所组成的民间性、非营利性的社会团体。如常见的行业组织有中华全国律师协会、中国野生动物保护协会等。

2. 社会团体。社会团体是社会成员根据自愿原则，依照团体章程经法定程序成立的合体。主要有各种学术团体、宗教团体、公益团体等。其中，公益团体常常成为法律、法规授权的对象，例如，消费者协会等。

【拓展案例】

3. 企业、事业单位。事业单位是指不以营利为目的从事某种专业性活动的组织。主要有学校、科研机构、专业技术机构等，例如，我国《学位条例》第 8 条授予高等院校颁发毕业证书、学位证书的行政职权，从而使高等学校成为行使这一行政职权的行政主体。

可以成为法律、法规授权的组织的企业单位主要是一些公用企业，承担一部分行政管理职能。如自来水公司、煤气公司、铁路运输部门等。

4. 基层群众自治组织。基层群众自治组织经过授权也可以成为行政主体。在我国，基层群众自治组织包括居民委员会和村民委员会。《村民委员会组织法》《城市居民委员会组织法》分别授权村委会和居委会行使部分行政管理的职能。

5. 行政机构。行政机构是行政机关为行政管理的需要而设立的，具体从事行政管理活动的内部组织。包括内设机构、派出机构。在获得法律、法规授权时，这些行政机构可以成为授权行政主体。例如，派出所、税务所、工商所在各自的授权范围内具有行政主体资格（见图 3 - 1）。

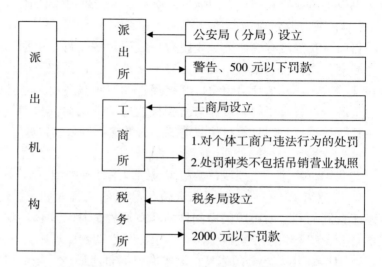

图 3 - 1 派生机构（派出所、工商所、税务所）的权限

四、行政委托情形下的行政主体

（一）行政委托的概念

随着市场经济的不断发展，政府与市场的关系逐步得到厘清。虽然政府对市场的直接干预逐渐减少，但政府管理的精细化不断加强，行政职能因此不断扩张。行政委托应运而生，旨在解决行政执法的编制、经费等限制，帮助行政机关实现行政目标，完成行政任务。

行政委托是指行政机关委托行政机关系统以外的社会组织，行使某种行政职能，办理行政事务的行为。行政委托与行政授权是截然不同的两个概念。在行政授权的情况下，被授权的组织具有行政主体资格，因而能以自己的名义行使职权，并对该行为承担法律责任。在行政委托的情况下，被委托的组织不是行政主体，不具有行政主体资格。

（二）行政委托与行政授权

上文谈到了行政委托与行政授权最主要的区别，除此之外，两者还存在以下区别：

1. 对象不同。被授权组织必须是管理公共事务的非国家机关组织；行政机关委托的组织包括其他行政机关和组织。

2. 权力来源不同。被授权组织的权力直接来源于法律、法规的授权；行政机关委托的组织的行政权力来源于行政机关的委托。

3. 行使权力的名义不同。被授权组织的行政权力因为直接来源于法律、法规的授权，因而其可以以自己的名义行使权力；行政机关委托的组织的行政权力来自于行政机关的委托，与行政机关之间存在着委托与被委托的关系，因此，只能以委托行政机关的名义行使权力。

4. 承担责任的主体不同。被授权组织以自己的名义承担法律责任；行政机关委托的组织以委托机关的名义承担责任。

（三）受委托组织的条件

我国目前没有法律统一规定受委托组织需要满足的条件。只有《行政处罚法》第 19 条明确规定了受委托组织行使行政处罚权的条件。即受委托组织必须是依法成立的管理公共事务的事业组织；必须具有熟悉有关法律、法规、规章和业务的工作人员；对违法行为需要进行技术检查或者技术鉴定的，应当有条件组织进行相应的技术检查或者技术鉴定。

【考试真题】

（四）受委托组织的法律地位

受委托组织不是行政主体，其行使职能必须以委托机关的名义，由委托机关对其行为对外承担法律责任。

【课后练习与测试】

第三节　国家公务员

一、国家公务员概述

（一）公务员的概念

公务员的称谓并非从来就有。在中国古代的帝制时期，公务员被称为"官吏"。在 1993 年《国家公务员暂行条例》中，也使用"政府干部"来指称公务员。目前使用的公务员的称谓来自于2005 年颁布的《中华人民共和国公务员法》。

公务员是指依法履行公职，纳入国家行政编制，由国家财政负担工资福利收入的国家工作人员。在我国，公务员包括国家立法机关、国家司法机关、国家行政机关，各党派、社会团体中履行公职、纳入行政编制，由国家财政负担工资福利收入的人员。换言之，国家行政机关中除工勤人员以外的工作人员都是公务员，他们经过法定方式和程序进入国家机关，履行行政职权，执行行政管理职能。

（二）公务员的分类

1. 外国公务员的分类。在政党轮流执政的国家里，公务员一般分为政务类公务员与业务类公务员。政务类公务员通过选举产生，与政党共进退；业务类公务员通过公开的选拔性考试产生，在政治上保持中立，没有党派之分。

在英国，公务员被称为"文官"，是指不与内阁共进退、一般需经公开竞争考试，一经择优录用无过失即可长期任职的文职人员，有时也专称为"常任文官"。在美国，行政机关的官员统称为"文官"，包括通过政治任命产生的部长、副部长、独立管制机构的长官等。这些通过政治任命产生的官员在每次总统换届时，都必须经过重新任命，才能履行职权。其余非政治任命的官员被称为"职业文官"，其范围与英国常任文官相一致。在法国和日本，公务员包括一切为国家工作的人员，它不仅包括行政机关，也包括立法、司法等国家机关的工作人员，还包括所有国有企、事业单位的工作人员，凡属由国家财政负担工资福利的国家工作人员皆称为公务员。但是，需要注意的是，公务员不包括工勤人员。

2. 我国公务员的分类。我国公务员并不遵从政务类与业务类的划分。依据不同的标准，可以划分为不同种类。

（1）一般职与特别职。我国的《公务员法》根据公务员的产生、任免、监督以及权利义务的不同，把公务员划分为一般职与特别职。特别职公务员包括公务员中的领导成员、法官及检察官。法律对公务员中的领导成员的产生、任免、监督以及法官、检察官等的义务、权利和管理另有规定的，从其规定。此类公务员除了适用《公务员法》之外，还需适用特别法，如《法官法》《检察官法》等。一般职公务员是指除特别职公务员以外的其他公务员，其产生、任免、监督以及权利义务适用《公务员法》。

（2）综合管理类、专业技术类、行政执法类。根据职位的性质、特点和管理需要，公务员又可划分为综合管理类、专业技术类、行政执法类。综合管理类公务员又可进一步分为两个层次：领导职务层次和非领导职务层次。领导职务包括国家级正职、国家级副职、省部级正职、省部级副职、厅局级正职、厅局级副职、县处级正职、县处级副职、乡科级正职、乡科级副职；非领导职务包括巡视员、副巡视员、调研员、副调研员、主任科员、副主任科员、科员、办事员。

3. 公务员与行政主体的关系。公务员不具有行政主体资格，不是行政主体，因而不能以自己的名义行使行政权，并对此独立承担责任。然而行政主体又离不开公务员，脱离公务员，行政主体仅是一个抽象概念。行政主体享有行政职能，行使行政职权，公务员只是具体的执法人员。在公务员执行公务时，其个人的主体资格已被他代表的行政机关所吸收，其执法活动所产生的行政法意义上的法律后果由行政机关承担。

二、公职关系

（一）公职关系的概念

公职关系是指公务员因担任公职、执行公务、与作为公权力主体的机关或组织发生的法律关系。公职关系虽然是一种内部行政关系，但是其体现的是公务员与国家之间因担任公职而发生的关系，是一种行政机关内部的人事管理关系。公职的取得意味着公务员与国家之间建立了公职关系。

（二）公职的取得

公职关系的产生在我国有四种方式：考任、选任、聘任、调任。考任是指通过公开的竞争性考试选拔主任科员以下的非领导职务。我国《公务员法》第 21 条规定，录用担任主任科员以下及其他相当职务层次的非领导职务公务员，采取公开考试、严格考察、平等竞争、择优录取的办法。选任一般针对领导职务，以选举的方式产生公务员。聘任是国家机关与拟担任公务员的公民

【拓展阅读】

签订聘任合同，以聘任合同的方式任用公务员。聘任制公务员的聘期、权利义务、待遇均由聘用合同规定。调任是指有关人员从行政系统外调入行政系统内。例如，在国有企业担任领导职务的人可以调入行政机关担任公务员。

（三）公职的履行

1. 考核。公务员的考核内容包括德、能、勤、绩、廉，重点是考核工作业绩。考核方法分为平时考核和定期考核，定期考核以平时考核为基础。定期考核的结果分为优秀、称职、基本称职和不称职四个等次。定期考核结果应当以书面形式通知公务员本人。公务员年度考核被确定为不称职等次的法律后果如下：降低一个职务层级任职，同时不享受年度考核奖金；连续两年年度考核不称职的，予以辞退。

2. 奖励与处分。对于工作表现突出、有显著成绩和贡献或其他突出事迹的公务员或公务员集体，公务员的主管部门会予以奖励。奖励包括物质奖励与精神奖励，以精神奖励为主。奖励的种类分为：嘉奖、三等功、二等功、一等功、授予荣誉称号。奖励与考核相联系，从而与工资级别的晋升相联系。

行政机关公务员的处分分为：警告、记过、记大过、降级、撤职和开除。处分的期间是：警告 6 个月，记过 12 个月，记大过 18 个月，降级和撤职 24 个月。在所有处分期间，不得晋升职务和级别。受警告处分的可以晋升工资档次；受记过、记大过处分的，不得晋升工资档次；受降级、撤职处分的，级别和工资档次同时降低。处分解除后，晋升工资档次、级别和职务不再受原处分的影响，但是解除降级、撤职处分的，不视为恢复原级别、原职务。

3. 交流。公务员的交流是指在公务员队伍内部互相交流或公务员与国有企事业单位、人民团体和群众团体中从事公务的人员进行交流。交流的方式有调任、转任和挂职锻炼。具体如下：

调任也是公职关系产生的方式之一，是指从国家机关之外调入国家机关担任公务员，是由外到内的交流。调任前的人员性质是国有企事业单位、人民团体或群众团体中从事公务的人员；调任后的人员性质发生变化，产生了公职关系，变为国家机关领导职务或副调研员以上的非领导职务。

转任是指公务员在国家机关内部不同职位之间的调动，是由内到内的交流。对省部级正职以下的领导成员应当有计划地实行跨地区、跨部门转任；对机关内设机构领导职务和工作性质特殊的非领导职务的公务员，应当有计划地在本机关内转任。

挂职锻炼是指公务员在不改变与原机关人事关系的前提下实际担任其他职务。挂职锻炼的单位包括：下级机关、上级机关、其他地区机关、国有企事业单位。可以是由内到外的交流，也可以是由内到内的交流。

4. 回避。回避是指公务员的主管部门为了保障公职的公正履行，要求满足法定情形的公务员进行回避的制度。公务员的回避分为任职回避、公务回避、离职回避。具体如下：

【法条链接】

任职回避又分为两种情形：近亲回避与地域回避。近亲回避是指，公务员之间有夫妻关系、直系血亲关系、三代以内旁系血亲关系以及近姻亲关系的，不得在同一机关担任双方直接隶属于同一领导人员的职务；不得在同一机关担任有直接上下级领导关系的职务；不得在其中一方担任领导职务的机关从事组织、人事、纪检、监察、审计和财务工作。地域回避是指，公务员不得在自己的成长地担任一定级别的领导职务。地域回避只适用于县、乡两级领导职务。

公务回避是指，公务员执行公务时，有以下情形的，应当回避：涉及本人利害关系的；涉及本人配偶、直系血亲、三代以内旁系血亲以及近姻亲利害关系；涉及其他可能影响公正执行公务的情况。

离职回避是指辞去公职或退休的公务员，领导成员在离职 3 年内，其他公务员在离职 2 年内，不得到与原工作业务直接相关的企业或其他营利性组织任职，不得从事与原工作业务直接相关的营利性活动。

（四）公职的退出

公务员退出公职有三种形式：辞职、辞退、退休。

1. 辞职。辞职，即辞去公职，由公务员自己向任免机关提出书面申请辞去公职。任免机关在接到申请之日起 30 日内审批。不得辞职的情形如下：①未满国家规定的最低服务年限的；②在涉及国家秘密等特殊职位任职或离开上述职位部门国家规定的脱密期限的；③重要公务尚未处理完毕，且须由本人继续处理的；④正在接受审计、纪律审查，或者涉嫌犯罪，司法程序尚未终结的；⑤法律、行政法规规定的其他情形。

2. 辞退。与辞职相比，对公务员来说，辞退的情形较为被动，是公务员未能满足履行职务的要求，被任职机关辞退，是被动退出公职关系的行为。在以下情形下，应予辞退公务员：①在年度考核中，连续两年被确定为不称职的；②不胜任现职工作，又不接受其他安排的；③因所在机关调整、撤销、合并或者缩减编制，需要调整工作，本人拒绝合理安排的；④不履行公务员义务，不遵守公务员纪律，经教育仍无转变，不适合继续在机关工作，又不宜给予开除处分的；⑤旷工或因公外出、请假期满无正当理由逾期不归连续超过 15 天，或者 1 年内累计超过 30 天的。但如有以下情形，则不得辞退公务员：①因公致残，被确认丧失或者部分丧失工作能力的；②患病或者负伤，在规定的医疗期的；③女性公务员在孕期、产假、哺乳期的；④其他法定不得辞退的情形。

3. 退休。公务员达到法定退休年龄或者完全丧失工作能力的，应当退休。工作满 30 年的，或者距国家规定的退休年龄不足 5 年，且工作年限满 20 年的，本人自愿申请，经任免机关批准，可以提前退休。

三、公务员的义务与权利

公务员的公职关系决定了公务员享有一定的权利，并且履行一定的义务，这是公务员实施行政管理活动的基础。公务员的义务与权利具体如下：

（一）公务员的义务

《公务员法》第 12 条规定，公务员应当履行下列义务：模范遵守宪法和法律；按照规定的权限和程序认真履行职责，努力提高工作效率；全心全意为人民服务，接受人民监督；维护国家的安全、荣誉和利益；忠于职守，勤勉尽责，服从和执行上级依法作出的决定和命令；保守国家秘密和工作秘密；遵守纪律，恪守职业道德，模范遵守社会公德；清正廉洁，公道正派；法律规定的其他义务。

（二）公务员的权利

《公务员法》第 13 条规定，公务员应当享有以下权利：获得履行职责应当具有的工作条件；非因法定事由、非经法定程序，不被免职、降职、辞退或者处分；获得工资报酬，享受福利、保险待遇；参加培训；对机关工作和领导人员提出批评和建议；提出申诉和控告；申请辞职；法律规定的其他权利。

【课后练习与测试】

第四节　行政相对人

一、行政相对人的概念

行政相对人是指在行政法律关系中处于被管理地位的公民、法人和其他组织，是行政法律关系的主体之一。行政相对人与行政主体对应，共同构成行政法律关系的主体，也是行政法的主体之一，有时也称为相对人。

行政相对人具有以下特征：

1. 行政相对人是行政法律关系中被行政主体管理的对象。一方面，行政相对人有义务服从行政管理，履行行政行为确定的义务，遵守行政管理秩序；另一方面，行政相对人也享有一系列权利，保障其权益不受非法侵犯。

2. 行政相对人不仅仅限于自然人，还包括法人和其他组织。当法人、其他组织处于被管理地位时，也会变成行政相对人。

3. 行政相对人在不同的法律关系中，具有不同的法律地位。例如，在行政许可法律关系中，行政相对人是行政许可的申请人；在行政处罚法律关系中，行政相对人是行政处罚的被处罚人；在行政复议法律关系中，行政相对人是行政复议的申请人；在行政诉讼法律关系中，行政相对人还有可能成为行政诉讼的原告。

二、行政相对人的分类

（一）内部行政相对人与外部行政相对人

内部行政相对人是与行政主体之间有行政隶属关系的人。例如，代表国家机关执行公务的公务员。公务员与所属国家机关之

间的关系是内部行政关系；外部行政相对人与行政主体之间没有
隶属关系，只是一般的行政管理关系。外部行政相对人可以成为
行政诉讼的原告，而内部行政相对人一般不可以成为行政诉讼的
原告。因为受到特别权力关系理论的影响，内部行政相对人与其
隶属机关之间的争议，不通过行政诉讼解决。

（二）组织相对人与个人相对人

组织相对人主要包括国家机关、企事业单位、社会团体等在
内的法人和非法人组织；个人相对人主要是公民。这里的公民包
括：中国公民、在中国境内的外国人（包括无国籍人）。有些行
政行为的对象只能是组织相对人，如责令停产停业的处罚对象，
而有些行政行为的对象只能是个人相对人，如限制人身自由的行
政强制措施和行政处罚。

（三）侵益行政相对人与授益行政相对人

以行政行为对行政相对人的影响为标准，行政相对人可以分
为侵益行政相对人与授益行政相对人。行政相对人可以因行政行
为获得有益影响的，称之为授益行政相对人。例如，取得行政许
可的相对人，行政给付的相对人等。行政相对人受到行政行为不
利影响的，称之为侵益相对人。例如，行政处罚的被处罚人。

三、行政相对人的权利和义务

（一）行政相对人的权利

我国 1982 年《宪法》规定，公民有批评、建议权，申诉、
控告、检举权，取得国家赔偿权。行政相对人的权利是以上宪法
权利在行政法上的具体化。除了以上宪法权利外，其还包括以下
内容：

1. 参与权。行政相对人有权依法参加行政管理。行政相对人
享有通过合法途径参加国家行政管理活动以及参与行政程序的权
利。如通过考试进入国家公务员队伍，从而参加国家的行政管
理；行政相对人有权参与听证程序等。

2. 知情权。行政相对人有权依法了解和获取行政主体的各种
行政信息。保障行政相对人的知情权，需要政府依法履行信息公
开的责任。《政府信息公开条例》规定了政府信息的含义、信息
公开的范围、责任主体等重要内容，是我国保障公民知情权的重

要立法举措。

3. 申请权。行政相对人有权依法向行政主体提出实现其法定权利的申请。例如，申请取得营业执照，申请获得最低生活保障等。当行政相对人的权益受到侵害时，有权申请获得救济。在行政法上可以获得的救济途径包括行政复议、行政诉讼等。

（二）行政相对人的义务

行政相对人在享有行政法上权利的同时，还必须履行相应的义务。

1. 遵守行政法律的义务。行政相对人有义务遵守相关的行政法律规范，从而维护良好的行政法律秩序。

2. 服从行政命令的义务。行政相对人必须服从行政主体的行政命令，即服从行政行为所确定的权利义务关系，否则将承担不利的法律后果。若行政相对人对行政行为不服，则应通过法定救济途径解决纠纷。在该行政行为被撤销或宣布无效之前，均应遵守。

3. 协助行政管理的义务。行政相对人有对行政主体及行政人的行政管理活动进行配合的义务。如《人民警察法》第 13 条规定，人民警察依法执行公务时，公民和组织应当给予协助和支持。

第四章　行政行为

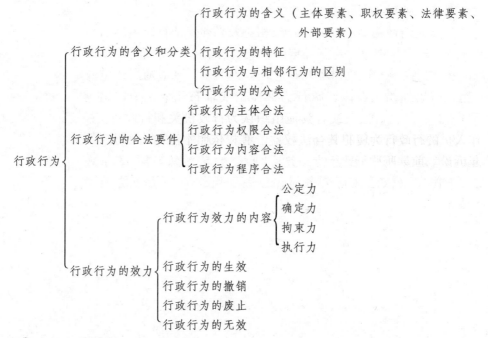

　　行政行为是指行政主体运用行政职权所实施的对外具有法律意义、产生法律效果的行为。本章重点在于：①理解行政行为及其主体要素、职权要素、法律要素和外部要素。②重点掌握行政行为的合法要件即主体合法、权限合法、内容合法、程序合法。③掌握行政行为的效力内容即公定力、确定力、拘束力和执行力。④掌握行政行为撤销的条件及其法律后果。

第一节　行政行为的含义和分类

一、行政行为的含义

行政行为是行政法领域中基础性和核心概念。行政行为是指行政主体运用行政职权所实施的对外具有法律意义、产生法律效果的行为。[1] 行政行为有最广义、广义、狭义之分。最广义的行政行为指行政主体实施的所有行为，包括法律行为和行政事实行为；广义行政行为包括抽象行政行为和具体行政行为；狭义行政行为仅包括具体行政行为。本书所指行政行为为广义行政行为。

（一）主体要素

行政行为的主体称为行政主体。在我国，行政主体包括行政机关和法律、法规、规章授权的组织。我国《行政诉讼法》第2条规定："公民、法人或者其他组织认为行政机关和行政机关工作人员的行政行为侵犯其合法权益，有权依照本法向人民法院提起诉讼。前款所称行政行为，包括法律、法规、规章授权的组织作出的行政行为。"需要说明的是，行政机关工作人员不是行政主体，属于行政行为的实施主体，只能以行政机关的名义实施行政行为，责任由行政机关承担。行政行为的实施者除了行政机关工作人员外，还包括法律、法规、规章授权组织的工作人员以及行政机关委托的组织及其工作人员。

（二）职权要素

行政行为系行政主体依据行政职权作出的行为。行政行为所形成的法律关系为行政法律关系，而非民事法律关系或者刑事法律关系。在此要注意区分民事行为和行政行为，并非行政主体所有的行为都属于行政行为。行政主体如果没有运用行政职权作出某一行为，那么该行为不属于行政行为。如行政机关以民事主体身份购买办公用品的行为不属于行政行为，而属于民法的调整范围。

---

[1]　张树义主编：《行政法学》，北京大学出版社2012年版，第143页。

（三）法律要素

行政行为是指能够产生某种法律效果的行为。所谓法律效果，是指对公民、法人或者其他组织的权利义务产生影响。这种影响既有可能是积极影响，也有可能是消极影响。行政相对人因行政行为而受益，如公民取得行政许可证后，具有了从事某种职业的资格，这种影响属于积极、有利影响。如果行政相对人因为该行政行为的实施而被剥夺权利或者增设了义务，那么该影响则属于消极、不利影响。在此需要注意，"行政主体对行政相对人实施的某些行为并不直接产生法律效果，也不具有强制执行力，如行政事实行为"。[1]

（四）外部要素

行政行为指行政主体所实施的对外发生法律效果的行为。行政行为一般指外部行政行为，而不包括内部行政行为，后者如行政机关内部人事任免等。

综上所述，行政行为必须同时具备上述四个要素。

二、行政行为的特征

行政行为是行政主体行使行政权力的行为，具有以下特征：

（一）执行性

从权力来源看，行政权力来源于法律的授权。行政行为必须有法律依据方可作出，对于行政机关而言，"法无授权不可为"，这是民主法治的基本要求。行政行为具有执行性，即执行法律。行政主体实施行政行为应当受到法律的约束，不得超越法律的规定。如果行政行为违法，应当承担相应的法律责任。行政行为不同于立法行为，立法行为是制定、创制法律的行为，而行政行为属于执行、贯彻法律规范的行为。行政立法行为虽然也创设法律规范，但其规范属于执行性规范。因此，行政立法行为并不属于严格意义上的立法行为，而是属于准立法行为。

（二）裁量性

行政事务涉及面广，且纷繁复杂。立法具有局限性，无法对行政管理事项作出事无巨细的规定。即使有法律依据，行政机关

---

〔1〕 应松年、姜明安、马怀德：《行政法与行政诉讼法学》，高等教育出版社 2017 年版，第 105 页。

也不能仅机械地执行法律，而是在行政管理过程中必须具有一定的自由裁量权。行政主体在法律规定的幅度和范围内，依据每个案件的实际情况，作出行政行为，以实现合法行政和合理行政。

（三）权力性[1]

行政主体代表国家，运用国家公权力作出行政行为。传统行政中，行政主体一般采用行政强制手段以实现行政管理目标。在现代行政中，行政指导、行政合同等柔性行政应运而生，更多地强调行政主体与行政相对人的合意。如果能用柔性行政、非强制手段达到行政执法目的，则尽量不用强制行政方式。行政主体作出行政行为须遵循权责一致原则，有权必有责，用权受监督，侵权需赔偿。

三、行政行为与相邻行为的区别

（一）行政行为与个人行为

区分行政行为与个人行为具有重要意义，这直接关系到行为的责任承担以及是否需要国家赔偿等问题。两者主要区分标准在于是否履行公务，应当结合时间、名义、公务标志等多方面因素综合加以判断。

（二）行政行为与国家行为

国家行为特指国家机关以国家的名义运用国家主权所实施的行为，[2]包括国防、外交、军事等行为，具有一定的政治性。如果将国家行为纳入行政诉讼的受案范围，有可能导致泄露国家秘密，进而威胁国家利益和安全。因此，我国行政诉讼法将国防、外交等国家行为排除在司法审查范围之外。

四、行政行为的分类

（一）抽象行政行为和具体行政行为

依据行政行为针对的对象是否特定和能否反复适用，可以将其分为抽象行政行为和具体行政行为。2014 年第十二届全国人大常委会第十一次会议通过的《行政诉讼法》在受案范围中将"具

---

〔1〕　应松年、姜明安、马怀德：《行政法与行政诉讼法学》，高等教育出版社 2017 年版，第 106 页。

〔2〕　应松年主编：《当代中国行政法》（上卷），中国方正出版社 2005 年版，第 517 页。

体行政行为"修改为"行政行为",但是抽象行政行为依然不可诉。这在一定程度上仍体现出行政行为可以作抽象行政行为和具体行政行为的分类。

抽象行政行为指行政机关制定的具有普遍约束力的规范性文件,包括行政法规、规章以及规范性文件。抽象行政行为具有以下特征:①对象的不特定性。抽象行政行为针对不特定的人或事;②可以反复使用。抽象行政行为可以反复适用于类似案件和情形。抽象行政行为作为行政机关行使行政职权的重要形式,在行政管理中发挥着重要作用。

具体行政行为是指行政机关针对特定的对象,就特定的事项所作出的处理决定。具体行政行为具有以下特征:①对象的特定性。具体行政行为针对特定的对象,如行政处罚针对违反行政管理秩序,依法应当受到处罚的行政相对人。请注意,对象是否特定与人数多少无关。某一行为即使涉及人数众多,只要对象特定,即属于具体行政行为。②直接性。具体行政行为将直接对于行政相对人的权利义务产生影响。如行政许可和行政强制都将直接对行政相对人的权利义务产生影响。这种影响有可能是授益性的,也有可能是侵益性的。

具体行政行为与抽象行政行为的含义不同、适用范围不同、法律监督也不相同,必须对其加以区分。一般情形下,具体行政行为和抽象行政行为的判断标准比较明显,可以通过调整范围及能否反复适用加以区分。抽象行政行为常通过行政立法或者规范性文件的方式表现出来,在一定的时期内可以反复适用。特殊情形下,抽象行政行为和具体行政行为两者的界限并不明显,如政府发布通知、通告或者会议纪要。这时需要判断通知、通告或者会议纪要的内容是否针对特定相对人。如果针对特定相对人,则属于具体行政行为。

【考试真题】

(二)行政立法行为、行政执法行为、行政司法行为

以行政行为的不同内容为标准,可以将其分为行政立法行为、行政执法行为、行政司法行为。行政立法行为是指行政机关依法定职权和法定程序制定行政法规和行政规章的行为。立法权本属于立法机关,但是立法机关将部分立法权授权行政机关行使,从而产生行政立法。行政执法行为指行政机关为执行法律而

实施的各种管理行为，包括行政处罚、行政许可、行政强制等。行政执法行为形成的法律关系有两方主体，分别为行政主体和行政相对人。行政执法行为在行政行为中所占比例较大，在此过程中行政主体直接与行政相对人接触，容易侵犯公民的合法权益，因此，行政执法的法治化、规范化建设至关重要。行政司法行为是指行政机关居中对与行政管理相关的行政争议和民事争议进行裁判的行为，包括行政调解、行政裁决等行为。行政司法行为形成的法律关系为三方主体，分别为行政机关和发生争议的双方当事人。

（三）羁束行政行为和裁量行政行为

以法律规定对于行政行为不同的约束程度为标准，可以将其分为羁束行政行为和裁量行政行为。

羁束行政行为是指法律规范明确规定了范围、条件、程序、形式等内容的行政行为。行政机关没有自由选择的空间，只能严格依照法律的规定实施。如税务机关征税遵循税收法定主义，只能依照国家法律规定的税种、税率进行征税，而不能自由选择。

裁量行政行为是指法律仅原则性规定行政行为的范围、种类、适用条件、裁量幅度等，由行政机关依据案件实际情况在法定的幅度和范围内自由选择。如《专利法》第63条规定："假冒专利的，除依法承担民事责任外，由管理专利工作的部门责令改正并予公告，没收违法所得，可以并处违法所得4倍以下的罚款……"行政机关针对假冒专利行为，可以根据具体案情在法律规定的范围内自由选择是否进行罚款以及罚款的数额。

区分羁束行政行为和裁量行政行为具有重要意义。其一，羁束行政行为和裁量行政行为对于行政机关的要求不同。羁束要求行政机关必须严格执行法律；而裁量行政行为则赋予行政机关自由选择和裁量的权力。羁束行政行为受合法性原则约束，而裁量行政行为主要受合理性原则约束。其二，司法审查的强度不同。羁束行政行为属于行政诉讼受案范围；法院在审查自由裁量行为时，一般尊重行政机关的判断权，只有行政行为存在"明显不当"的情形，人民法院才判决撤销或者部分撤销行政行为。

（四）依申请行政行为和依职权行政行为

以行政行为的启动的不同程序为标准，可以将其分为依申请行政行为和依职权行政行为。依申请行政行为指行政行为的启动以申请人的申请为前提条件。申请人如果不提出申请，行政机关不能主动作出行政行为，如颁发采矿证、律师执业证等行政许可属于依申请行政行为。依职权行政行为是指行政机关依据行政职权积极、主动作出的行政行为，无须申请人的申请作为启动条件。例如，环境保护部门针对环境违法行为主动作出行政处罚决定。

（五）授益行政行为和负担行政行为

以行政行为的内容是否对行政相对人有利为标准，可以将其分为授益行政行为和负担行政行为。授益行政行为是指依法赋予行政相对人权利或者免除其义务的行政行为。典型的授益行政行为包括行政许可、行政奖励、行政给付等。负担行政行为是指依法剥夺行政相对人权利或者为其设定义务的行为。典型的负担行政行为包括行政处罚、行政强制、行政征收等。

（六）单方行政行为和双方行政行为

以行政行为系单方意思表示还是双方意思表示为标准，可以将其分为单方行政行为和双方行政行为。单方行政行为指行政主体单方意思表示就可以成立的行为。双方行政行为指行政主体与行政相对人双方意思表示一致产生的行政行为，其建立在双方当事人平等、协商基础之上，主要表现形式为行政协议。在传统行政中，行政行为以单方行政行为为主。现代行政中，双方行政行为应用日益广泛。

【课后练习与测试】

此外，行政行为还可以分为附款行政行为和无附款行政行为；强制性行政行为和非强制性行为；要式行为和非要式行政行为。由于篇幅所限，本书不再展开论述。

第二节　行政行为的合法要件

行政行为的合法要件是判断行政行为是否合法的基本标准。行政行为的合法与成立是两个独立的问题。行政行为一经作出，即假定其合法。行政行为成立仅代表其符合行政行为的形式要件。法律赋予行政相对人提出异议和申请救济的权力。有关国家行政机关依据行政行为的合法要件对该行政行为是否合法作出判断。

　　符合行政行为合法要件的行政行为具有实质的法律效力。行政行为违反合法要件，在行政复议或者行政诉讼中，有可能被撤销或者确认违法、无效。

　　行政行为的合法要件包括以下内容：

一、行政行为主体合法

　　主体适格是行政行为合法的前提。行政行为必须由行政主体作出，行政主体包括行政机关和法律、法规、规章授权的组织。行政机关的职权来自于法律规定，如《中华人民共和国国务院组织法》《中华人民共和国地方各级人民代表大会和地方各级人民政府组织法》等。行政机关之外的组织成为行政主体须有法律、法规、规章的授权。如高等院校依据法律授权而具有授予毕业证和学位证的权力。其他国家机关和未经法律、法规授权的企事业单位、社会组织等无权作出行政行为。

二、行政行为权限合法

　　行政主体都有其法定的权限，行政行为不能超越相应的权限。行政行为权限合法有以下要求：①行政行为系行政主体行使行政权力的行为。换言之，行政主体不能越位行使立法权和司法权。②行政主体必须在法定的权限范围内行使职权，不能超越职权。从横向来看，行政主体具有特定的事务管辖范围，不能行使其他行政机关的职权，否则即构成横向越权。如工商机关不能越权行使税务机关的职权；公安机关不能越权行使规划机关的职权。从纵向来看，各级行政主体行使职权应当符合级别管辖规定。下级行政主体不能越权行使上级行政主体的职权，否则即构成纵向越权。如派出所的行政处罚权限为警告和 500 元以下罚款，而不能作出拘留的行政处罚决定。

三、行政行为内容合法

　　行政行为的内容合法包括以下内容：

（一）事实清楚、证据确凿

行政机关作出行政行为的前提条件是事实清楚、证据确凿。

行政机关应当遵循"先取证，后裁决"的基本原则查清案件事实。例如，在行政处罚案件中，行政机关首先需要查明行政相对人有无违反行政处罚法律规范的违法事实。事实需要证据来证明，没有证据不能认定相关事实的存在。行政行为的证据应当合法，符合法定证据类型。《行政诉讼法》规定的行政诉讼证据的法定种类包括书证、物证、视听资料、电子数据、证人证言、当事人陈述、鉴定意见、勘验笔录和现场笔录。现场笔录是行政诉讼中特有的证据类型，指行政机关工作人员在行政执法过程中当场制作的有关案件事实或者执法情况的记录。[1] 上述证据应当与待证事实之间具有关联性。经法庭审查属实，才能作为认定案件事实的根据。行政行为合法的证据证明标准为"证据确凿"，这要求证明案件主要事实的证据要确凿、充分，能够排除合理怀疑。

（二）正确适用法律规范

行政主体作出行政行为应当正确适用法律规范，这是依法行政的必然要求。正确适用法律规范要求遵循法律规范的效力位阶。当下位法和上位法的规定不一致、存在冲突时，应当适用上位法。在行政诉讼中，审查行政行为的合法性要依据法律和法规，参照规章。行政相对人认为行政行为所依据的规范性文件不合法，在提起行政诉讼时，可以请求法院对该规范性文件进行附带性审查。

四、行政行为程序合法

行政程序法是有关行政行为的方式、步骤、时间、顺序等法律规范的总称。现代行政行为合法要件不仅包括实体要件合法，同时也包括程序要件合法。程序正义是实现实体正义的重要保障。行政程序是否合法对于行政行为实体合法性和合理性而言至关重要。现代行政中，行政程序法作为控制行政权滥用的重要手段，能够有效防范行政权侵害行政相对人的合法权益，是防止行政专断、促进行政民主的有力保障。

我国目前尚未出台统一的《行政程序法》，有关行政行为的

---

〔1〕 何海波：《行政诉讼法》，法律出版社 2016 年版，第 403 页。

程序规定散见于各个部门法之中，如《行政处罚法》《行政许可法》《行政强制法》等。尽管行政行为种类繁多，不同的行政行为所运用的方式各有差异，但是有些程序要求是所有行政行为必须要遵循的，具体包括：

（一）行政行为符合法定方式

行政行为需要遵循法定方式和制度。行政公开、告知、听取意见、说明理由、回避、禁止单方接触等制度构成行政行为的重要制度。如果不遵循上述制度，则构成程序违法，属于可撤销的行政行为。

（二）行政行为符合法定时限

行政行为要符合法定时限，其目的在于提高行政效率，防止行政机关拖延履行法定职责。行政主体可以进一步优化流程，在法定期限范围内设定更短的承诺期限。例如，某项行政许可审批事项的法定期限为 20 日，行政机关可以承诺在 10 日内办结。

（三）行政行为符合法定步骤、顺序

行政行为程序合法要求行政机关遵循法定步骤、顺序，不可颠倒顺序或者遗漏某个步骤。行政行为如果没有遵循法定步骤，即构成程序违法。如行政处罚要求行政机关先调查取证后作出行政处罚决定；行政机关申请人民法院强制执行前，应当催告当事人履行义务。

第三节　行政行为的效力

一、行政行为效力的内容

行政行为的效力是指行政行为成立后，对行政主体、行政相对人以及其他组织和个人发生的效力，主要包括公定力、确定力、执行力和拘束力。关于行政行为效力内容，行政法学界学说纷呈，包括"三效力说"[1]"四效力说""五效力说"等。"三效力说"指行政行为具有确定力、拘束力和执行力，此学说流行于早期行政法学界。"四效力说"指行政行为的效力内容具有公

---

〔1〕　何海波：《行政诉讼法》，法律出版社 2016 年版，第 403 页。

定力、确定力、拘束力、执行力。"五效力说"指行政行为的内容具有先定力、公定力、确定力、拘束力和执行力等五种效力。[1] 本书采取"四效力说"。

（一）公定力

行政行为的公定力是指行政行为一经作出，即假定其合法有效，任何人非经法定程序，不得否定其法律约束力。行政行为的公定力是对世的，不仅约束行政主体和行政相对人，同时约束任何组织和个人。之所以赋予行政行为公定力，旨在维持法的安定性以及稳定的法律秩序。行政机关系依法组成，这也就预设了行政行为具有合法性。为了实现行政管理的目标和公共利益，必须承认行政行为具有公定力。任何机关包括国家权力机关、司法机关、上级行政机关等未经法定程序都不得否定其效力。

（二）确定力

确定力是指已经生效的行政行为对行政主体和行政相对人所具有的不得随意改变的法律效力。其包括两层含义：一是对于行政主体而言，行政行为一经作出，就具有相对稳定性，非经法定事由和法定程序不得随意改变或者撤销。行政行为系行政主体依法而作出，行政主体负有遵守承诺的义务。如果行政机关反复无常，违反诚实信用原则，将极大损害政府公信力。二是对于行政相对人而言，行政行为生效后，行政相对人可以在法定期限内提起行政复议或者行政诉讼寻求救济。一旦法定期限经过，具体行政行为就具有确定力，行政相对人对于行政行为则不可再争。

（三）拘束力

行政行为的拘束力是指已经生效的行政行为，对于行政主体和行政相对人都具有拘束力，双方必须遵守。行政主体作出行政行为后，负有保障其实现的义务。行政相对人也受到该行政行为约束，如果不履行相应义务，需承担相对应法律责任。

行政行为的拘束力直接作用于行为的直接对象。如某市禁止燃放烟花爆竹，那么，行政相对人则不得从事该行为。此外，行政行为的拘束力也及于行政相对人之外的组织和个人。任何组织和个人不得违反行政行为的内容。

---

〔1〕 应松年主编：《当代中国行政法》（上卷），中国方正出版社 2005 年版，第 534 页。

（四）执行力

行政行为的执行力是指生效的行政行为要求行政主体和行政相对人对其内容予以实现的法律效力。基于行政管理目标实现的需要，必须赋予行政行为执行力。行政行为的执行力由国家强制力保障实现。行政行为生效后，行政相对人必须自觉履行行政行为所确定的义务。行政相对人不自觉履行义务，那么有强制执行权的行政机关可以根据法律规定强制行政相对人履行义务。不具有强制权的行政机关可以依法申请人民法院强制执行。行政行为的执行力以行政行为的拘束力为前提。正是因为行为具有拘束力，行政相对人才具有履行行政行为的义务。

【课后练习与测试】

综上所述，行政行为的公定力、确定力、拘束力和执行力是相互联系的一个整体，共同构成了行政行为的效力内容。

二、行政行为的生效

行政行为的生效是指行政行为具备一定的法定要件后正式对外发生法律效力。抽象行政行为和具体行政行为具有不同的生效要件。

（一）抽象行政行为的生效要件

抽象行政行为包括制定行政法规、规章和规范性文件的行为。其生效要件包括：

1. 经有关会议讨论决定。不同的抽象行政行为由不同的会议讨论决定。行政法规由国务院常务会议审议，或者由国务院审批。部门规章应当经部务会议或者委员会会议决定。地方政府规章应当经政府常务会议或者全体会议决定。

2. 必须经行政首长签署。这是抽象行政行为生效的必备条件之一，原因在于我国行政机关实行行政首长负责制。行政法规需要报请总理签署国务院令公布施行；规章需要报请本部门首长或者省长、自治区主席、市长签署命令并予以公布。

3. 公开文本。这也是抽象行政行为生效的必备要件之一。抽象行政行为需要在正式政府刊物上公布。行政法规的标准文本，是在国务院公报上刊登的文本。行政法规签署公布后，应当及时在国务院公报和在全国范围内发行的报纸上刊登。

4. 在实施日期之日起生效。抽象行政行为有的自公布之日起生效，有的在立法时明确了施行日期。如签署公布行政法规的国务院令应当载明该行政法规的施行日期。在抽象行政行为制定后预留一定的准备时间，有利于该法的宣传普及。

（二）具体行政行为的生效要件

行政主体作出行政行为是具体行政行为生效的前提条件。行政行为的生效方式包括以下几种：

1. 即时生效。行政行为一经作出即具有法律效力。如果行政行为的生效没有其他特别规定，一般推定为即时生效。常见的表现形式如行政主体在紧急情况下对行政相对人即时采取强制措施。上述行政行为一经作出即生效。

2. 送达生效。行政行为作出后，在法定期限内将行政决定文书送达行政相对人时发生法律效力。送达的方式包括以下几种：直接送达、留置送达、委托送达与邮寄送达、公告送达。送达的具体操作程序参照民事诉讼法有关规定执行。实践中，如何解决行政决定文书送达难题值得研究探讨。直接送达是指行政主体直接将行政决定文书送达受送达人。受送达人是个人的，本人不在交他的同住成年家属签收；受送达人是法人或者其他组织的，应当由法人的法定代表人、其他组织的主要负责人或者该法人、组织负责收件的人签收；受送达人有诉讼代理人的，可以送交其代理人签收；受送达人已向人民法院指定代收人的，送交代收人签收。受送达人或者他的同住成年家属拒绝接收诉讼文书的，送达人可以邀请有关基层组织或者所在单位的代表到场，说明情况，在送达回证上记明拒收事由和日期，由送达人、见证人签名或者盖章，把诉讼文书留在受送达人的住所；也可以把诉讼文书留在受送达人的住所，并采用拍照、录像等方式记录送达过程，即视为送达。

3. 附条件生效。行政行为附有条件的，待条件达成之时该行政行为生效。如果该条件未达成，则该行政行为不能生效。

三、行政行为的撤销

行政行为的撤销是指有权国家机关针对违法或者明显不当的行政行为作出撤销决定，而使之失去法律效力。从主体来看，有权撤销该行政行为的主体包括上级行政机关、行政复议机关、人民法院。从效力上来看，行政行为的撤销不同于行政行为的无效。无效行政行为遵循"自始无效"的原则；而可撤销行政行为只有在撤销后才失去法律效力，行政相对人在撤销决定作出之前一直受该行政行为的约束。此外，可撤销的行政行为不一定必然会被撤销，行政相对人须在法定诉讼时效内申请撤销该行为。超过诉讼时效，申请人不能通过法定的救济途径申请撤销该行政行为。

（一）行政行为撤销的条件

行政行为撤销的条件是行政行为合法要件缺损。合法的行政行为应当具备主体合法、权限合法、内容合法、程序合法四个要件。行政行为如果缺少一个或者几个合法要件，那么该行政行为即为可撤销行政行为。《行政诉讼法》第 70 条规定："行政行为有下列情形之一的，人民法院判决撤销或者部分撤销，并可以判决被告重新作出行政行为：①主要证据不足的；②适用法律、法规错误的；③违反法定程序的；④超越职权的；⑤滥用职权的；⑥明显不当的。"其中，"明显不当"为 2014 年《行政诉讼法》修改新增加的内容。行政机关运用行政自由裁量权时有一定的裁量空间，如果行政机关的处理结果明显不当，那么该行政行为属于可撤销行政行为。例如，行政处罚的结果畸轻或者畸重，则属于明显不当。如果行政行为部分违法，且该部分内容可与其他部分分离，法院可以判决部分撤销。

（二）行政行为撤销的法律后果

行政行为撤销通常自行政行为撤销之日起失去效力。

如果行政行为的撤销是行政主体的过错引起的，而依据社会公共利益的需要，又必须使行政行为的撤销效力追溯到行政行为作出之日，那么由此给相对人造成的损失应由行政主体予以赔偿。[1]

【课后练习与测试】

如果行政行为的撤销是因为行政相对人的过错所引起的，行政行为撤销的效力通常应当追溯到行为作出之日。例如，行政相对人提供虚假材料骗取行政许可，那么行政机关应当撤销该行政行为，行政相对人的损失由其自己承担。

【拓展案例】

---

〔1〕　张树义主编：《行政法学》，北京大学出版社 2014 年版，第 162 页。

如果该行政行为的撤销是由行政主体与行政相对人的共同过错引起的，那么行政行为撤销的效力应当追溯到行政行为作出之日。在此情形下，行政相对人的损失由其自己承担。行政主体及其工作人员应当承担相应的行政责任和刑事责任。

四、行政行为的废止

行政行为的废止是指因行政行为所依据的法律、法规、规章等发生变化，或者客观情况发生重大变化等，有关行政机关依法废止行政行为，使其丧失法律效力的行为。行政行为具有确定力，一经作出不得随意废止。只有在某些法定情形之下，行政行为才能依法废止。

（一）行政行为废止的条件

1. 行政行为依据的法律、法规、规章等已经被有关机关撤销、修改或者废止。行政行为必须依据相应的法律作出规定，如果行政行为赖以存在的法律依据发生了变化，行政行为若继续存在，将与新的法律、法规、规章等相抵触，那么行政主体必须废止原行政行为。

2. 客观情况发生了重大变化。行政行为作出时的客观情况和客观形势发生了重大变化，行政行为继续存在将损害国家和社会的公共利益。因此，为了公共利益的需要，行政主体须废止原行政行为。

3. 行政行为已完成原定目标和任务，实现了其历史使命，已经没有存在的必要。这种情形下，行政主体可以废止原行政行为。

（二）行政行为废止的法律后果

行政行为废止后，其效力自废止之日起失效。行政主体在行政行为废止之前赋予行政相对人的权益不再收回；行政相对人依据原行政行为已经履行了相应的义务，也不能要求行政主体再给予行政补偿。但是，如果该行政行为的废止是由于法律、法规、规章修改或者废止，或者准予行政许可所依据的客观情况发生重大变化，那么行政主体应当对给行政相对人造成的财产损失依法给予行政补偿。

五、行政行为的无效

行政行为的无效是指行政行为明显和重大违法，导致行政行为自始不产生法律效力。

（一）行政行为无效的条件

《行政诉讼法》第75条规定："行政行为有实施主体不具有行政主体资格或者没有依据等重大且明显违法情形，原告申请确认行政行为无效的，人民法院判决确认无效。"从上述规定可以看出，"重大且明显违法"是行政行为无效的判断标准。一般而言，以一个正常理智的普通人的常识性认知能够判断出该行政行为违法，那么可推断该行为存在"重大且明显违法"的情形。从理论上看，有以下情形可以导致行政行为无效：

1. 行政行为的实施主体不具有行政主体资格。行政主体资格系行政行为合法的主体要件。如果行政行为由行政主体之外的国家机关或者组织、个人实施，那么该行政行为属于无效行政行为。

2. 没有法律依据。《行政处罚法》第3条第2款规定："没有法定依据或者不遵守法定程序的，行政处罚无效。"

3. 行政行为的实施将导致犯罪。如行政机关允许行政相对人出版非法刊物或者猎捕国家保护的濒危野生动物。

（二）无效行政行为的法律后果

1. 无效行政行为因其明显、严重违法而自始不产生效力。

2. 行政相对人可以不受该行政行为拘束，不需要履行该行为所确定的义务。其他国家机关和社会组织、个人也不需要遵守。

3. 行政相对人可以在任何时候主张行政行为无效。这不同于可撤销行政行为。对于可撤销行政行为，行政相对人只能在法定期间内申请撤销。

4. 国家有权机关（上级机关、人民法院、行政复议机关）有权在任何时候宣布行政行为无效。

【拓展案例】

第五章　行政立法

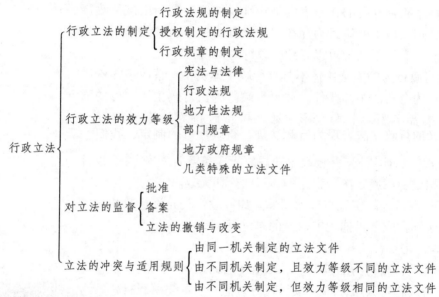

本章知识结构图

```
                          ┌─ 行政法规的制定
              行政立法的制定 ┤  授权制定的行政法规
              │            └─ 行政规章的制定
              │
              │            ┌─ 宪法与法律
              │            │  行政法规
              │            │  地方性法规
              行政立法的效力等级 ┤  部门规章
              │            │  地方政府规章
  行政立法 ───┤            └─ 几类特殊的立法文件
              │
              │            ┌─ 批准
              对立法的监督  ┤  备案
              │            └─ 立法的撤销与改变
              │
              │            ┌─ 由同一机关制定的立法文件
              立法的冲突与适用规则 ┤  由不同机关制定，且效力等级不同的立法文件
                           └─ 由不同机关制定，但效力等级相同的立法文件
```

重点内容讲解

狭义的行政立法表现为行政法规、行政规章的制定，我们主要掌握其制定权限与程序，其中以行政法规的制定最为重要。行政法规的制定包括立项、起草、审查、决定、公布、实施、备案、解释；此外，立法的冲突与适用规则也是本章需要重点掌握的内容，尤其是由不同机关制定但效力等级相同的立法文件存在冲突时的解决规则。

广义的行政立法基本上可以等同于原来所说的抽象行政行为，指的是行政主体制定具有普遍约束力的、可以反复多次适用的行政法规、行政规章和其他行政规范性文件的行为。其中，制定行政法规和行政规章的行为也称为狭义的行政立法。对于本章的内容，我们要重点掌握的是行政规范的制定、效力、监督与适用等问题，其中监督问题是关键。这些制度的内容主要规定在《立法法》《行政法规制定程序条例》《规章制定程序条例》《法规规章备案条例》当中。

广义的行政立法根据其内容，理论上通常分为三类。第一类是创设性的规范，这种规范没有直接、具体的上位法依据，如果有也只是一个概括性授权的依据。第二类是补充性的规范，就是有一个上位法依据，但这个上位法所规定的权利义务内容是不完整的，如果没有相应的下位法来补充，这个上位法就不可能被真正实施。例如，《突发事件应对法》规定突发事件分为一般、较大、重大、特别重大四级，具体的分级标准授权国务院制定。如果国务院不去制定这个具体的分级标准，《突发事件应对法》上的这个规定就无法被实施；如果国务院制定了具体的分级标准，这就是一个补充性的规范。第三类是执行性的规范，它同样具有上位法的依据，是对上位法的一种解释和细化，但即使没有下位法的这种解释和细化，上位法也能够被直接实施。根据上文我们对行政立法制度的介绍，可以发现不同层级的行政立法和不同性质的行政规范性文件之间基本上存在着这样的对应关系：行政法规既可以是执行性的规范，也可以是补充性的，甚至是创设性的——这主要指的是授权制定的行政法规；行政规章可能是执行性的或者补充性的规范，但不可能是创设性的；规章以下的其他行政规范性文件只可能是执行性的规范。

第一节　行政立法的制定

狭义的行政立法表现为行政法规、行政规章的制定，我们主要掌握其制定权限与程序，其中以行政法规的制定最为重要。

一、行政法规的制定

（一）主体

行政法规的制定主体是国务院。

（二）权限

国务院制定行政法规的权限有三：①为了执行法律的规定；②为了执行国务院自身的职权，即《宪法》上规定的国务院职权；③为了执行全国人大或其常委会授权的事项。其中，国务院根据上述第③项职权制定的行政法规，属于授权立法的范畴，具有一定特殊性，后文将加以详述。

（三）立项

有权报请国务院立项制定行政法规的，是国务院各下属单位。国务院法制办在汇总各部门立项申请之后，于每年初拟订国务院年度立法工作计划，报国务院审批后实施。国务院年度立法计划中的法律项目应当与全国人大常委会的立法规划、年度立法计划相衔接。

（四）起草

行政法规的起草，既可以由国务院的一个或几个部门负责，也可以由国务院法制办负责。其中，重要的行政法规应当由国务院法制办组织起草。向国务院提交的行政法规送审稿，应由起草部门负责人签署，由几个部门共同起草的应由其负责人共同签署。在这个阶段起草形成的草案版本，称为送审稿。

行政法规在起草过程中，应当广泛听取有关机关、组织和公民的意见，听取意见可以采取召开座谈会、论证会、听证会等多种形式。形成初步的草案之后，应当通过网络等媒介向社会公布征求意见，但经国务院决定不予公布的除外。

起草部门将行政法规送审稿报送国务院审查时，应当一并报送草案的说明、各方面对草案主要问题的不同意见和其他有关资料。

（五）审查

行政法规送审稿，由国务院法制办负责审查。在审查阶段，国务院法制办应将行政法规送审稿或其涉及的主要问题发送有关机关、组织和专家征求意见；必要时，国务院法制办还应召开有关座谈会、论证会，还可以举行听证会听取意见。

经过审查之后的行政法规版本，称为正式的草案。

审查结果按照以下方式处理：①送审稿不符合条件的，法制办可以缓办或退回起草部门；②送审稿符合条件的，一般情况下，由法制办主要负责人提出建议，提请国务院常务会议审议；③送审稿符合条件的，特殊情况下（该法规调整范围单一、各方面意见一致或它是依据法律制定的配套行政法规），采用传批方式，由法制办直接提请国务院审批（不召开常务会议）。

对于第2、3项两种情况，国务院法制办应当向国务院提出审查报告和草案修改稿，审查报告应当对草案主要问题作出说明。

（六）决定

行政法规决定的方式有二：①采用建议送审方式的草案，由国务院常务会议审议，国务院常务会议由总理、副总理、国务委员和秘书长组成，审议时由国务院法制办或起草部门作说明；②采用传批方式的草案，由国务院审批。

（七）公布

行政法规由总理签署国务院令公布施行，该国务院令应载明该行政法规的施行日期。有关国防建设的行政法规，可以由国务院总理、中央军委主席共同签署，国务院、中央军委令公布。

行政法规签署公布后，应及时在国务院公报、国务院法制办网站（中国政府法制信息网）以及全国范围内发行的报纸上刊登，在国务院公报上刊登的文本为标准文本。

（八）实施

行政法规应当自公布之日起 30 日后施行，但涉及国家安全、外汇汇率、货币政策的确定以及公布后不立即施行将有碍其施行的，可以自公布之日起施行。

（九）备案

行政法规在公布后的 30 日内，由国务院办公厅报全国人大常委会备案。

（十）解释

1. 法规条文本身需要进一步明确界限或者作出补充规定的，国务院各部门和各省级政府可以要求解释，此类解释由国务院法制办拟订解释草案，报国务院同意后，由国务院或其授权的有关部门公布。行政法规的解释与行政法规具有同等效力。

2. 对属于行政工作中具体应用行政法规的问题，国务院各部门的法制办和各省级政府的法制办可以要求解释，此类解释原则上由国务院法制办答复，涉及重大问题的由国务院法制办提出意见报国务院同意后答复。此类解释没有明确的法律效力，可以供有关行政机关在实际工作中参考。

【课后练习与测试】

二、授权制定的行政法规

根据《立法法》第 8 条的规定，有 11 类事项由法律保留，仅能制定法律。但其第 9 条又规定，对于这 11 类事项中尚未制定法律的，全国人大及其常委会可以授权国务院制定行政法规。国务院根据此类授权制定的行政法规，就属于授权立法。授权立法的产生，是现代国家中行政权不断扩张以至于侵蚀立法权的一个最典型表现，尽管这在日益纷繁复杂的现代公共管理中是不可避免的，但应当受到严格的限制，避免行政立法权的失控和滥用。

对于《立法法》上规定的授权立法制度，应当注意如下内容：

（一）授权立法的范围

并非所有的法律保留事项均可授权制定为行政法规，犯罪与刑罚、公民政治权利的剥夺、限制人身自由的强制措施和处罚、司法制度四项除外，它们被称作法律绝对保留事项，只能由法律规定。

（二）授权立法的义务

全国人大及其常委会的授权决定应当明确授权的目的、事项、范围、期限、实施方式和应当遵循的原则等。国务院应当严格按照授权决定行使被授予的权力，不得将该项权力转授给其他机关，根据授权制定的行政法规应及时报请全国人大常委会备案。

（三）授权立法的终止

授权立法的期限不得超过5年，但是授权决定另有规定的除外。国务院应当在授权期限届满的6个月以前，向授权机关报告授权决定实施的情况，并提出是否需要制定、修改或者废止法律的意见；需要继续授权的，可以提出相关意见，由全国人民代表大会及其常务委员会决定。

授权立法事项经过实践检验，制定法律的条件成熟时，国务院应当及时提请全国人民代表大会及其常务委员会制定法律。法律制定后，根据授权制定的行政法规和授权本身均告终止。

授权制定的行政法规在名称上和一般的行政法规是有所区别的，其带有"暂行"二字，称为《××暂行条例》《××暂行规定》等。

三、行政规章的制定

行政规章包括部门规章与地方政府规章两类，行政规章的制定与行政法规的制定基本环节是相同的，具体的制度内容也比较接近。我们仅就其与行政法规制定的不同之处，加以简要介绍。

（一）主体

部门规章的制定主体包括：①国务院组成部门；②国务院直属机构；③国务院直属特设机构，即国资委；④具有行政主体资格的国务院直属事业单位，即证监会、保监会、银监会等。其中，前面两者的规章制定权是《立法法》所明确规定的，后面两者虽然没有明确规定，但在实践中也按照规定的制定程序出台规范性文件，其出台的规范性文件在实践中也被作为部门规章来对待。

地方政府规章的制定主体包括：①省级政府；②设区的市政府；③自治州政府。需要注意的是，根据 2015 年修订的《立法法》，地方性法规和地方政府规章的制定主体已经从较大的市扩大到了一般的设区的市和自治州；广东省东莞市和中山市、甘肃省嘉峪关市、海南省三沙市等个别城市虽然没有设区，也比照设区的市对待。为了方便起见，我们将这些地方的立法分别简称为市州地方性法规、市州地方政府规章。

（二）权限

部门规章只能规定属于执行法律或者国务院的行政法规、决定、命令的事项。涉及两个以上国务院部门职权范围的事项，应当提请国务院制定行政法规或由有关部门联合制定规章，一个部门单独制定的规章无效。

地方政府规章可以就下列事项作出规定：①为了执行法律、行政法规、地方性法规；②属于本行政区域的具体行政管理事项；③应当制定地方性法规但条件尚不成熟的，因行政管理迫切需要，可以先制定地方政府规章，规章实施满 2 年如果需要继续实施其规定的行政措施，应当提请本级人大或其常委会制定地方性法规。其中，市州地方政府规章的立法事项仅限于城乡建设与管理、环境保护、历史文化保护等方面。但是，在新《立法法》扩大地方立法主体范围之前，已经拥有地方立法权的较大的市已经制定的政府规章涉及上述事项之外的，继续有效。

没有上位法的依据，规章不得设定减损个体权利或增加其义务的规范，不得增加本单位的权力或减少本单位的法定职责。

（三）立项

部门规章由国务院部门的内设机构或其他下属机构报请立项；地方政府规章由地方政府的下属部门或其下级政府报请立项。

（四）决定

部门规章经其制定部门的部务会议或委员会会议决定；地方政府规章由制定它的地方政府常务会议或全体会议决定。

（五）公布

行政规章由其制定主体的首长签署命令予以公布。部门规章签署公布后，由部门公报或国务院公报、中国政府法制信息网，以及全国范围内发行的有关报纸予以刊登，在部门公报或国务院公报上刊登的文本为标准文本；地方政府规章签署公布后，由本级政府公报、中国政府法制信息网和本行政区域范围内发行的报纸予以刊登，在地方政府公报上刊登的文本为标准文本。

【课后练习与测试】

（六）备案

规章应当自公布之日起 30 日内，由制定主体的法制办报请有关机关备案。

第二节　行政立法的效力等级

包括行政立法在内的各种立法文件，其效力等级可以归纳如下：

一、宪法与法律

宪法具有至高无上的法律效力；法律的效力仅次于宪法。全国人大制定的法律被称为基本法律，全国人大常委会制定的法律被称为普通法律，但两者在效力上无异。

二、行政法规

行政法规的效力低于宪法与法律，高于其他。注意，国务院根据授权制定的行政法规，效力实际略高于其他行政法规。这主要体现在：当此类行政法规与法律相抵触时，并不当然适用法律，而是由全国人大常委会作出裁决。也就是说，根据授权制定的行政法规，在效力上被认为是与法律同等的。

三、地方性法规

地方性法规由省级或设区市、自治州的人大及其常委会制定，其效力低于宪法、法律、行政法规。如果是市州的地方性法规，还低于所在地的省级地方性法规。例如，广州市地方性法规效力低于广东省地方性法规。

四、部门规章

部门规章的效力低于宪法、法律、行政法规。注意部门规章与地方性法规在效力上是平行的，并无高低之分。如果单独比较的话，部门规章的效力既与省级地方性法规平行，也与市州的地方性法规平行。

五、地方政府规章

地方政府规章的效力低于宪法、法律、行政法规、本级和本级以上地方性法规、上级地方政府规章。以青岛市的规章为例，其效力低于宪法、法律、行政法规、山东省地方性法规、青岛市地方性法规、山东省地方政府规章。需要注意，无论是省级的地方政府规章，还是市州的地方政府规章，在效力上与部门规章也都是平行的。

比较立法文件的效力切忌等式替换的方式，只能将两类立法文件独立比较。例如，我们不能因为部门规章等于省级地方政府规章，而省级地方政府规章又高于市州的地方政府规章，推导出部门规章高于市州地方政府规章的结论，实际上它们的效力是相等的。

六、几类特殊的立法文件

这些立法文件之所以特殊，原因在于它们可以根据法律规定或有权机关的授权，对上位法作出变通，并在一定区域内优先适用这些变通规定。这些立法文件包括自治条例、单行条例、经济特区法规。

自治条例与单行条例由民族自治地方（自治区、自治州、自治县、自治旗）的人大（不包括其常委会）制定，在地位上与地方性法规类似。但它们根据法律的规定，可以对上位法的内容加以变通，并在本区域或本民族中优先适用变通性的规定。

经济特区法规由经济特区所在省、市的人大及其常委会制定,在地位上也类似于地方性法规。但由于它们的制定源于全国人大的特别授权,可以在授权的范围内对上位法加以变通,并在经济特区范围内优先适用变通规定。

第三节　对立法的监督

行政法规、行政规章属于狭义行政立法的范畴,即使是规章以下的一般行政规范性文件,由于在一定范围内也具有普遍约束力,广泛地成为各级行政机关的执法依据,也具有"准立法"的地位。基于法律保留和法律优先的原理,这些立法文件的制定既不能超越立法权限,也不能与上位法相抵触。而在实践中,由于各种各样的原因,行政立法的合法性还存在着比较严重的问题,层级越低的规范性文件,其合法性问题越严重、越普遍。因此,建立起一个对行政立法文件审查和监督的机制就是十分必要的。为了保持国家法制统一,必须对各种立法文件的制定加以监督,监督的内容包括:合法性监督,即审查其制定是否符合法定权限与程序,其内容是否符合上位法的规定,合法性监督的结果往往表现为对被审查立法文件的撤销;适当性监督,即审查其内容是否妥当、合理,适当性监督的结果往往表现为对被审查立法文件的改变。对行政规范性文件的监督,与对其他立法文件的监督一同规定于《立法法》当中。在此,我们将包括行政立法在内的各种立法文件的监督,一并介绍。

一、批准

批准是一种对立法的事前监督方式,某些立法文件只有事先获得特定机关的批准方能生效。下列两类机关掌握着立法文件的批准权:

（一）全国人大常委会

自治区制定的单行条例与自治条例,必须经过全国人大常委会批准方能生效。

（二）省级人大常委会

自治州、自治县、自治旗制定的单行条例与自治条例,以及市州制定的地方性法规,必须经过所在地的省级人大常委会批准方能生效。例如，武汉市人大常委会制定的地方性法规，恩施自治州人大制定的条例，长阳自治县人大制定的条例，都需要经过湖北省人大常委会的批准。

二、备案

对于立法文件的备案问题，我们通过总结其规律，结合实例说明如下：

（一）备案找上级

一个立法文件制定出来以后，如果存在着某些国家机关制定的立法文件在效力上比它更高的情况，那么，这一法律文件就应当向这些"上级"机关备案。"找上级"是一条总的规律，通过这一规律很容易为每一个立法文件找到其可能的备案机关。下文所述几点均为这一规律的例外，运用这些例外，又可以从已经找到的机关里面剔除一部分，剩余的机关就是这个立法文件的备案机关。

例如，成都市的地方政府规章可能向这些"上级"备案：全国人大、全国人大常委会、国务院、四川省人大、四川省人大常委会、四川省政府、成都市人大、成都市人大常委会，共 8 个机关。

（二）人大不备案

即各级人大均不接受立法文件的备案，原因在于人大并非常设的国家机关，每年会期有限，这在客观上决定了它们不可能成为备案机关。因此，如果按照"备案找上级"的规律找到的"上级"正好是某级人大的话，应当将其删去。

例如，上述成都市地方政府规章的例子，结合这一规律，其可能的备案机关剩下：全国人大常委会、国务院、四川省人大常委会、四川省政府、成都市人大常委会，共 5 个机关。

（三）批准当备案

如果某个立法文件事先已经获得了上级机关的批准，就无须再向这一机关备案了。因为批准的监督方式在对立法文件审查的强度上远大于备案，如果既批准又备案无异于重复。此时，这一法律文件便不再向批准机关备案，而是向比批准机关级别更高的机关备案了。

例如，云南省大理自治州制定的单行条例，由于已经获得了云南省人大常委会的批准，此时就只需要向比云南省人大常委会级别更高的机关（全国人大常委会和国务院）备案了。

（四）规章有例外

行政规章的例外在于，它无须向全国人大常委会备案，即其最高备案机关只是国务院。

我们仍以上述成都市的地方政府规章为例，结合这一例外，可以发现其备案机关只有：国务院、四川省人大常委会、四川省政府、成都市人大常委会，共 4 个机关。这 4 个机关就是成都市地方政府规章的法定备案机关了。

三、立法的撤销与改变

撤销或改变，是有权机关对立法文件加以审查之后的处理方式。我们可以总结为以下规律：

（一）领导关系下的处理

如果两个机关之间存在领导关系，则领导机关既有权撤销，也有权改变被领导机关的立法文件。领导关系存在于三类立法机关之间：①各级人大领导其常委会；②上级政府领导下级政府；③各级政府领导其所属部门，如广东省政府可以撤销或改变深圳市政府制定的规章。

（二）监督关系下的处理

如果两个机关之间存在监督关系，则监督机关有权撤销，但无权改变被监督机关的立法文件。监督关系存在于两类立法机关之间：①各级国家权力机关（人大及其常委会）监督本级政府，如广东省人大常委会可以撤销但不得改变广东省政府制定的规章；②上级国家权力机关监督下级国家权力机关。

（三）授权关系下的处理

如果两个机关之间存在立法授权关系，则授权机关有权撤销被授权机关的立法，乃至于撤销其授予的权限本身。立法授权关系存在于两类立法机关之间：①全国人大及其常委会授权国务院制定特殊的行政法规；②全国人大授权经济特区所在省、市的人大及其常委会制定经济特区法规。如全国人大常委会可以撤销国务院根据授权制定的某一暂行条例，甚至可以撤销其授予的该权力。

（四）批准关系下的处理

如果某个立法文件是经过批准生效的，则在此将其视为批准机关的立法来处理即可，处理的结果是撤销。即经批准的立法，视为批准者的立法。如内蒙古自治区制定的自治条例、单行条例在经过全国人大常委会批准之后生效，那么，在此将其视为全国人大常委会自己制定的立法文件对待即可，此时只有全国人大可以撤销它。再如自治州、自治县制定的自治条例与单行条例，以及市州制定的地方性法规，在经过所在地省级人大常委会批准之后生效，在此将其视为省级人大常委会自己制定的立法文件对待即可，只有全国人大、全国人大常委会、省级人大有权撤销它。

（五）对立法文件审查的启动方式

对立法文件审查程序的启动，包括三种方式：

1. 主动启动。即有权审查的机关通过某种方式发现下级立法文件存在合法性或适当性问题，主动启动审查程序。例如，《立法法》第 99 条第 3 款规定："有关的专门委员会和常务委员会工作机构可以对报送备案的规范性文件进行主动审查。"

2. 要求启动。即有限的特定机关可以向审查机关提出审查的要求，这种要求一旦提出，审查机关就必须启动审查程序。例如，《立法法》第 99 条第 1 款规定："国务院、中央军事委员会、最高人民法院、最高人民检察院和各省、自治区、直辖市的人民代表大会常务委员会认为行政法规、地方性法规、自治条例和单行条例同宪法或者法律相抵触的，可以向全国人民代表大会常务委员会书面提出进行审查的要求，由常务委员会工作机构分送有关的专门委员会进行审查、提出意见。"

3. 建议启动。在有权要求审查的特定机关之外，其他单位和个人也可以向审查机关提出审查的建议，但这种建议的效果是不确定的，接到这种建议，审查机关并不必然启动审查程序。例如，《立法法》第 99 条第 2 款规定："前款规定以外的其他国家机关和社会团体、企业事业组织以及公民认为行政法规、地方性法规、自治条例和单行条例同宪法或者法律相抵触的，可以向全国人民代表大会常务委员会书面提出进行审查的建议，由常务委员会工作机构进行研究，必要时，送有关的专门委员会进行审查、提出意见。"《规章制定程序条例》第 35 条规定："国家机

【课后练习与测试】

关、社会团体、企业事业组织、公民认为规章同法律、行政法规相抵触的，可以向国务院书面提出审查的建议，由国务院法制机构研究处理。国家机关、社会团体、企业事业组织、公民认为较大的市的人民政府规章同法律、行政法规相抵触或者违反其他上位法的规定的，也可以向本省、自治区人民政府书面提出审查的建议，由省、自治区人民政府法制机构研究处理。"从我国目前的实践来看，极少因建议方式而启动立法审查活动。

第四节　立法的冲突与适用规则

立法文件的适用，解决的是不同的立法文件对同一问题的规定发生冲突时，以哪一个为准的问题。对此，可以区分为三类情况来处理：

一、由同一机关制定的立法文件

如果发生冲突的立法文件是同一机关所制定的，它们在效力的位阶上自然是平行的，可以用以下规则确定其适用：

（一）特别法优于一般法

当立法文件中特别规定与一般规定不一致时，适用特别规定。

（二）新法优于旧法，法不溯及既往，有利溯及除外

当立法文件中新的规定与旧的规定不一致时，原则上适用新的规定。但同时应当遵循法不溯及既往的原则，即当旧事未结，新法已颁布时，原则上不能将新法适用于旧事，否则将破坏公民对法律的信赖。当然，法不溯及既往的原则存在例外，即当溯及地适用新法将对公民、法人和其他组织更加有利时，适用新法。

（三）新的一般规定与旧的特殊规定相矛盾时，应当裁决

立法文件中新的一般规定与旧的特殊规定相矛盾时，应当由有权机关作出裁决。谁是这里的"有权机关"呢？一般遵循"谁制定，谁裁决"的原则，但当制定机关是某级人大时，由于人大不是常设机关，此时应由该级人大的常委会裁决。尽管在实践中，这种情况的法律冲突十分常见，但几乎没有真正出现过制定机关对其效力作出裁决的情况。

二、由不同机关制定，且效力等级不同的立法文件

这种情况最为简单，就是下位法服从上位法。

三、由不同机关制定，但效力等级相同的立法文件

不同机关制定的立法文件，在个别情况下效力等级相同并可能出现冲突，这个时候应当通过裁决的方式来确定适应。具体的裁决规则如下：

（一）授权制定的法规与法律之间的冲突

在我国，授权制定的法规有两种，一是国务院根据授权制定的行政法规，二是经济特区所在省、市的人大及其常委会根据授权制定的经济特区法规。这些法规在位阶上虽然低于法律，但由于它们的制定权来自于最高立法机关的授予，可以认为这些法规是因行使"准立法权"而制定的文件，具有"准法律"的地位，与一般的行政法规或地方性法规皆有不同。因此，当这些法规与法律之间发生了冲突，难以决定其适用时，应当由授权机关（全国人大常委会）裁决。

（二）地方性法规与部门规章之间的冲突

地方性法规与部门规章之间的效力是平行的，当这两者发生冲突时，应当区分两类情况：①首先由国务院处理，国务院认为应当适用地方性法规的，应当作出决定；②如果国务院认为应当适用部门规章的，无权自行作出决定，应当进一步提请全国人大常委会裁决。

【课后练习与测试】

有的观点根据《立法法》的上述规定，认为地方性法规的效力略高于部门规章，理由就是在两者发生冲突时，如果适用地方性法规只需要一次裁决，如果适用部门规章则需要两次裁决，因此前者效力更高。这个看法是没有道理的，因为地方性法规的适用范围是一定地域，而部门规章的适用范围是一定领域，两者不存在可比性。至于《立法法》在两者冲突适用上的上述规定，只不过是为了同时兼顾效率和公正而已。

【理论扩展】

（三）行政规章之间的冲突

当效力平行的行政规章之间发生冲突时，无论是部门规章之间，还是部门规章与地方政府规章之间，都由国务院裁决。

【拓展案例】

（四）省级地方政府规章与市州地方性法规之间的冲突

对于这个问题，《立法法》上没有明确规定。但是根据法律原理，我们可以发现省级政府的规章和省内市州地方性法规之间在效力上是平行的关系，如果发生冲突，应当寻找对两个立法主体都有领导权或者监督权的上级机关来裁决，这个裁决机关只能是该省的人大常委会。因为，省的人大常委会既有权监督省政府，也有权监督省内市州的人大及其常委会。

【课后练习与测试】

第六章 授益行政行为

本章知识结构图

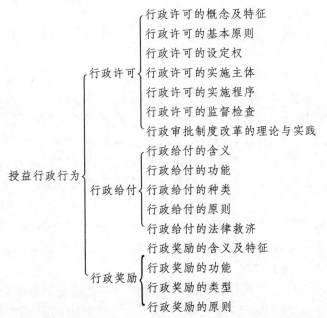

授益行政行为

行政许可
- 行政许可的概念及特征
- 行政许可的基本原则
- 行政许可的设定权
- 行政许可的实施主体
- 行政许可的实施程序
- 行政许可的监督检查
- 行政审批制度改革的理论与实践

行政给付
- 行政给付的含义
- 行政给付的功能
- 行政给付的种类
- 行政给付的原则
- 行政给付的法律救济

行政奖励
- 行政奖励的含义及特征
- 行政奖励的功能
- 行政奖励的类型
- 行政奖励的原则

重点内容讲解

　　授益行政行为包括行政许可、行政给付、行政奖励等多种行政行为。本章重点在于：①理解行政许可的信赖保护原则；②掌握行政许可设定权限；③掌握行政许可的实施主体即依法负责具体实施行政许可权的行政机关和法律、法规授权的组织；④掌握行政许可的一般程序和听证程序。

第一节　行政许可

一、行政许可的概念及特征

行政许可是指行政机关依据行政相对人的申请依法进行审查，并作出是否赋予其从事某种活动的权利或资格的行为。

行政许可具有以下特征：

1. 行政许可的主体法定，并非任何行政机关都有行政许可权，仅能由具有行政许可职权的特定主体实施。

2. 行政许可是一种依申请行政行为。行政行为依据启动程序不同，可以分为依申请行政行为和依职权行政行为。行政相对人提出申请是进行行政许可的前提。如果行政相对人没有提出申请，行政许可机关不能主动给行政相对人颁发许可证。

3. 行政许可是一种外部行政行为。行政许可针对行政机关外部的行政相对人，不包括行政机关内部行政审批行为。《行政许可法》第3条第2款规定："有关行政机关对其他机关或者对其直接管理的事业单位的人事、财务、外事等事项的审批，不适用本法。"

4. 行政许可是授益行政行为。与行政处罚等侵益行为不同，行政许可意味着对法律一般禁止行为的解禁，行政相对人由此获得从事特定行为的资格。

5. 行政许可是要式行政行为。行政许可一般需要采取书面形式或者其他法定形式，这是行政许可产生法律效力的形式要件。行政许可的载体常表现为许可证、检验检疫证明、印章等。

【课后练习与测试】

二、行政许可的基本原则

（一）许可法定原则

行政许可法定是依法行政原则在行政处罚领域的具体体现和要求，也是建设法治政府、促进政府依法行政的必然要求。《行政许可法》第4条规定："设定和实施行政许可，应当依照法定的权限、范围、条件和程序。"许可法定原则包括以下两层含义：①行政许可的设定权法定。《行政许可法》对不同层级的法律规范的行政许可设定权进行了严格规范。②行政许可的实施法定。行政许可必须由法定的主体在法定的权限内，依据法定的程序实施。

（二）公开、公平、公正原则

《行政许可法》第5条第1款规定，"设定和实施行政许可，应当遵循公开、公平、公正的原则"。公开原则是建设阳光政府、透明政府的必要保障，可以防止行政机关进行暗箱操作，便于当事人了解许可的相关情况。许可公开的具体要求是：有关行政许可的规定应当公布；未经公布的，不得作为实施行政许可的依据。行政许可的实施和结果，除涉及国家秘密、商业秘密或者个人隐私的外，应当公开。许可公平、公正原则的具体要求是：符合法定条件、标准的，申请人有依法取得行政许可的平等权利，行政机关不得歧视。

（三）便民、效率原则

实施行政许可，应当遵循便民的原则，提高办事效率，提供优质服务。便民效率原则要求行政机关尽量简化行政许可手续，以解决行政许可的环节过多、程序繁琐、效率低下等问题。

（四）救济原则

有权利必有救济。公民、法人或者其他组织对行政机关实施行政许可，享有陈述权、申辩权；有权依法申请行政复议或者提起行政诉讼；其合法权益因行政机关违法实施行政许可受到损害的，有权依法要求赔偿。

（五）信赖保护原则

《行政许可法》第一次将信赖保护原则引入立法之中。《行政许可法》第8条规定，公民、法人或者其他组织依法取得的行政许可受法律保护，行政机关不得擅自改变已经生效的行政许可。行政许可所依据的法律、法规、规章修改或者废止，或者准予行政许可所依据的客观情况发生重大变化的，为了公共利益的需要，行政机关可以依法变更或者撤回已经生效的行政许可。由此给公民、法人或者其他组织造成财产损失的，行政机关应当依法给予补偿。

（六）不可转让原则

依法取得的行政许可，除法律、法规规定依照法定条件和程序可以转让的外，不得转让。行政许可的取得基于申请人符合行政许可的法定条件和标准，因而一般不得转让。

（七）监督原则

实践中，行政机关存在"重许可、轻监管"的现象。行政机关怠于履行职责不仅直接影响到行政相对人的利益，也不利于公共利益和社会秩序的维护。《行政许可法》第 10 条规定："县级以上人民政府应当建立健全对行政机关实施行政许可的监督制度，加强对行政机关实施行政许可的监督检查。行政机关应当对公民、法人或者其他组织从事行政许可事项的活动实施有效监督。"

三、行政许可的设定权

（一）行政许可设定的范围

《行政许可法》第 12 条规定了六类事项可以设定许可。具体包括：①直接涉及国家安全、公共安全、经济宏观调控、生态环境保护以及直接关系人身健康、生命财产安全等特定活动，需要按照法定条件予以批准的事项。该类许可事项一般没有数量控制，只要符合法定条件即给予许可。②有限自然资源开发利用、公共资源配置以及直接关系公共利益的特定行业的市场准入等，需要赋予特定权利的事项。这类事项一般有数量控制，并且具有对价性，其目的在于赋予公民开发利用有限的自然资源等权利。③提供公众服务并且直接关系公共利益的职业、行业，需要确定具备特殊信誉、特殊条件或者特殊技能等资格、资质的事项。这类事项仅限于"提供公共服务并且直接关系公共利益"的行业，如医生行业、法律行业。④直接关系公共安全、人身健康、生命财产安全的重要设备、设施、产品、物品，需要按照技术标准、技术规范，通过检验、检测、检疫等方式进行审定的事项。这类事项的审批对象为设备、设施、产品和物品等，如肉类的检验检疫、高铁设备的许可等。⑤企业或者其他组织的设立等，需要确定主体资格的事项。⑥兜底条款，即法律、行政法规规定可以设定行政许可的其他事项。

通过下述四种方式能够解决的，可以不设定许可：①公民、法人或者其他组织能够自主决定的；②市场竞争机制能够有效调节的；③行业组织或者中介机构能够自律管理的；④行政机关采用事后监督等其他行政管理方式能够解决的。上述规定的核心思想是充分调动公民、市场和社会的力量，将一部分政府职能转移给市场和社会，建立有限政府。

（二）行政许可设定权限

行政许可设定权限指不同位阶的法律规范有关设定许可事项的分工。具体而言：

1. 法律。法律可以设定行政许可。

2. 行政法规。尚未制定法律的，行政法规可以设定行政许可。必要时，国务院可以采用发布决定的方式设定行政许可。实施后，除临时性行政许可事项外，国务院应当及时提请全国人民代表大会及其常务委员会制定法律，或者自行制定行政法规。

3. 地方性法规。尚未制定法律、行政法规的，地方性法规可以设定行政许可。

4. 省、自治区、直辖市人民政府规章。尚未制定法律、行政法规和地方性法规的，因行政管理的需要，确需立即实施行政许可的，省、自治区、直辖市人民政府规章可以设定临时性的行政许可。临时性的行政许可实施满 1 年需要继续实施的，应当提请本级人民代表大会及其常务委员会制定地方性法规。

行政许可的设定权限具有严格要求和限制，具体表现为：

地方性法规和省、自治区、直辖市人民政府规章，不得设定应当由国家统一确定的公民、法人或者其他组织的资格、资质的行政许可；不得设定企业或者其他组织的设立登记及其前置性行政许可。其设定的行政许可，不得限制其他地区的个人或者企业到本地区从事生产经营和提供服务，不得限制其他地区的商品进入本地区市场。该规定的主要目的在于防止地方保护主义，维持公平的市场竞争环境。

【考试真题】

行政法规、地方性法规、规章可以在上位法设定的行政许可事项范围内，对实施该行政许可作出具体规定。但是不得增设行政许可；对行政许可条件作出的具体规定，不得增设违反上位法的其他条件。

【课后练习与测试】

四、行政许可的实施主体

行政许可的实施主体指依法负责具体实施行政许可权的行政机关和法律、法规授权的组织。

（一）具有行政许可权的行政机关

具有行政许可权的行政机关是行政许可实施主体中最为重要的类型。并非所有的行政机关都享有行政许可权。《行政许可法》第 22 条规定："行政许可由具有行政许可权的行政机关在其法定职权范围内实施。"行政机关不能超越本机关法定的职权范围实施行政许可，否则属于违法行政。

（二）法律、法规授权的组织

法律、法规授权的具有管理公共事务职能的组织，在法定授权范围内，可以自己的名义实施行政许可。

授权许可设立的原因在于行政管理事务涉及面广，并且专业性很强。由法律、法规授权的组织来行使部分行政许可权，可以减轻行政机关负担，提高行政许可效率。具有管理公共事务职能的组织只有在得到法律、法规授权后，才可以实施行政许可，而且不能超越法定授权范围。法律、法规授权的具有管理公共事务职能的组织具有行政主体资格，能够以自己的名义实施行政许可，并承担相应的责任。

（三）实施相对集中行政许可权的行政机关

《行政许可法》第 25 条规定："经国务院批准，省、自治区、直辖市人民政府根据精简、统一、效能的原则，可以决定一个行政机关行使有关行政机关的行政许可权。"该条规定为相对集中行政许可权提供了法律依据。实践中，行政审批局作为相对集中许可权的重要载体和表现形式已经在全国范围内开展试点工作。行政审批局与行政服务中心最大区别在于实现行政审批事项的划拨，将原本属于多个行政机关的许可事项集中于行政审批局进行审查，实现实体权力集中。

（四）受委托的行政机关

立法者考虑到行政许可在实践中的复杂性，规定了行政许可委托制度。具体包括以下内容：

1. 行政机关在其法定职权范围内，依照法律、法规、规章的规定，可以委托其他行政机关实施行政许可。请注意，行政机关只能委托其他行政机关而不能委托其他组织实施许可。行政机关只能依照法律、法规和规章的规定进行委托，而不能私自进行委托。

2. 委托机关应当将受委托行政机关和受委托实施行政许可的内容予以公告。该规定体现了行政公开原则，有利于行政相对人知晓相关情况，也便于对委托和受委托行政机关进行监督。

3. 委托行政机关对受委托行政机关实施行政许可的行为应当负责监督，并对该行为的后果承担法律责任。委托机关具有行政主体资格，因此法律责任由其承担。

4. 受委托行政机关在委托范围内，以委托行政机关名义实施行政许可；不得再委托其他组织或者个人实施行政许可。受委托行政机关不能超越委托的范围实施行政许可；受委托行政机关不能以自己的名义实施行政许可。此外，受委托机关不得再行转委托。

【理论扩展】

五、行政许可的实施程序

行政许可的实施程序是指行政主体办理行政许可事项时所遵循的步骤、方法、顺序和时限。行政许可的实施程序是行政许可制度的重要内容，包括一般程序和特殊程序。

（一）申请与受理

1. 申请的含义及方式。行政许可的申请是指公民、法人或者组织向行政主体提出申请，要求允许其从事经许可的活动或者赋予其某种资格的行为。行政许可是依申请行政行为。公民、法人或者其他组织提出申请方能启动行政许可实施程序。

申请提出的方式包括信函、电报、电传、传真、电子数据交换和电子邮件等。申请人可以委托代理人提出行政许可申请。但是，依法应当由申请人到行政机关办公场所提出行政许可申请的除外。由此可以看出，行政许可的申请方式多元化，符合互联网时代和大数据时代的要求，极大地方便了行政相对人，同时也有利于降低成本，提高行政效率。

2. 申请阶段行政主体的义务。为了保障申请人的申请权利，行政机关在许可申请阶段需要履行下列义务：①信息公开义务。

《行政许可法》第 30 条规定："行政机关应当将法律、法规、规章规定的有关行政许可的事项、依据、条件、数量、程序、期限以及需要提交的全部材料的目录和申请书示范文本等在办公场所公示。申请人要求行政机关对公示内容予以说明、解释的，行政机关应当说明、解释，提供准确、可靠的信息。"该规定旨在便于申请人了解行政许可申请的相关内容。②提供格式文本的义务。《行政许可法》第 29 条规定："……申请书需要采用格式文本的，行政机关应当向申请人提供行政许可申请书格式文本。申请书格式文本中不得包含与申请行政许可事项没有直接关系的内容……"行政机关提供申请书格式文本，不得收费。③不得要求申请人提供与许可无关的信息。《行政许可法》第 31 条规定，"行政机关不得要求申请人提交与其申请的行政许可事项无关的技术资料和其他材料"。该规定可以有效避免行政机关工作人员要求申请人递交不必要的材料，防止耗费申请人大量的时间、精力。

3. 申请人的义务。申请人负有诚信义务，需要确保所提交材料的真实性。申请人如果依靠虚假的申请材料取得行政许可，有可能损害其他申请人的利益或者损害公共利益。因此，《行政许可法》第 31 条规定，"申请人申请行政许可，应当如实向行政机关提交有关材料和反映真实情况，并对其申请材料实质内容的真实性负责"。

4. 受理环节。受理行政许可申请是审查并作出许可决定的前提和基础。行政许可机关对申请人提出的行政许可申请，需要根据不同情况分别作出处理：①申请事项依法不需要取得行政许可的，应当即时告知申请人不予受理。②申请事项依法不属于本行政机关职权范围的，应当即时作出不予受理的决定，并告知申请人向有关行政机关申请。③申请材料存在可以当场更正的错误的，应当允许申请人当场更正。④申请材料不齐全或者不符合法定形式的，应当当场或者在 5 日内一次性告知申请人需要补正的全部内容，逾期不告知的，自收到申请材料之日起即为受理；该规定为"一次性告知"制度，可有效防止行政机关刁难申请人，避免申请人多次修改、补充材料。⑤申请事项属于本行政机关职权范围，申请材料齐全、符合法定形式，或者申请人按照本行政机关的要求提交全部补正申请材料的，应当受理行政许可申请。行政机关受理或者不予受理行政许可申请，应当出具加盖本行政机关专用印章和注明日期的书面凭证。该书面凭证可以作为行政机关受理该许可申请的重要证据。

（二）审查程序

行政许可机关针对申请人所提交的材料进行审查，以判断是否符合许可条件。行政许可审查的方式主要有两种：①书面审查。申请人提交的申请材料齐全、符合法定形式，行政机关能够当场作出决定的，应当当场作出书面的行政许可决定。书面方式为行政许可审查中应用较多、最基本和最主要的方式，具有效率高、简单快捷等优势。当然，书面审查也有一定的局限性，如果申请人提供的资料为虚假材料，许可机关无法仅通过书面审查作出正确判断。②实地核查。实地核查可有效弥补书面审查的缺陷。《行政许可法》第34条第3款规定："根据法定条件和程序，需要对申请材料的实质内容进行核实的，行政机关应当指派两名以上工作人员进行核查。"两名以上工作人员的人数要求，旨在防止单个工作人员的主观臆断，确保程序公正。

行政机关对行政许可申请进行审查时，发现行政许可事项直接关系他人重大利益的，应当告知该利害关系人。申请人、利害关系人有权进行陈述和申辩。行政机关应当听取申请人、利害关系人的意见。

【课后练习与测试】

（三）听证程序

行政许可听证程序具有重要意义。通过听证，有利于进一步查明案件事实，进而作出正确的行政许可决定。

行政许可听证的启动有两种方式：①依职权启动听证程序。法律、法规、规章规定实施行政许可应当听证的事项，或者行政机关认为需要听证的其他涉及公共利益的重大行政许可事项，行政机关应当向社会公告，并举行听证。②依申请启动听证程序。行政许可直接涉及申请人与他人之间重大利益关系的，行政机关在作出行政许可决定前，应当告知申请人、利害关系人享有要求听证的权利；申请人、利害关系人在被告知听证权利之日起5日内提出听证申请的，行政机关应当在20日内组织听证。

行政许可听证须遵循严格的程序要求，具体而言包括：

1. 行政机关应当于举行听证的 7 日前将举行听证的时间、地点通知申请人、利害关系人，必要时予以公告。行政相对人在听证前有一定的准备时间是听证取得良好效果的重要保障。

2. 听证应当公开举行。行政许可听证除了涉及国家秘密、商业秘密和个人隐私的外，应当公开举行。行政许可听证的公开举行有利于公民了解听证内容，便于对听证会过程进行监督。

3. 行政机关应当指定审查该行政许可申请的工作人员以外的人员为听证主持人，申请人、利害关系人认为主持人与该行政许可事项有直接利害关系的，有权申请回避；听证主持人担任组织、引导听证程序的重要角色，为了防止先入为主而影响对案件事实的判断，之前审查行政许可申请的工作人员不得担任听证主持人。

4. 举行听证时，审查该行政许可申请的工作人员应当提供审查意见的证据、理由，申请人、利害关系人可以提出证据，并进行申辩和质证；在听证程序中，审查许可申请的工作人员与申请人、利害关系人双方可以进行举证、质证。

5. 听证应当制作笔录，听证笔录应当交听证参加人确认无误后签字或者盖章。行政机关应当根据听证笔录作出行政许可决定。该规定属于案卷排他原则的具体要求，即行政机关应当依据听证笔录所记载的事实和证据作出许可决定，而不能依据案卷之外的其他证据作出许可决定。

（四）决定程序

行政许可决定程序是指行政许可机关依据对申请材料的审查结果，作出是否准予许可的决定。《行政许可法》第 38 条规定："申请人的申请符合法定条件、标准的，行政机关应当依法作出准予行政许可的书面决定。行政机关依法作出不予行政许可的书面决定的，应当说明理由，并告知申请人享有依法申请行政复议或者提起行政诉讼的权利。"行政许可机关不论是否准予许可都应当以书面的形式作出决定，并且将"说明理由"制度引入作出不予许可决定中。

行政机关作出准予行政许可的决定，需要颁发行政许可证件的，应当向申请人颁发加盖本行政机关印章的许可证、执照、资格证、资质证、合格证书、行政机关的批准文件或者证明文件以及法律、法规规定的其他行政许可证件。行政机关实施检验、检测、检疫的，可以在检验、检测、检疫合格的设备、设施、产品、物品上加贴标签或者加盖检验、检测、检疫印章。

行政机关作出的准予行政许可决定，应当予以公开，公众有权查阅。

（五）特别程序

行政许可事项较多，调控社会生活的方方面面，难以通过统一的程序进行整齐划一的规定，因此，特别程序的设置非常有必要。实施行政许可的程序，有特别程序的，优先适用特别程序。《行政许可法》第四章第六节第51～57条专门规定了特别程序。具体包括：

1. 招标、拍卖等程序。招标、拍卖程序针对特许事项，即"有限自然资源开发利用、公共资源配置以及直接关系公共利益的特定行业的市场准入等，需要赋予特定权利的事项"。特许事项具有有限性，因此应当通过招标、拍卖等公平竞争的方式作出决定。但是，法律、行政法规另有规定的，依照其规定。行政机关通过招标、拍卖等方式作出行政许可决定的具体程序，依照有关法律、行政法规的规定。行政机关按照招标、拍卖程序确定中标人、买受人后，应当作出准予行政许可的决定，并依法向中标人、买受人颁发行政许可证件。行政机关违反规定，不采用招标、拍卖方式，或者违反招标、拍卖程序，损害申请人合法权益的，申请人可以依法申请行政复议或者提起行政诉讼。

2. 认可程序。国家在涉及公共利益的特定行业设立资格准入制度是为了确保执业人员的素质和专业水平。赋予公民特定资格，依法应当举行国家考试的，行政机关根据考试成绩和其他法定条件作出行政许可决定；赋予法人或者其他组织特定的资格、资质的，行政机关根据申请人的专业人员构成、技术条件、经营业绩和管理水平等的考核结果作出行政许可决定。但是，法律、行政法规另有规定的，依照其规定。公民特定资格的考试依法由行政机关或者行业组织实施，公开举行。行政机关或者行业组织应当事先公布资格考试的报名条件、报考办法、考试科目以及考试大纲。但是，不得组织强制性的资格考试的考前培训，不得指定教材或者其他助考材料。

3. 检验、检测、检疫等程序。该程序针对直接关系公共安全、人身健康、生命财产安全的重要设备、设施、产品、物品，需要按照技术标准、技术规范，通过检验、检测、检疫等方式进行审定的事项，行政机关应当根据检验、检测、检疫的结果作出行政许可决定。行政机关实施检验、检测、检疫，应当自受理申请之日起 5 日内指派两名以上工作人员按照技术标准、技术规范进行检验、检测、检疫。不需要对检验、检测、检疫结果作进一步技术分析即可认定设备、设施、产品、物品是否符合技术标准、技术规范的，行政机关应当当场作出行政许可决定。

4. 登记程序。企业或者其他组织的设立等，需要确定主体资格的事项，申请人提交的申请材料齐全、符合法定形式的，行政机关应当当场予以登记。需要对申请材料的实质内容进行核实的，行政机关依照《行政许可法》第 34 条第 3 款的规定（即"行政机关应当指派两名以上工作人员进行核查"）办理。

5. 有数量限制的，遵循先后顺序。有数量限制的行政许可，两个或者两个以上申请人的申请均符合法定条件、标准的，行政机关应当根据受理行政许可申请的先后顺序作出准予行政许可的决定。但是，法律、行政法规另有规定的，依照其规定。

（六）期限

行政许可必须遵守的法定期限，包括审查、决定、送达期限等。法律对各个环节明确时间上的要求，旨在提高行政许可效率，防止久拖不决而影响申请人的权利。

1. 审查与决定期限包括以下四种情形：①当场作出行政许可决定。②除可以当场作出行政许可决定的外，行政机关应当自受理行政许可申请之日起 20 日内作出行政许可决定。20 日内不能作出决定的，经本行政机关负责人批准，可以延长 10 日，并应当将延长期限的理由告知申请人。但是，法律、法规另有规定的，依照其规定。《行政许可法》与其他法律、法规之间属于普通法与特别法的关系。依据特别法优于普通法的原理，当两者关于行政许可决定的期限规定不一致时，应当适用其他法律、法规。③行政许可采取统一办理或者联合办理、集中办理的，办理的时间不得超过 45 日；45 日内不能办结的，经本级人民政府负责人批准，可以延长 15 日，并应当将延长期限的理由告知申请人。④下级机关初审期限为 20 日。依法应当先经下级行政机关审查后报上级行政机关决定的行政许可，下级行政机关应当自其受理行政许可申请之日起 20 日内审查完毕。但是，法律、法规另有规定的，依照其规定。

2. 送达期限。行政机关作出准予许可决定后，应当及时送达申请人。《行政许可法》第 44 条规定："行政机关作出准予行政许可的决定，应当自作出决定之日起 10 日内向申请人颁发、送达行政许可证件，或者加贴标签、加盖检验、检测、检疫印章。"

【课后练习与测试】

3. 变更与延续期限。被许可人需要延续依法取得的行政许可的有效期的，应当在该行政许可有效期届满 30 日前向作出行政许可决定的行政机关提出申请。但是，法律、法规、规章另有规定的，依照其规定。行政机关应当根据被许可人的申请，在该行政许可有效期届满前作出是否准予延续的决定；逾期未作决定的，视为准予延续。

【拓展案例】

4. 例外情形。有些情况下，行政机关作出行政许可决定有赖于听证、招标、拍卖、检验、检测、检疫、鉴定等程序的完成。《行政许可法》第 45 条规定："行政机关作出行政许可决定，依法需要听证、招标、拍卖、检验、检测、检疫、鉴定和专家评审的，所需时间不计算在本节规定的期限内。行政机关应当将所需时间书面告知申请人。"

【考试真题】

六、行政许可的监督检查

行政许可的监督检查是指行政机关依法对行政机关和被许可人有关行政许可的行为进行监督检查，及时发现和纠正违法或不当行为的活动。监督检查是行政许可制度的重要环节。实践中，行政许可存在"重事前许可，轻事后监管"、监管制度流于形式等问题，从而影响了行政许可功能的发挥。建立完善的、有效的行政许可监管检查制度，强化法律责任，方能使行政许可制度落实到实处。行政许可监督检查包括以下几个方面的内容：

（一）对行政机关的监督

《行政许可法》第 60 条规定："上级行政机关应当加强对下级行政机关实施行政许可的监督检查，及时纠正行政许可实施中的违法行为。"上下级行政机关之间具有领导关系，上级机关对下级行政机关实施行政许可的监督属于行政机关内部的层级监督。行政机关内部监督与外部监督（如司法机关的监督）相比，具有监督范围更广、效率更高等优势。当然，内部监督属于行政机关的自我监督，也有其缺陷，如有自己人监督自己人之嫌。

（二）行政机关对被许可人的监督检查

被许可人获得行政许可后，在一定期限内享有了行政许可权利。与此同时，被许可人也应当承担一定的义务，不得违反法律关于行政许可的相关规定。行政机关通过对许可事项的事后监督可以有效避免被许可人从事违法行为，防止其侵害公共利益和公共秩序。具体有以下要求：

1. 监督检查的方式。

（1）核查。行政机关应当建立健全监督制度，通过核查反映被许可人从事行政许可事项活动情况的有关材料，履行监督责任。行政机关应当创造条件，实现与被许可人、其他有关行政机关的计算机档案系统互联，核查被许可人从事行政许可事项活动情况。

（2）抽样检查、检验、检测、实地检查。行政机关可以对被许可人生产经营的产品依法进行抽样检查、检验、检测，对其生产经营场所依法进行实地检查。检查时，行政机关可以依法查阅或者要求被许可人报送有关材料；被许可人应当如实提供有关情况和材料。行政机关根据法律、行政法规的规定，对直接关系公共安全、人身健康、生命财产安全的重要设备、设施进行定期检验。对检验合格的，行政机关应当发给相应的证明文件。

2. 禁止性规定。实践中，有些行政机关工作人员借监督检查之名，吃、拿、卡、要，严重违反了法律规定，有损政府公信力。为此，《行政许可法》第63条专门规定了监督检查的禁止性规定，即"行政机关实施监督检查，不得妨碍被许可人正常的生产经营活动，不得索取或者收受被许可人的财物，不得谋取其他利益"。

3. 针对开放利用自然资源或者公共资源的被许可人的监管。《行政许可法》第66条规定："被许可人未依法履行开发利用自然资源义务或者未依法履行利用公共资源义务的，行政机关应当责令限期改正；被许可人在规定期限内不改正的，行政机关应当依照有关法律、行政法规的规定予以处理。"

4. 针对市场准入的被许可人的监管。《行政许可法》第 67 条规定:"取得直接关系公共利益的特定行业的市场准入行政许可的被许可人,应当按照国家规定的服务标准、资费标准和行政机关依法规定的条件,向用户提供安全、方便、稳定和价格合理的服务,并履行普遍服务的义务;未经作出行政许可决定的行政机关批准,不得擅自停业、歇业。被许可人不履行前款规定的义务的,行政机关应当责令限期改正,或者依法采取有效措施督促其履行义务。"

5. 针对直接关系公共安全、人身健康、生命财产安全的设备、设施的被许可人监管。《行政许可法》第 68 条规定:"对直接关系公共安全、人身健康、生命财产安全的重要设备、设施,行政机关应当督促设计、建造、安装和使用单位建立相应的自检制度。行政机关在监督检查时,发现直接关系公共安全、人身健康、生命财产安全的重要设备、设施存在安全隐患的,应当责令停止建造、安装和使用,并责令设计、建造、安装和使用单位立即改正。"

【拓展案例】

(三)行政许可的撤销与注销

行政许可的撤销与注销同是行政机关对行政许可实施的监督管理制度与手段。[1]

1. 行政许可的撤销。行政许可的撤销是指行政机关根据利害关系人的请求或者依据职权,依法将行政许可撤销的行为。有权撤销行政许可的行政主体有两个:作出行政许可决定的行政机关及其上级行政机关。当存在以下情形时,可以撤销行政许可:①行政机关工作人员滥用职权、玩忽职守作出准予行政许可决定的;②超越法定职权作出准予行政许可决定的;③违反法定程序作出准予行政许可决定的;④对不具备申请资格或者不符合法定条件的申请人准予行政许可的;⑤依法可以撤销行政许可的其他情形。被许可人以欺骗、贿赂等不正当手段取得行政许可的,应当予以撤销。

行政许可的撤销具有限制条件。如果撤销行政许可,可能对

---

〔1〕 胡建淼:《行政法学》,法律出版社 2010 年版,第 271 页。

公共利益造成重大损害的，不予撤销。该规定体现了公共利益优先原则。

撤销行政许可所引起的被许可人利益的损害，应当视不同情形予以处理。如果撤销许可是因为行政机关违法行为所导致的，被许可人的合法权益受到损害的，行政机关应当依法给予赔偿。如果撤销许可是因为被许可人以欺骗、贿赂等不正当手段取得行政许可，那么，被许可人基于行政许可取得的利益不受保护。

行政许可被撤销后，该行政许可行为自始无效。

2. 行政许可的注销。行政许可的注销是指行政机关针对效力已消灭的行政许可进行登记，以确认其往后不再发生法律效力，并向社会公示行政许可失去效力的事实。行政机关在下列情形中，应当依法办理有关行政许可的注销手续：①行政许可有效期届满未延续的；②赋予公民特定资格的行政许可，该公民死亡或者丧失行为能力的；③法人或者其他组织依法终止的；④行政许可依法被撤销、撤回，或者行政许可证件依法被吊销的；⑤因不可抗力导致行政许可事项无法实施的；⑥法律、法规规定的应当注销行政许可的其他情形。

【课后练习与测试】

七、行政审批制度改革的理论与实践[1]

（一）行政审批局模式的实践探索

行政审批局模式发轫于实践的需求，旨在实现行政审批权的实质划拨。该模式是行政权力配置的试验场，是对现有行政权力的再组合和再分配。我国行政审批局模式业已大规模展开试点。于2008年设立的成都市武侯区行政审批局系全国首家行政审批局，此后天津滨海新区行政审批局等多家行政审批局相继成立。

1. 行政审批事项划拨。行政审批局与行政服务中心最大区别在于实现行政审批事项的划拨，将原本属于多个行政机关的许可事项集中于行政审批局进行审查，实现实体权力集中。从形式载体上看，原来的行政机关不再享有划拨后的行政审批权，行政审批局启用行政审批专用章，实现"一颗印章管审批"。从组织机构看，行政审批局打破按部门设置行政审批窗口的传统方式，而

---

〔1〕 此部分全部内容系王敬波教授主持的国家社科基金成果。

是按照行政许可事项性质设立专门的审批科室，对审批职能重新进行整合。

2. 集中的例外事项。行政审批局旨在通过对行政权力的整合，提高行政效能，并非所有的行政审批事项都适合集中到行政审批局。实践中[1]不宜进行集中整合，仍然保留在原部门的行政许可事项包括：①需要现场审批的许可事项。②囿于技术、场所等限制不便于集中的事项。③由原机关进行行政审批更为便民的。④涉及中央垂直部门的行政审批事项不宜集中。

（二）行政审批局模式的改革意义

行政审批局模式与大部门体制相契合，具有一定的理论价值和实践推行意义。具体表现为：

1. 由"物理"意义集中向"实体"意义集中迈进。行政服务中心模式最大的缺陷在于存在"体外循环"，其职能常依赖于各职能部门对窗口工作人员的授权。经调研，绝大多数申请窗口仅具有"收发室"和"传达室"的功能。在这种"前厂后店"模式中，传统的行政管理模式未实现实质性突破。行政审批局不再仅仅是各职能部门集中办公的场所，而是拥有实质行政审批权的部门。这种模式对行政权力进行了整合，改变多年来以职能部门为主体的行政审批管理体制，实现行政权力的实体集中和重新配置。

2. 审监分离新机制。实时、有效的监管是维护市场秩序、公共利益的重要保障。在审监一体的体制中，行政审批机关既当"运动员"又当"裁判员"，集许可和监管工作于一身。"重许可，轻监管"导致许多事故的发生，严重影响到国家和公共利益。行政许可权相对集中到行政审批局后，原行政机关不再进行行政审批，主要承担行业监管和服务职能，将更多的时间和精力投入到对许可事中和事后的监管之中。"前期工作—许可决定—事后监管"分别由行政审批局和原职能部门行使，成功打造许可、管理和监督相分离的新机制，提高了政府监管的质量和效率。

3. 流程再造，审批效率提升。简化审批流程、强化集中审批

---

〔1〕　实证内容出自中国政法大学王敬波教授及课题组成员到武侯区行政审批局调研所搜集的资料。

是世界范围内行政审批制度改革的趋势。通过流程再造，减少不必要的审批环节，公民、法人和其他组织办理事项不需再多部门奔波，审批过程由外部循环转为内部循环，提高了行政审批效率，充分体现了便民原则。

4. 有利于削减行政审批事项，进一步转变政府职能。行政许可权集中为进一步削减行政审批事项提供了载体。权力集中、整合后，更有条件论证该项许可事项是否有存在的必要，有无进一步削减、取消的可能性。此外，设立行政审批局有利于进一步转变政府职能。

（三）行政审批局模式亟需解决的问题

行政审批局模式是行政审批改革中的一项创举，作为一项新生事物，该制度的发展面临着一些困境和难题。该模式能否成为我国行政审批制度改革的范本，有赖于以下问题的解决：

1. 法律主体地位存在合法性困境。行政审批局的行政主体资格尚不明确，存在合法性困境。迄今为止，没有一部法律明确规定行政审批局具有独立的法律主体地位。从法治政府建设的角度看，待经过一段实践检验后，应当将行政审批局的主体地位通过制度化、法治化的方式予以明确规定。

2. 与条块分割的管理体制存在矛盾。从实践来看，各职能部门要及时将涉及本部门行政审批的法律、法规和规定的更新情况告知行政审批局，上级部门下发的涉及行政审批相关事项的文件在1个工作日内抄告区行政审批局，并对审批局提供业务指导。该模式在一定程度上固然可以实现职能部门与审批局的有效衔接，但是并非法治化的途径，受制于人员素质等多种因素影响。

3. 集中的行政许可权和分散的处罚权、强制权如何实现对接。集中的行政许可权如何与分散的处罚权、强制权实现无缝对接，亟需从理论和实践上进行探讨。

第二节 行政给付

一、行政给付的含义

行政给付是指行政主体根据行政相对人的申请，无偿给予其物质帮助的行为。行政给付属于授益性行政行为，特定行政相对人由此获得金钱或者其他实物。

行政给付制度具有宪法层面的法律依据。《宪法》第 45 条第 1 款规定："中华人民共和国公民在年老、疾病或者丧失劳动能力的情况下，有从国家和社会获得物质帮助的权利。国家发展为公民享受这些权利所需要的社会保险、社会救济和医疗卫生事业。"

行政给付具有以下特征：①授益性。行政给付属于授益性行政行为，一般表现为给予特定行政相对人财物的形式。财物包括金钱或者其他实物。②无偿性。行政给付针对需要获得物质帮助的特定行政相对人，该行为体现了国家的福利政策，具有无偿性，无须行政相对人支付对价。③依申请行为。行政给付需要依据行政相对人的申请而启动。行政主体针对行政相对人的申请进行审查从而决定是否符合行政给付条件。

【理论扩展】

二、行政给付的功能

行政给付制度是守夜行政向福利行政转变的产物。在自由资本主义时期，西方国家奉行"管的最少的政府为最好的政府"，其典型特征为尊重公民的自由。到了现代社会，行政权力逐渐扩大，开始介入到经济、社会生活等各方面，公民要求政府积极提供福祉。行政给付乃国家为公众提供福利的重要方式，属于福利国家的表现形式。行政给付通过赋予特定行政相对人一定的物质权益，可以帮助其改善生活质量，保障公民过上有尊严的生活。行政给付能否得到顺利的展开，是一个国家福利水平的重要体现，也关系到社会公共利益和社会秩序的问题，因此，各个国家都注重行政给付制度的发展。

三、行政给付的种类

我国有关行政给付制度的规定分散在各部法律、法规、规章之中。如《社会保障法》《残疾人保障法》《兵役法》《失业保险条例》《城市居民最低生活保障条例》《农村五保供养工作条例》等。

行政给付的种类繁多,一般而言,包括以下几种类型:[1]

（一）抚恤金

抚恤金发放针对特定对象,包括给烈士和病故的军人、人民警察、国家机关公务员家属的抚恤金;革命残疾军人的残疾抚恤金;烈军属、复员退伍军人的生活补助费等。

（二）特定人员离退休金

特定人员离退休金包括由民政部门管理的军队离休干部的离休金、生活补助费;由民政部门发放的退职人员生活费等。

（三）社会救济金

在农村,社会救济金主要针对农村五保户、生活贫困人员;在城市,社会救济金主要针对城镇居民生活中低收入者等;此外,社会救济金还包括发放给社会福利院、养老院、儿童福利院等社会福利机构的经费资助。

（四）自然灾害救济金和救济物资

在发生自然灾害时,国家为安置灾民、抢救、转移灾民所支付的费用。

四、行政给付的原则

行政给付需要遵循以下原则:

（一）公开原则

行政给付由国家财政支出,公民享有知情权和监督权。行政给付程序不公开、不透明,有可能为行政机关人员以权谋私、滥用权力打开方便之门。程序的公开透明是行政给付发给真正需要物质帮助的人的重要保障。

（二）平等原则

行政给付的目的在于给予特定行政相对人一定的金钱或者物质权益。所有符合条件的公民都有权申请行政给付。行政机关在审查时,应遵循平等原则,平等对待所有申请人,不得偏私。

---

〔1〕 以下有关行政给付种类的介绍,引自姜明安主编:《行政法与行政诉讼法》,北京大学出版社、高等教育出版社 2011 年版,第 242 页。

（三）诚实信用原则

诚实信用原则要求行政给付的申请人如实提供申请材料，并对材料的真实性负责。如果申请人的情况发生变化，有可能影响行政给付决定的，应当及时向行政机关反映。如申请人经济状况发生很大改观，不再需要国家提供物质帮助，那么行政机关应依据具体情况进行及时予以调整。此外，诚实信用原则要求行政机关为申请人提供稳定的、持续的行政给付，而不能随意减少或者取消。

五、行政给付的法律救济

"有权利必有救济。"行政给付属于行政行为，直接关系到行政相对人的权益。如果行政相对人对行政给付行为不服，可以通过行政复议或行政诉讼等途径进行法律救济。

【拓展案例】

第三节 行政奖励

现代行政中，行政奖励成为政府充分调动行政相对人积极性，进而实现行政管理目的的重要法律手段。

一、行政奖励的含义及特征

行政奖励是指行政主体为了表彰先进、激励后进，充分调动和激发人们的积极性和创造性，依照法定条件和程序，对为国家、人民和社会作出突出贡献或者模范地遵纪守法的行政相对人，给予物质的或者精神的奖励的具体行政行为。[1]

行政奖励具有以下特征：

1. 行政奖励属于授益性行为。行政主体从法律上肯定和支持行政相对人的先进行为，行政相对人因此获得了一定的物质或者精神奖励，这是对其贡献的一种肯定。

2. 行政奖励属于倡导性行政行为。[2] 政府为了完成管理目

---

〔1〕 姜明安主编：《行政法与行政诉讼法》，北京大学出版社、高等教育出版社 2011 年版，第 246 页。

〔2〕 应松年主编：《当代中国行政法》（上卷），中国方正出版社 2005 年版，第 764 页。

标，会积极引导、鼓励行政相对人实施某种行为。在此过程中，行政相对人可以自由选择是否依据行政主体的意愿从事活动，行政主体不能强制行政相对人进行某种受奖行为。

3. 行政奖励属于非强制行政。传统行政中行政目标的达成主要依靠行政主体的强制行为，如命令、强制、处罚。随着社会的发展，尤其是福利行政日益勃兴，非强制行政得以蓬勃发展。非强制性行为的权力色彩较弱，主要通过激励或者引导行政相对人积极主动参与而实现。行政奖励属于非强制性行为，主要依靠利益引导机制，激励行政相对人积极参与其中。

二、行政奖励的功能

行政奖励制度具有重要功能，主要体现在以下方面：

（一）行政奖励的激励功能

"激励"是指通过一定的刺激和强化，使行为主体产生一定的内在动力，并进而引导人的行为，实现特定的目标。[1] 在强制行政中，政府与行政相对人的关系为命令与服从关系，后者被迫履行法律规定的义务。行政奖励作为非强制性行政，在政府与行政相对人之间建立起新型的合作关系。相比起强制行政，行政奖励具有激励功能，可以激发行政相对人自发地参与到行政管理之中，有助于行政管理目标的达成。

（二）行政奖励具有引导功能

政府通过行政奖励的方式对某些行为进行鼓励和倡导，能够反映出政府的政策导向，进而为社会提供明确、可预期的行为目标。行政奖励能够使行政相对人获得实际利益，进而引导其积极从事有利于政府行政目标的行为。

三、行政奖励的类型

行政奖励的领域较为广泛，且内容多样。依据不同的标准，可以将其划分为不同的类型：

---

[1] 应松年主编：《当代中国行政法》（上卷），中国方正出版社 2005 年版，第 776 页。

（一）赋权型行政奖励和减免义务型行政奖励[1]

此种划分的标准是行政奖励不同的表现方式。赋权型行政奖励，是指行政主体依法赋予行政相对人某种权益。这是行政奖励的主要表现形式。减免义务型行政奖励是指行政主体依法减免行政相对人某种法定义务，如减免税收的优惠政策。

（二）物质奖励、精神奖励和权能奖励[2]

此种划分的标准是行政奖励的内容。物质奖励是指行政机关颁发给行政相对人一定数额的奖金或者其他奖品。如《浙江省行政奖励暂行办法》规定："对获得行政奖励的集体，可酌情发给一次性奖金，作为工作经费由集体使用，原则上不得发放给个人。"精神奖励是指给予行政相对人嘉奖、记三等功、记二等功、记一等功和授予荣誉称号等精神层面的某种荣誉。权能奖励是指赋予行政相对人从事某种活动或者一定权利的资格。[3] 上述三种奖励形式既可以单独使用，也可以同时使用。

四、行政奖励的原则

（一）法治原则

行政奖励作为行政行为，应当依法进行，需要有法律、法规等法律依据。我国尚未出台统一的《行政奖励法》以对行政奖励的主体、内容、程序等方面进行规定。实践中，各地、各部门常依据规范性文件对行政奖励加以规定，规范性文件法律位阶较低。行政奖励应当坚持法治原则，依法进行，不能由领导人随意决定。

（二）公开、公平、公正原则

行政奖励应当坚持公开、公平、公正原则。公开原则要求行政机关公开行政奖励的标准、程序、条件等，以获得相同的行政奖励，不能不同等对待。

保障行政奖励的公平和公正。公平、公正原则要求行政机关平等对待行政相对人，公平公正地适用法律，不偏私。实施同样

【拓展案例】

〔1〕　应松年主编：《当代中国行政法》（上卷），中国方正出版社 2005 年版，第 766 页。
〔2〕　应松年主编：《当代中国行政法》（上卷），中国方正出版社 2005 年版，第 766 页。
〔3〕　应松年主编：《当代中国行政法》（上卷），中国方正出版社 2005 年版，第 769 页。

行为的行政相对人依法应得到相同的行政奖励。

（三）信赖保护原则

在行政奖励领域，应当遵循信赖利益保护原则。行政机关一经作出行政奖励的承诺应当诚实守信，不能随意变更。如果行政机关言而无信，允诺进行奖励而事后不兑现，将影响政府的公信力，损害行政相对人实施受奖行为的积极性。

第七章　负担行政行为

本章知识结构图

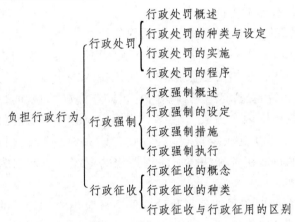

负担行政行为
　行政处罚
　　行政处罚概述
　　行政处罚的种类与设定
　　行政处罚的实施
　　行政处罚的程序
　行政强制
　　行政强制概述
　　行政强制的设定
　　行政强制措施
　　行政强制执行
　行政征收
　　行政征收的概念
　　行政征收的种类
　　行政征收与行政征用的区别

重点内容讲解

负担行政行为是行政主体实施的对行政相对人课以义务或令其利益减损的行政行为，又称不利行政行为或损益行政行为。常见的负担行政行为主要包括行政处罚、行政强制、行政征收等。本章对以上三种负担行政行为进行讲解，重点在于：①理解行政处罚法定原则的含义，掌握行政处罚的设定、种类、实施、程序；②理解行政强制的概念，掌握行政强制的种类、设定，尤其能够清楚区分行政强制措施与行政强制执行的区别；③了解行政征收的概念。

第一节　行政处罚

一、行政处罚概述

（一）行政处罚的概念

行政处罚是行政主体行使行政管理职能的一种重要手段。我国《行政处罚法》虽然没有明确行政处罚的概念，但是该法第3

条第 1 款规定："公民、法人或者其他组织违反行政管理秩序的行为，应当给予行政处罚的，依照本法由法律、法规或者规章规定，并由行政机关依照本法规定的程序实施。"该条从另一角度界定了行政处罚的含义。学界对行政处罚概念的定义有细微差别，但基本趋同，均认为行政处罚是一种行政制裁，由行政主体对行政相对人违反行政管理秩序的行为进行惩罚。在此基础上，本书认为，行政处罚是指享有行政处罚权的行政机关或其他行政主体，依照法定的权限和程序，对违反行政管理秩序且应当受到处罚的行政相对人，给予行政制裁的具体行政行为。

行政处罚具有如下特征：

1. 行政处罚的主体是享有行政处罚权的行政主体。行政主体是指享有行政职权，以自己的名义行使行政职权并独立承担责任的组织。具体包括行政机关以及法律、法规授权的组织。《行政处罚法》第 15、17 条规定，"行政处罚由具有行政处罚权的行政机关在法定职权范围内实施"，"法律、法规授权的具有管理公共事务职能的组织可以在法定授权范围内实施行政处罚"。因此，有行政处罚权的行政机关和法律、法规授权的组织才可能成为行政处罚的主体。

2. 行政处罚的对象是违反行政管理秩序且应当受到处罚的行政相对人。行政处罚只能针对违反行政管理秩序的行政相对人作出。行政相对人不仅包括自然人，还包括法人和其他组织。并非所有违反行政管理秩序的行为都要受到行政处罚。依据处罚法定原则，只有法律明确规定处罚的，才予以处罚。

3. 行政处罚属于行政制裁。行政处罚由处罚主体作出，具有行政性；行政处罚以行政相对人违反行政管理秩序行为的存在为前提，旨在惩戒违反行政管理秩序的行为，具有制裁性。

（二）行政处罚与相关概念的区别

1. 行政处罚与刑罚。刑罚是国家审判机关对刑事犯罪分子给予的法律制裁。两者都属国家机关对违法者实施的惩戒，其主要区别是：

（1）两种行为的权力归属不同。行政处罚是由行政主体作出的，行使的是行政权；刑罚是由国家审判机关作出的，行使的是司法权。

（2）行为的性质不同。行政处罚的行为性质是行政行为；刑罚是由国家审判机关运用司法权作出的，具有司法性。

（3）适用的对象不同。行政处罚针对行政违法行为，而刑罚是针对刑事违法行为的制裁；刑事违法行为具有社会危害性，而行政违法行为尚未构成犯罪。

（4）制裁的方式不同。刑罚所采取的制裁方式比行政处罚要严厉，这是由违法行为的性质所决定的；行政处罚多针对违法行为人的财产进行，而刑罚主要针对人身自由，有多种主刑与附加刑。

（5）处罚的程序不同。行政处罚是由行政主体按照行政程序作出；刑罚只能由法院按照刑事诉讼程序进行。

2. 行政处罚与行政处分。

（1）行为的主体不同。一般的国家行政机关都有行政处分权；行政处罚只能由行政主体以自己的名义作出。

（2）行为的对象不同。行政处罚的对象是违反行政管理秩序的行政相对人，即公民、法人和其他组织；行政处分的对象是行政机关内部的工作人员。

（3）行为的种类不同。行政处罚的种类有警告，罚款，没收违法所得、没收非法财物，责令停产停业，暂扣或吊销营业执照，行政拘留等；行政处分的种类有警告，记过，记大过，降级，撤职，开除等。

（4）性质不同。行政处罚属于行政机关的外部行政行为；行政处分属于内部行政行为。

（5）救济方式不同。对行政处罚不服的，除法律、法规另有规定外，通过复议与行政诉讼获得救济；对行政处分不服的，被处分的公务员只能向作出处分决定的机关的上级机关或行政监察部门申诉。

（三）行政处罚的原则

1. 处罚法定原则。处罚法定原则是依法行政原则在行政处罚制度中的具体体现和要求。行政处罚必须依法进行，这是推进依法行政、建设法治政府的必然要求。《行政处罚法》第 3 条规定："公民、法人或者其他组织违反行政管理秩序的行为，应当给予行政处罚的，依照本法由法律、法规或者规章规定，并由行政机关依照本法规定的程序实施。没有法定依据或者不遵守法定程序的，行政处罚无效。"由此可见处罚法定原则包含五层含义：

（1）行政处罚的设定权法定。法律可以设定各种行政处罚，行政法规可以设定除限制人身自由以外的行政处罚，地方性法规可以设定除限制人身自由、吊销企业营业执照以外的行政处罚，规章可以在法律、法规规定的给予行政处罚的行为、种类和幅度的范围内作出具体规定，其他规范性文件不得设定行政处罚。

（2）实施行政处罚的主体法定。实施处罚的主体必须是享有行政处罚权的行政主体。没有行政处罚权的行政机关不得实施行政处罚；拥有行政处罚权的行政主体超出法定范围实施行政处罚，也是无效的。

（3）行政处罚的依据法定。处罚所依据的法律、法规和规章必须是明确的。法无明文规定的，行政机关不得任意给予处罚。

（4）行政处罚的程序法定。行政处罚不仅要求实体合法，也要求程序合法，必须遵循法定程序。违反法定程序的行政处罚是无效的，或者是可撤销的。

（5）行政处罚的种类法定。根据《行政处罚法》第8条的规定，行政处罚的种类限于6种，即警告、罚款、没收、责令停产停业、暂扣或吊销证照、行政拘留等。这6种以外的处罚种类，必须由法律和行政法规设定，其他法规、规章设定无效。

2. 公正、公开原则。《行政处罚法》第4条规定了公正、公开原则，即"行政处罚遵循公正、公开的原则。设定和实施行政处罚必须以事实为依据，与违法行为的事实、性质、情节以及社会危害程度相当。对违法行为给予行政处罚的规定必须公布；未经公布的，不得作为行政处罚的依据"。

公正原则要求行政处罚必须公平、公正，没有偏私。处罚的轻重应当与违法行为的事实、性质、情节以及社会危害程度相当。除此之外，相同或相似案件的处罚不得畸轻畸重，或反复无常，同时不得超过必要的限度。处罚公开原则要求处罚的依据公开、过程公开、结果公开。

3. 处罚与教育相结合原则。《行政处罚法》第5条规定："实施行政处罚，纠正违法行为，应当坚持处罚与教育相结合，教育公民、法人或者其他组织自觉守法。"处罚与教育不可偏废，应当互相结合。行政处罚的目的是纠正违法，保障行政管理秩序。因此行政机关在实施行政处罚的时候应当坚持处罚与教育相结合的手段，真正地让行政相对人做到自觉守法。

4. 保障当事人权利原则。保障当事人权利原则是指行政处罚中要保障相对人的合法权益。《行政处罚法》第6条规定："公民、法人或者其他组织对行政机关所给予的行政处罚，享有陈述权、申辩权；对行政处罚不服的，有权依法申请行政复议或者提起行政诉讼。公民、法人或者其他组织因行政机关违法给予行政处罚受到损害的，有权依法提出赔偿要求。"由此可见，在行政处罚中，行政相对人及其他当事人有申辩权、听证权、申请复议权、行政诉讼权、请求行政赔偿权。未经正当的法律程序，行政相对人及其他当事人不得被剥夺合法权利。同时，当其合法权益受到侵害时，有权寻求救济。

5. 一事不再罚原则。《行政处罚法》的第24条对一事不再罚原则作出具体规定，即"对当事人的同一个违法行为，不得给予两次以上罚款的行政处罚"。该条款通常被认为是"一事不再罚"原则的体现。

"一事"是指同一违法行为。如果是两个或两个以上的违法行为，就不存在不再罚的问题。"不再罚"之罚，是指如果一个违法行为仅违反一个法律规范，只侵犯一个具体社会关系，则只能由有权的行政机关给予一次性处罚，其他行政机关不得再作出处罚决定。

为什么《行政处罚法》第24条只针对罚款作出一事不二罚的规定呢？这是因为在行政处罚的种类中，只有罚款能被重复适用。行政拘留的适用主体单一，没收和吊销不具有可重复性，所以最终可能被重复适用的只有罚款一种。

二、行政处罚的种类与设定

（一）行政处罚的种类

1. 申诫罚。申诫罚是对违法者的名誉、荣誉、信誉或精神上的利益施加影响甚至造成一定损害的行政处罚。申诫罚可以适用于个人，也可以适用于组织。我国《行政处罚法》规定的属于申诫罚的处罚种类是警告。

警告，是影响违法者声誉的处罚形式，必须以书面形式依法定程序作出。警告旨在申明行政相对人有违法行为，警告其纠正违法行为，并促使其不再犯。警告具有国家强制性。

【理论扩展】

2. 人身自由罚。人身自由罚是对行政相对人的人身自由权利进行限制或剥夺的行政处罚，是行政处罚中最为严厉的处罚形式。在我国，人身自由罚的立法权集中于全国人民代表大会及其常务委员会，受到《立法法》关于法律保留原则的约束。它主要包括行政拘留和劳动教养。我国《行政处罚法》规定的处罚种类属于人身自由罚的是行政拘留。劳动教养已被废除。

行政拘留也称治安拘留，是对违反治安管理法的人，依法在短期内限制其人身自由的一种处罚。只适用于自然人，而不能适用于法人或其他组织，但法人代表可以作为处罚对象。行政拘留是行政处罚中一种严厉的处罚方式，因此有严格的限制：①只能由公安机关决定和执行；②一般情况下行政拘留为 15 日以下，有两种以上违反治安管理行为的，分别决定，合并执行，最长不超过 20 日；③在程序上，必须经过传唤、讯问、取证、裁决、执行等程序。

3. 财产罚。财产罚是旨在让被处罚人的财产权益受到损害的行政处罚。使违法者缴纳一定数额的金钱或者没收其一定财物。适用范围广泛。我国《行政处罚法》规定的财产罚包括：罚款，没收违法所得、没收非法财物。

（1）罚款。罚款是指有行政处罚权的行政主体，依法强制违法者承担一定的金钱给付义务，要求违法者限期缴纳一定数额的金钱的惩罚方式。

【拓展案例】

（2）没收违法所得、没收非法财物。没收违法所得，是行政主体将违法者通过违法途径和方法取得的财产收归国有的制裁方法。没收非法财物，是行政主体将违法者非法占有的财产和物品收归国有的制裁方法。

罚款与没收（没收违法所得、没收非法财物）虽然都是财产罚，但两者在金钱和财物的取得方式上有显著区别。罚款的对象是违法者合法取得的金钱；没收的对象是违法者以违法的方式占有或取得的金钱和财物。

4. 行为罚。行为罚是限制和剥夺违法者某种行为能力或资格的处罚措施，有时也被称为能力罚。我国《行政处罚法》规定的行为罚主要有：责令停产停业，暂扣或吊销许可证照等。

（1）责令停产停业。责令停产停业是一种强令违法者停止生产或经营的处罚。违法者在一定的期限内及时纠正违法行为，按期履行法定义务之后，可继续从事生产经营活动，无需重新申领许可证照。这种处罚是一种比较严厉的处罚，因此《行政许可法》对责令停产停业规定了听证程序，以保护行政相对人的合法权益，防止行政权的恣意滥用。

（2）暂扣或吊销许可证照。暂扣许可证照是中止持证人从事某种活动的资格，待违法行为改正后，依法发还证照；而吊销许可证照则是终止持证人继续从事某种活动的资格。后者是一种更为严厉的处罚，因此《行政许可法》对吊销许可证照规定了听证程序，以保护行政相对人的合法权益，确保该处罚的慎重适用。

（二）行政处罚的设定

1. 行政处罚的设定与规定。从语义上讲，设定与规定含义类似。但在法律语境下，设定与规定的含义相去甚远。"设定"强调从无到有的创造；"规定"则是上粗下细的细化。具体到行政处罚的设定，是指上位法未对行政处罚作出规定的情况下，下位法率先对行政处罚的行为、种类、幅度作出创设。而行政处罚的规定则是指，在上位法对行政处罚已经作出设定的前提下，下位法在其已有的范围内，对行政处罚的行为、种类和幅度进一步细化。

2. 《行政处罚法》对行政处罚的设定。

（1）法律。根据《行政处罚法》和《立法法》，全国人大及其常委会制定的法律具有最高的行政处罚设定权，可以设定各种行政处罚。限制人身自由的行政处罚，如行政拘留，只能由法律设定。

（2）行政法规。国务院制定的行政法规，可以设定除限制人身自由以外的行政处罚。

（3）地方性法规。地方性法规可以设定除限制人身自由、吊销企业营业执照以外的行政处罚。

（4）规章。部门规章在尚未制定法律、法规的情况下，可以设定警告或一定数量的罚款的行政处罚，罚款限额由国务院规定。地方政府规章在尚未制定法律、法规的情况下，对违反行政管理秩序的行为，可以设定警告或一定数量的罚款，罚款限额由省、自治区、直辖市的人大常委会规定。

（5）其他规范性文件。除法律、法规和规章以外的其他规范性文件，不得设定行政处罚。

3.《行政处罚法》对行政处罚的规定。行政法规、地方性法规、各种行政规章都有权对上位法已经设定的行政处罚事项进行具体规定。其他规范性文件都无权对行政处罚事项作出任何具体规定。下位法对上位法设定的行政处罚作出具体规定的，不得超出上位法规定的给予行政处罚的行为、种类和幅度。

三、行政处罚的实施

（一）行政处罚的实施机关

行政处罚的实施机关是指享有实施行政处罚权的行政主体。我国《行政处罚法》第 15～19 条对此作出了明确的规定，主要包括三类主体：享有行政处罚权的行政机关；法律、法规授权的组织；行政机关委托的组织。

1. 享有行政处罚权的行政机关。享有行政处罚权的行政机关在法定职权范围内实施行政处罚。这是行政处罚的一般实施状态，也称单独实施。另外，行政处罚也可进行综合执法，又称相对集中实施行政处罚，目前主要集中在城市管理领域。这是指国务院或经国务院授权的省级政府可以决定一个行政机关行使多个行政机关的处罚权，但限制人身自由的行政处罚权只能由公安机关行使。相对集中实施行政处罚权有利于避免重复执法、多头执法、交叉执法的问题。

2. 法律、法规授权的组织。法律、法规授权的组织也可以实施行政处罚。在这种情况下，被授权的组织是行政主体，需满足行政主体的基本要求，具体包括：①该组织具有管理公共事务的职能；②有法律、法规的明文授权；③被授权组织以自己的名义实施行政处罚；④被授权组织独立承担法律责任。

3. 行政机关委托的组织。行政机关委托的组织也可进行行政处罚，这就是行政处罚的委托实施。具体含义是指行政机关根据法律、法规、规章的规定，在其法定权限内委托具备一定条件的社会组织实施行政处罚。受委托的组织本身不具有行政主体的资格。因此，受委托的组织需以行政机关的名义实施行政处罚；受委托组织实施行政处罚行为引起的法律责任由行政机关承担；同时，受委托的组织不得再就行政处罚的委托事项进行转委托。

此外，行政处罚的委托实施必须满足以下条件：①委托必须以法律、法规、规章的明确规定为依据。行政机关不得随意委托。②受委托组织必须是依法成立的管理公共事务的事业组织。例如，学校、研究院等。需要注意的是，行政机关不得委托其他组织或个人实施行政处罚。③该组织有熟悉相关法律、法规、规章和从事相关业务的工作人员。需要技术鉴定或技术检查的，该组织应当有相应的检查鉴定条件。

【理论扩展】

（二）行政处罚的管辖

行政处罚的管辖是确定行政违法案件由哪一个行政机关受理和实施处罚的法律制度。主要包括级别管辖、地域管辖和指定管辖。

1. 级别管辖。级别管辖是指不同层级的行政机关在管辖和处理行政违法行为上的分工和权限。行政处罚案件由县级以上地方人民政府具有行政处罚权的职能部门管辖，但是法律、行政法规另有规定的，从其规定。因此，在通常情况下，县级以上的地方人民政府及其职能部门是通常的行政处罚权行使机关；而乡镇政府、行政机关的内设机构和派出机构只有在法律、行政法规有特别规定时才可以行使某些行政处罚权。

2. 地域管辖。地域管辖是指在同级行政处罚机关之间处理违法行为的分工和权限。一般由违法行为发生地的行政机关管辖。

3. 指定管辖。当两个或两个以上行政机关对管辖权发生争议时，才会发生指定管辖的问题。在这种情况下，由共同的上一级行政机关以决定的方式指定某一行政机关管辖。行政机关上下级之间是领导与被领导的关系。指定管辖行使的是上级的决定权和领导权，一经作出，被指定管辖的机关就必须遵守。

（三）行政处罚的适用

行政处罚的适用，指实施行政处罚的主体对应受处罚的行政相对人依法决定是否给予处罚和如何课以处罚的行政执法活动。其目的在于规范行政处罚的自由裁量权，确保行政机关严格依法办事，实现行政执法的公正与权威。具体包括以下规则：

1. 裁量情节规则。

（1）从轻处罚与减轻处罚。从轻处罚是指在法定处罚限度内选择较轻的行政处罚。减轻处罚是指低于法定处罚限度选择较轻的行政处罚。应当从轻或者减轻处罚的情形包括：已满14周岁不满18周岁的人有违法行为的；主动消除或者减轻违法行为危害后果的；受他人胁迫有违法行为的；配合行政机关查处违法行为有立功表现的；其他依法应当从轻或者减轻行政处罚的。

（2）不予处罚。不予行政处罚的情形包括：不满14周岁的人有违法行为的；精神病人在不能辨认或控制自己行为时有违法行为的；违法行为轻微并及时纠正，没有造成危害后果的。

2. 一事不再罚款。《行政处罚法》第24条规定："对当事人的同一个违法行为，不得给予两次以上罚款的行政处罚。"这是一事不二罚原则在行政处罚中的具体体现。对于行政相对人的同一个违反行政管理秩序的行为，不论是否基于同一个理由和依据，均不得给予两次以上的罚款。

3. 行政处罚折抵刑罚。简言之，行政拘留可以折抵刑期，罚款可以折抵罚金。《行政处罚法》第28条规定："违法行为构成犯罪，人民法院判处拘役或者有期徒刑时，行政机关已经给予当事人行政拘留的，应当依法折抵相应刑期。违法行为构成犯罪，人民法院判处罚金时，行政机关已经给予当事人罚款的，应当折抵相应罚金。"

4. 追究时效。追究时效旨在督促执法机关提高工作效率，高效维护社会秩序。行政处罚受到时效上的限制，超过一定的时限，行政主体便不能对行政相对人实施行政处罚。《行政处罚法》第29条规定："违法行为在2年内未被发现的，不再给予行政处罚。法律另有规定的除外。前款规定的期限，从违法行为发生之日起计算；违法行为有连续或者继续状态的，从行为终了之日起计算。"

从以上规定可知，行政处罚的追诉时效一般为2年。2年内没发现违法行为，就不能处罚了。特殊时效只有法律才有权作出例外规定，如《海关法》规定的处罚时效是3年。如何计算时效的起算点呢？一般情况下，从违法行为发生之日起算直至违法行为终了之日。有一种情况比较特殊：违法行为发生后，该行为具有持续的危险。这种情况下，违法行为就没有终了。例如，违章建筑一直没有拆除，该违法行为就没有终了。

四、行政处罚的程序

行政处罚的程序，是指享有行政处罚权的行政主体对违法相对人实施行政处罚所应当遵守的具体方式、方法和步骤。行政处罚程序的特点在于行政处罚奉行职能分离原则，处罚决定权与处罚执行权两者分离，适用不同的程序。

（一）行政处罚的决定

行政处罚的决定程序是整个行政处罚程序的关键环节，是保障正确实施行政处罚的前提条件。主要分为简易程序、一般程序和听证程序三类。

1. 行政处罚决定的前提条件。行政处罚决定无论适用哪种程序，均必须满足以下前提：①查明事实。经过充分的调查取证，查清事实真相才可以依法作出行政处罚决定。②向行政相对人履行告知义务。行政机关在决定行政处罚之前未告知当事人处罚的事实、理由、依据及当事人享有的权利的，该行政处罚不成立。③听取意见。行政处罚的相对人享有陈述权和申辩权。在行政处罚的程序中，应当允许当事人为自己的合法权益进行辩护，充分听取行政相对人的意见。更不得因行政相对人的申辩而加重处罚。

2. 简易程序。简易程序又称为当场处罚程序，是指对于事实清楚、情节简单、后果轻微的违反行政管理秩序的行为，当场给予处罚的程序。简易程序旨在提高行政效率，节约执法成本，减轻行政相对人的负担。

（1）简易程序的适用条件。简易程序的适用条件包括：①违法事实确凿，即违法事实简单、清楚，证据充分，没有异议。②对这种违法行为实施处罚有法定依据。即必须是法律、法规和规章明文规定可以处罚的。③处罚较轻。即对个人处以 50 元以下的罚款或者警告，对组织处以 1000 元以下罚款或者警告。

（2）简易程序的步骤。简易程序遵循以下步骤：①表明身份。行政执法人员应当向当事人出示执法证件。②填写行政处罚决定书。③当场将处罚决定书交付当事人。④执法人员将案件处理情况报所属行政机关备案。⑤告知当事人有权提起复议或诉讼。

3. 一般程序。行政处罚的一般程序又称普通程序,是行政机关进行行政处罚所遵循的最完整、应用最广泛的程序。行政处罚一般经过四个步骤:立案、调查取证、决定、送达。

(1)立案。立案是行政处罚程序的开始,包括受理、呈报、立案决定、交办。

(2)调查取证。调查取证要满足以下要求:①调查或检查时执法人员不得少于2人,并应向当事人和有关人员出示证件表明身份。②行政机关在收集证据时,可以抽样取证,所抽取样品必须妥善保管,验后归还;需要扣押查封的,应出具清单。③实行先行登记保存的,在保存证据期间,不得销毁或转移证据。④证据可能灭失或以后难以取得的,可以进行证据保全。

(3)决定。调查终结,听取当事人的陈述、申辩或者举行听证后,行政机关应当作出决定。①确有应受行政处罚的违法行为的,根据情节轻重及具体情况,作出行政处罚决定;②违法行为轻微,依法可以不予行政处罚的,不予行政处罚;③违法事实不能成立的,不得给予行政处罚;④违法行为已构成犯罪的,移送司法机关。

行政处罚决定书应当载明下列事项:①当事人的姓名或者名称、地址;②违反法律、法规或者规章的事实和证据;③行政处罚的种类和依据;④行政处罚履行的方式和期限;⑤不服行政处罚决定,申请行政复议或者提起行政诉讼的途径和期限;⑥作出行政处罚决定的行政机关名称和作出决定的日期。行政处罚决定书必须盖有作出行政处罚决定的行政机关的印章。

(4)送达。送达是指行政机关依照法定程序,将行政处罚决定书送交当事人的行为。送达应当满足以下要求:①当场送达;②当事人不在场的,行政机关在7日内送达。

4. 听证程序。行政处罚中的听证程序,是指行政机关在作出影响相对人合法权益的决定之前,依法由非本案调查人员主持,听取当事人陈述、申辩并进行质证的行政程序。听证程序是一般程序的组成部分和重要阶段。

（1）申请听证的条件。行政机关在作出责令停产停业、吊销许可证或执照和较大数额的罚款等行政处罚决定之前，应当告知当事人有申请听证的权利。当事人要求听证的，应当在告知后3日内提出听证申请。

（2）听证的程序。行政机关举行听证，应当依照以下程序进行：当事人要求听证的，应当在行政机关告知后3日内提出。行政机关应当在听证的7日前，通知当事人举行听证的时间、地点。除涉及国家秘密、商业秘密或个人隐私外，听证公开举行。听证由行政机关指定的非本案调查人员主持，当事人认为主持人与本案有直接利害关系的，有权申请回避。当事人可以亲自参加，也可以委托1~2人代理。举行听证时，调查人员提出当事人违法的事实、证据和行政处罚建议，当事人进行申辩和质证。听证应当制作笔录，笔录应当交当事人审核无误后签字或盖章。听证结束后，行政机关应当依照《行政处罚法》第38条的规定作出决定。

（二）行政处罚的执行

行政处罚的执行，系指有权机关依法强制执行行政处罚决定的法律制度。通过行政处罚的执行，确保行政处罚决定得以实现，以维持和保障行政管理秩序。

1. 行政处罚执行的原则。

（1）不停止执行。《行政处罚法》第45条规定："当事人对行政处罚决定不服申请行政复议或者提起行政诉讼的，行政处罚不停止执行，法律另有规定的除外。"原则上，当事人提起复议或诉讼并不引起行政处罚执行程序的停止。但也有例外，如《治安管理处罚法》规定，被处罚人对行政拘留决定不服的，同时提起行政复议或行政诉讼的，有权向公安机关提出暂缓执行行政拘留的申请，由公安机关决定是否暂缓行政拘留。此外，《行政诉讼法》与《行政复议法》对行政处罚执行的停止情形也有详细规定。

（2）罚缴分离原则。罚缴分离原则是指，作出处罚决定的行政机关应当与收缴罚款的收缴机关分离。除当场收缴的罚款外，作出处罚决定的行政机关及其执法人员不得收缴罚款。这是为了防止行政机关及其执法人员滥用职权，乱处罚款。行政机关对当事人作出行政处罚决定时，只开具罚款决定书，由当事人自己持罚款决定书，在指定时间内到指定金融机构缴纳罚款。

2. 行政处罚执行的方式。

（1）当事人自愿执行。行政处罚决定依法作出后，即对当事人产生拘束力，当事人应当在规定的期限内完全地实际履行处罚决定书确定的义务。如果当事人逾期不予履行或者拒绝履行的，作出行政处罚决定的行政机关就可以强制执行。

（2）行政机关强制执行。当事人不自觉履行时，行政机关才可以依法采取强制措施，促使行政处罚决定的实现。行政处罚的强制执行以申请法院强制执行为原则，以行政机关自己执行为例外。强制执行的程序请参考本书有关行政强制的内容。

3. 行政处罚执行的程序。

（1）专门机构收缴罚款。作出罚款决定的机关与收缴罚款的机构是分离的，所以应当由专门的金融机构收缴罚款。行政机关应当将罚款决定书送达受处罚人，同时将处罚决定书的副本及收缴通知函送达金融机构。当事人在受到处罚决定书之日起 15 日内，到指定的金融机构缴纳罚款。金融机构应当将收缴的罚款上缴国库。

（2）当场收缴罚款。满足以下情形时，可以当场收缴罚款：①在简易程序中，一般处罚给予 20 元以下的罚款，治安处罚给予 50 元以下的罚款，且当事人无异议的，可以当场收缴；②不当场收缴事后难以执行的；③在边远、水上、交通不便地区，当事人向指定的银行缴纳确有困难的。

当场收缴罚款，必须向当事人出具省、自治区、直辖市财政部门统一制发的罚款收据，否则当事人有权拒绝。同时，行政执法人员当场收缴的罚款应当依法上交至行政机关，行政机关应当将罚款缴纳至指定金融机构。

【课后练习与测试】

第二节　行政强制

一、行政强制概述

（一）行政强制的概念

《行政强制法》是行政法领域中的一部重要法律，与《行政处罚法》《行政许可法》并称为行政程序立法的"三部曲"。《行政强制法》旨在解决行政执法的"乱""滥"和"软"的问题，规范和监督行政强制权，保护公民合法权益，推进依法行政，建设法治政府。

行政强制是行政强制执行与行政强制措施的合称，是指为了维护国家与社会的管理秩序，或者为迫使行政相对人履行特定义务，由行政主体或者由行政主体申请人民法院通过强制方法实施的具体行政行为。

应从如下几方面理解行政强制的概念：

第一，行政强制的主体是行政主体和人民法院。行政主体和人民法院根据法律、法规的规定施行行政强制。无论是行政主体还是人民法院，行政强制必须严格依据法定权限施行。

第二，行政强制发生的前提是行政相对人不履行具体行政行为或违反相关义务。在此前提下，才发生对行政相对人的行政强制。

第三，行政强制的目的在于维护和实现公共利益，确保行政时效性。

第四，行政强制本身是具体行政行为，是通过强制方法实施的具体行政行为。

第五，行政强制是组合性概念，是行政强制执行与行政强制措施的合称。

第六，行政强制具有侵益性，对行政相对人的财产、自由等权益产生很大限制，因此行政强制的设定要严格遵守法律保留原则，行政强制的程序也必须严格依照《行政强制法》等相关法律进行。

【理论扩展】

（二）行政强制的种类

关于行政强制的种类学界看法不一。第一种观点认为，行政强制措施是上位概念，不应将行政强制措施与行政强制执行并列。该观点还认为行政强制措施包括：行政强制执行、即时强制、强制性行政调查。[1] 第二种观点认为，行政强制包括行政强制执行、行政上的即时强制和其他行政强制。[2] 第三种观点认为，行政强制是行政强制执行和行政强制措施的合称。[3] 我国《行政强制法》采纳了第三种观点，并以其为通说。

本书以《行政强制法》为基础讲解行政强制的种类。行政强制分为行政强制执行与行政强制措施。行政强制执行又进一步分为两种：行政机关自行强制执行和行政机关申请人民法院强制执行。行政强制措施也可细分为两种：一般强制措施与紧急强制措施。本书将在本章节的第三、四部分详细讲解行政强制执行和行政强制措施的具体含义与内容。

（三）行政强制的基本原则

1. 行政强制的法定原则。行政强制法定原则是依法行政原则在行政强制领域的具体体现。行政强制法定原则包括：行政强制的设定权法定，实施主体法定，方式和手段法定，被强制的对象法定以及强制程序法定。该原则要求行政主体实行行政强制必须事先得到法律的授权，并严格在法律规定的范围内行使，凡法律没有规定的不得为之。

2. 行政强制的适当性原则。行政强制的适当性原则是合理行政原则在行政强制领域的具体体现。行政强制权的行使，既要合法，也要合理、适当。行政强制的设定和实施应当适当、合理，要符合比例原则。行政强制必须有正当目的，出于维护公共利益和公共秩序的需要。在强制手段和非强制手段都能达到行政管理目的时，应当采用非强制手段，不得采用强制手段。同时要选择对行政相对人权益侵害最小的强制手段，尽量减少行政相对人的损失。

---

〔1〕 姜明安主编：《行政法与行政诉讼法》，北京大学出版社 2015 年版，第 290 页。
〔2〕 傅士成：《行政强制研究》，法律出版社 2001 年版，第 36 页。
〔3〕 胡建森主编：《行政强制法研究》，法律出版社 2003 年版，第 55 页。

3. 教育与强制相结合原则。实施行政强制，应当坚持教育与强制相结合。行政强制是一类负担性行政行为，实施的对象是公民、法人和其他组织的人身、财产等权利。行政强制旨在教育违法者和其他公民自觉守法，维护行政管理秩序。因此，实施行政强制不能片面强调行政强制，而应当坚持教育与强制相结合。《行政强制法》关于事先催告的规定就是该原则的具体体现。行政机关作出强制执行决定前，应当事先催告当事人履行义务。催告应当以书面形式作出。经催告，当事人履行行政决定的，不再实施强制执行。行政机关申请人民法院强制执行前，应当催告当事人履行义务。

4. 不得滥用行政强制权谋取利益原则。为防止与民争利，《行政强制法》第7条专门规定："行政机关及其工作人员不得利用行政强制权为单位或者个人谋取利益。"行政机关依法代表国家行使行政强制权，行政经费由财政预算保障。不得将行政强制权作为以权谋私的手段。《行政强制法》对此有详细规定。如，《行政强制法》第26条规定，不得使用查封扣押的财产，不得收取保管费："对查封、扣押的场所、设施或者财物，行政机关应当妥善保管，不得使用或者损毁；造成损失的，应当承担赔偿责任"。"因查封、扣押发生的保管费用由行政机关承担。"

5. 保障相对人合法权益原则。《行政强制法》第8条规定："公民、法人或者其他组织对行政机关实施行政强制，享有陈述权、申辩权；有权依法申请行政复议或者提起行政诉讼；因行政机关违法实施行政强制受到损害的，有权依法要求赔偿。公民、法人或者其他组织因人民法院在强制执行中有违法行为或者扩大强制执行范围受到损害的，有权依法要求赔偿。"该条规定主要体现了正当程序原则，明确了当事人的基本程序权利和救济权利。我国目前虽然还没有全国统一的行政程序法，但正当程序观念已经深入人心，在《行政处罚法》《行政许可法》《行政诉讼法》等法律中一以贯之。因此严格遵循法定程序，依法保障行政管理相对人、利害关系人的知情权、参与权和救济权，是正当法律程序原则的自然体现。

二、行政强制的设定

（一）行政强制的设定权法定原则

行政强制的设定权法定原则是行政强制法定原则的具体体现之一。行政强制的设定权法定是指行政强制权的创制必须遵守法律保留原则，由法律明确规定。具体包含如下含义：

1. 按照法定的权限设定行政强制。有权设定行政强制的只有法律、行政法规和地方性法规，规章和其他规范性文件都没有设定行政强制的权限。从机关看，只有全国人大及其常委会、国务院和有立法权的地方人大及其常委会才有设定行政强制的权限。

2. 按照法定的条件设定行政强制。《行政强制法》在总则中规定了行政强制应当遵循的原则。行政强制的设定也应当予以遵循。该法第5条还规定，采用非强制手段可以达到行政管理目的的，不得设定和实施行政强制。

3. 按照法定的程序设定行政强制。设定行政强制是一种立法行为，按照法定程序设定行政强制，就是按照有关法律、行政法规和地方性法规的立法程序设定。《行政强制法》第14条规定："起草法律草案、法规草案，拟设定行政强制的，起草单位应当采取听证会、论证会等形式听取意见，并向制定机关说明设定该行政强制的必要性、可能产生的影响以及听取和采纳意见的情况。"

（二）行政强制措施的设定

《行政强制法》第10条详细规定了不同效力位阶的法律在设定行政强制措施时的权限。具体内容如下：

1. 法律的设定权。行政强制措施由法律设定，法律可以设定各种行政强制措施。但是，法律也不能任意设定行政强制措施，要受到两种制约：①设定行政强制应当适当，应当遵守行政合理性原则。②设定行政强制应当按照法定程序进行。起草时应当采取听证会、论证会等形式听取意见，并进行必要性分析。通过公众参与和程序制约，使设定的行政强制措施在合理的限度内。

2. 行政法规的设定权。尚未制定法律，且属于国务院行政管理职权范围的事项的，国务院可以制定行政法规。受到法律优先原则的影响，设定行政强制措施要首先尊重法律，具体表现在：

①尚未制定法律时，行政法规才可以设定；②法律作了规定的，行政法规要与法律的规定一致，不能超出法律的规定。

行政法规不得设定限制人身自由，冻结存款、汇款和其他应当由法律规定的行政强制措施。受到法律保留原则的影响，有些事项只能由法律规定，其他规范性文件包括行政法规都不能规定。限制人身自由的强制措施和冻结存款、汇款就是属于法律保留的事项。

3. 地方性法规的设定权。地方性法规只能设定查封和扣押的行政强制措施。不得设定其他行政强制措施。

4. 法律、法规以外的规范性文件不得设定行政强制措施。在《行政强制法》颁布之前，行政强制措施的设定比较乱，除了法律、法规设定了行政强制措施外，规章甚至规章以下其他规范性文件也设定行政强制措施。考虑到保护公民、法人和其他组织的权益，《行政强制法》没有规定规章和规章以下的规范性文件可以设定行政强制措施。

（三）行政强制执行的设定

《行政强制法》第 13 条规定："行政强制执行由法律设定。法律没有规定行政机关强制执行的，作出行政决定的行政机关应当申请人民法院强制执行。"由此看来，原则上应当由行政机关申请人民法院强制执行，例外情况下才可以自行执行。行政强制执行由法律设定，这里的法律是狭义的，专门指全国人大及其常委会制定的法律。

三、行政强制措施

（一）行政强制措施的概念

行政强制措施，是指行政机关在行政管理过程中，为制止违法行为、防止证据损毁、避免危害发生、控制危险扩大等情形，依法对公民人身自由实施暂时性限制，或者对公民、法人或者其他组织的财产实施暂时性控制的行为。行政强制措施具有以下特点：

1. 行政强制措施是具体行政行为。行政强制措施有特定的行政目的，针对特定的行政相对人或特定的物，是就特定的事项所作出的具体行政行为。

2. 行政强制措施具有从属性，是为保障其他具体行政行为的顺利作出或实现所采取的另一种具体行政行为。与被保障的对象相比，行政强制措施是伴随产生的，并非自主发生，因此具有从属性。

3. 行政强制措施具有非制裁性。与行政强制执行、行政处罚等具体行政行为相比，行政强制措施具有非制裁性。对于行政强制措施的行政相对人来说，行政强制措施本身并不具有惩罚性，不以惩罚违法为前提。

4. 行政强制措施具有临时性。行政强制措施是对行政相对人权利的有限限制，在时间上也具有临时性，是临时的约束，并非最终的结果，因此具有临时性。

（二）行政强制措施的种类

《行政强制法》第9条规定了行政强制措施的种类，包括：

1. 限制公民人身自由。限制公民人身自由的强制措施是指行政机关依法对公民人身自由采取的临时性限制措施。人身自由是宪法保障的公民的基本权利，限制公民人身自由受到法律的绝对保留原则的限制，是法律的专属立法权，只有法律才能设定。限制公民人身自由的措施有：盘问、留置盘问、传唤、强制传唤、扣留、人身检查、强制隔离、强行带离现场等。

2. 查封场所、设施或者财物。查封场所、设施或者财物是指行政机关为了保障行政决定得到有效的作出或执行，依法对行政相对人的场所、设施或者财物暂时封存的行为。查封是行政机关限制当事人对其财产的使用和处分的强制措施。主要是对不动产或者其他不便移动的财产，由行政机关以加贴封条的方式限制当事人对财产的移动或者使用。查封的对象有场所、工具、设施、设备、资料、协议、账簿等。主要方式是就地封存。

3. 扣押财物。扣押财物是指行政机关为了预防、制止违法行为，保障行政决定的执行，对行政相对人涉嫌违法的财物予以暂时扣留的行为。扣押主要是针对可移动的财产，且扣押的财产由行政机关保管，不能扣押的财物只能就地封存。

4. 冻结存款、汇款。冻结主要是限制金融资产的流动的强制措施。冻结的对象是行政相对人的账户资金，包括银行存款、汇款、邮政企业汇款、股票等有价证券。冻结存款、汇款，只有法律才能设定。

5. 其他行政强制措施。这是一个兜底性的规定。因为除了上述四类行政强制措施外，还有不少由其他法律设定的强制措施没有完全列举。如《行政处罚法》规定的"登记保存"，《价格法》规定的"采取临时集中定价权限""部分或者全面冻结价格的紧急措施"等。

（三）行政强制措施的程序

实施行政强制措施的主体是指享有行政强制措施权的行政主体，包括行政机关和法律、法规授权的组织。同时，需要注意的是，行政强制措施不得委托实施。行政强制措施的程序是行政强制立法的重点之一。《行政强制法》第18条规定了实施行政强制措施的一般程序，也是最低限度的程序要求。《行政强制法》第19条规定了即时强制的程序，是实施行政强制措施的特殊程序。

1. 一般程序。

（1）内部程序。实施行政强制措施前须向行政机关负责人报告并经批准，一般需要由行政机关作出书面的决定。行政执法人员违反了内部程序，更多的是行政执法人员承担违法违纪责任，不直接导致行政行为的违法。

（2）外部程序。如果行政执法人员违反外部程序，将导致行政行为违法，所在行政机关承担败诉责任。外部程序需要满足以下要求：

第一，由两名以上行政执法人员实施。这样便于执法人员之间相互监督，也可以防止当事人诬陷、诬告、贿赂执法人员。

第二，出示执法身份证件。行政执法人员实施行政强制措施时，必须向当事人出示其合法的执法证件，表明其执法身份。执法证件中，应当载明其所代表的行政机关的名称及该执法人员所任职务等内容。

第三，通知当事人到场。在当事人不到场的情况下，应邀请与当事人或案件没有利害关系的人员到现场见证行政强制措施的实施过程，督促行政执法人员公正执法。

第四，当场告知当事人采取行政强制措施的理由、依据以及当事人依法享有的权利、救济途径。告知应当场进行，具体形式可以在行政强制措施决定书中载明，紧急情况下可以口头告知。

如果行政机关未依法告知，则违反程序规定，导致行政行为违法。但是，在当事人不到场的情况下，送达行为即视为告知。

第五，听取当事人的陈述和申辩。当事人有权表明自己的意见和看法，提出自己的主张和证据，也有权进行解释、辩解。陈述权和申辩权是当事人所享有的重要权利，听取当事人的陈述和申辩也是行政机关的法定义务。

第六，制作现场笔录和在现场笔录上签名盖章。当事人如果对现场笔录没有异议，应当在现场笔录上签名或者盖章。如果当事人拒绝签名的，行政执法人员应当在笔录上注明。当事人不到场的，邀请见证人到场，由见证人和行政执法人员在现场笔录上签名或者盖章。

此外，各单行法律、法规可能还会对特定行政强制措施的实施作出其他的程序规定，行政机关在执法时也要一并遵守。

2. 紧急事态下的特殊程序。是指在特殊情况下，为制止紧急事态或违法行为，需要当场实施行政强制措施，直接对当事人的人身、财物或行为即时采取强制手段，来不及履行内部的批准报告手续而实施行政强制的作为，也称为即时强制。即时强制的实施条件必须属于情况紧急，符合法律规定的特殊情形。即时强制的实施程序一般也要出示执法证件，告知当事人权利、制作现场笔录，有关人员也要签字盖章等。即时强制的实施程序的特点在于，可以事后报告并补办报批手续，且必须在实施行政强制措施后的 24 小时内进行。

四、行政强制执行

（一）行政强制执行的概念

行政强制执行，是指行政机关或者行政机关申请人民法院，对不履行行政决定的公民、法人或者其他组织，依法强制履行义务的行为。行政强制执行有以下特点：

1. 行政强制执行以行政相对人不履行义务为前提。此外行政相对人还须有不履行的故意。不履行有以下两种情况，一种是从事法律所禁止的行为；另一种是不履行规定必须履行的义务，如应纳税而不纳。

2. 行政强制执行的目的在于使行政相对人履行义务。强制执行应以行政相对人的义务为限，不能超过当事人所承担的义务范围。

3. 行政强制执行的内容是已经生效的具体行政行为所确定的行政法上的义务。该已经生效的具体行政行为有可能是行政处罚、行政裁决，还有可能是法定义务，比如纳税、服兵役等。

4. 行政强制执行的主体有两个。一是行政机关，二是人民法院。《行政强制法》规定，以申请人民法院强制执行为原则，以行政机关自行强制执行为例外。

【考试真题】

（二）行政强制执行与相关概念的区别

1. 行政强制执行与行政强制措施。虽然行政强制执行与行政强制措施均属行政强制的范畴，但两者区别显著，具体区别如下：

（1）实施的主体不同。行政强制执行的主体既包括行政机关，也包括人民法院。而行政强制措施的主体只能是行政机关。

（2）实施的条件不同。行政强制执行的前提是另一个具体行政行为。而行政强制措施则是法律直接所赋予的行政职权，为了预防或制止违法行为的发生和继续而采取的强制方法，并不一定以另一具体行政行为的存在为前提条件。

（3）目的不同。行政强制执行以制裁违法行为为目的，带有惩罚性。行政强制措施以防止违法行为发生或制止违法行为为目的，本身不具有惩罚性。

2. 行政强制执行与行政处罚。

（1）目的不同。两者虽然都具有惩罚性，但行政强制执行的目的是强制拒不履行义务的相对人履行义务，而行政处罚的目的是惩戒和教育实施了违法行为的相对人。

（2）实施的主体不同。行政强制执行可以由行政机关实施，也可以申请人民法院实施，而行政处罚只能由行政机关实施。

（3）发生的时间不同。行政处罚是行政强制执行的前提之一。换言之，在此种情况下，如果行政处罚没有得到实现，则产生行政强制执行。比如，被处罚人没有按照行政处罚决定缴纳罚款，则发生行政强制执行，可以通过行政强制执行的方式，如加处罚款，督促其缴纳。

（三）行政强制执行的种类与方式

1. 行政强制执行的种类。《行政强制法》按照行政强制执行主体的不同，将行政强制执行划分为两类，一是行政机关自行执行，二是行政机关申请人民法院强制执行。行政机关自行执行的行政强制是指作出具体行政行为的行政机关，依据法律授权，对拒不履行具体行政行为义务的行政相对人进行的强制执行。行政机关申请法院实施行政强制的，该机关本身没有行政强制执行权，必须申请人民法院强制执行。

除了《行政处罚法》依主体划分的种类之外，学理上还有其他的种类划分。以强制执行的手段是否直接强制性地实现义务的内容为标准，可把行政强制划分为间接强制执行和直接强制执行。间接强制执行是以代履行代替行政相对人自己履行，或以执行罚督促行政相对人履行义务；直接强制则是有关强制执行的主体采用强制性手段直接实现义务的内容。

代履行须满足以下条件：①代履行的义务只能是可由他人替代的义务，对他人不能替代的义务，如服兵役等，就不能采取代履行的方法；②代履行一般也只能适用于作为义务，对不作为的义务，如对责令停产停业，也不能采取代履行的方法进行强制；③代履行是由他人代为履行，这里的"他人"既包括行政机关，也包括第三人；④代履行应当向行政相对人征收必要的代履行费用。

执行罚，是指当行政相对人逾期拒不履行义务时，行政机关按拖延履行的期限，按日科以新的金钱给付义务，督促行政相对人及时履行义务。执行罚的目的在于以心理上的压力，促使行政相对人尽快履行义务。

2. 行政强制执行的方式。《行政强制法》第 12 条规定了行政强制执行的方式。具体如下：①加处罚款或者滞纳金。加处罚款或者滞纳金在学理上属于执行罚，是间接强制的执行方式。②划拨存款、汇款。划拨存款、汇款是直接强制执行方式。③拍卖或者依法处理查封、扣押的场所、设施或者财物。这是执行金钱给付义务采取的强制执行方式，属于直接强制。④排除妨碍、恢复原状。⑤代履行。代履行是当事人拒绝履行行政决定的义务时，由行政机关或者第三人代替当事人履行行政决定的义务，并向当事人收取履行费用的执行方式。⑥其他强制执行方式。这是关于执行方式的兜底规定，因为除了上述五类行政强制措施外，实践中还有一些执行方式，如《城乡规划法》规定的强制拆除，《金银管理条例》规定的强制收购等。

（四）行政强制执行的程序

行政强制执行的程序是指行政机关实施行政强制执行的时限、顺序和步骤。行政强制执行必须严格依照法定程序进行，行政强制执行的程序主要包括以下几方面的内容。由于行政强制执行的主体不同，行政强制执行的程序也分为两类。

1. 行政机关自行强制执行的程序。有法定授权的行政强制执行主体，可以自行实施行政强制执行。具体程序如下：

（1）作出行政强制执行决定。这是行政机关实施行政强制执行的根据，也是执行程序中的首要环节。当行政相对人逾期拒不履行其应当履行的义务时，有强制执行权的行政机关就可以依法作出行政强制执行决定，从而开始执行程序。

（2）告诫。告诫是行政机关的一种通知行为，即行政机关在实施行政强制前，再次要求行政相对人自动履行义务，如行政相对人仍不履行，将实施强制执行措施。告诫一般应以书面形式作出。《行政处罚法》的催告程序即是此例。需要注意的是，催告行为本身不是具体行政行为。

（3）执行决定的实施。执行的时间应当合理，除确有必要外，应给行政相对人一定时间，以便促使其尽可能自行履行；在执行时，应向行政相对人出示证明身份的证件和执行文书，并说明情况。如行政相对人在场时，应邀请有关人员如家属、单位工作人员等到场作执行证明人。执行完毕后，应制作执行笔录。需要协助执行的，执行机关可以请求有关单位予以协助。属于代履行的，还应当向行政相对人收取费用。

【拓展案例】

2. 申请人民法院强制执行的程序。根据我国现行法律、法规的规定，行政机关大多没有行政强制执行权，需要强制执行的，应向人民法院提出执行申请。具体步骤如下：

（1）提出申请。行政机关依法需要人民法院强制执行的，应依法向人民法院提出书面的执行申请，同时交付据以执行的依据，如行政处罚决定书等。

（2）审查。人民法院收到行政机关的强制执行申请及行政处

【课后练习与测试】

理决定和其他有关材料后，要从申请程序、事实和法律等几个方面进行审查。对执行申请合法、材料齐备的，则立案并及时执行。如认为有问题，可不予立案并退回行政机关。

（3）通知履行。对立案执行的，人民法院要向义务人发出执行通知书，指定履行期限，如义务人仍不履行，人民法院则将强制执行。

（4）执行。执行应由人民法院主持，可以请有关单位予以协助。执行完毕后，人民法院应将执行结果书面通知申请执行的行政机关。

第三节　行政征收

一、行政征收的概念

行政征收是行政主体根据国家和社会经济利益的需要，以强制方式无偿取得相对人财产所有权的一种具体行政行为。行政征收具有以下法律特征：

1. 征收主体及征收对象的特定性。行政征收的实施必须以相对人负有行政法上的缴纳义务为前提，而且只能由享有法定征收权的行政主体实施。

2. 行政征收具有强制性。实施行政征收的行政主体，实际上履行了国家赋予的征收权，这种权力具有强制他人服从的效力。实施征收行为，不需要征得行政相对人的同意，行政相对人必须服从，否则应承担相应的法律责任。

3. 行政征收具有无偿性。除了《宪法》第 13 条规定的土地征收与征用制度具有补偿性以外，其他的行政征收都是无偿的，比如税收。行政相对人的财产一经国家征收，其所有权就转移给国家，成为国家财产的一部分。

4. 行政征收法定。行政征收具有强制性与无偿性，这对行政相对人的权益始终都具有侵害性。行政征收法定旨在保护行政相对人的合法权益，避免滥用行政征收权。

二、行政征收的种类

我国的土地征收制度、房屋征收制度具有一定的补偿性，从广义上讲，可以归为有偿行政征收的类别。但是从狭义上讲，行政征收都是无偿的。本书从狭义的角度对行政征收的种类展开分析。常见的行政征收包含两类：税收和行政收费。

（一）税收

税收，亦称税，是国家税收机关凭借其行政权力，依法强制无偿取得财政收入的一种手段。国家通过税收征管，达到调节资源分配和收入分配的作用，从而协调各行各业的发展。按照税收支配权的不同，可分为中央税、地方税和中央与地方共享税。

税收亦遵守税收法定原则。只能由国家特定的行政机关负责征收，其中包括国家税务局、地方税务局、海关、财政部门等。税收必须遵守法律保留原则，由全国人大及其常委会立法确定征收的税种和税率。

（二）行政收费

行政收费是行政主体直接使用行政征收权向特定的行政相对人强制收取一定费用，并为其提供一定的公益服务，或授予国家资源和资金的使用权。行政收费也必须法定，不得擅自收费，自立名目。行政收费应当遵守"专款专用，列收列支，收支平衡"的原则。我国目前的行政收费数量庞大，常见的有车辆购置附加费、公路养路费、车辆通行费、排污费等。

【拓展案例】

三、行政征收与行政征用的区别

行政征用是国家取得财产使用权的行为。行政征收与征用区别如下：

1. 范围不同。行政征收的范围仅限于行政相对人的财产；行政征用的范围不仅包括行政相对人的财产，还包括劳务。

2. 对象不同。行政征收针对的是行政相对人财产的所有权，征收意味着财产所有权人从行政相对人变为国家；行政征用是对财产暂时性地使用，行政相对人财产的使用权发生转移。

第八章　其他行政行为

🔍 本章知识结构图

其他行政行为
- 其他行政行为的含义和分类
- 行政检查
  - 行政检查的概念及特征
  - 行政检查的分类
  - 行政检查的程序
- 行政指导
  - 行政指导的概念和特征
  - 行政指导的原则
  - 行政指导的作用
  - 行政指导的分类
  - 行政指导的程序
  - 行政指导的救济
- 行政协议
  - 行政协议的概念
  - 行政协议的订立和效力
  - 行政协议的履行
  - 行政协议的纠纷解决
- 行政裁决
  - 行政裁决的概念和特征
  - 行政裁决的作用和原则
  - 行政裁决的程序
  - 行政裁决的种类
- 行政调解
  - 行政调解的概念和特征
  - 行政调解的性质和原则
  - 行政调解的范围
  - 行政调解的程序

🔍 重点内容讲解

　　其他行政行为是指除行政处罚、行政许可、行政强制等典型行政行为类别之外的，由行政主体运用行政职权所实施的对外具有法律意义、产生法律效果的行政活动，具体分为行政检查、行政指导、行政协议、行政裁决、行政调解五种行为。本章重点在于：①理解其他行政行为的主体要素、职权要素、法律要素和外部要素；②掌握其他行政行为的主要类型；③掌握其他行政行为的程序规则；④掌握其他行政行为的效力。

第一节　其他行政行为的含义和分类

一、其他行政行为的含义

行政行为是行政法学的基础概念，是行政法学体系的逻辑起点，行政法学体系正是围绕行政行为这一基础概念构筑起来的。对于如何界定行政行为，世界各国的理论和实践各不相同，在我国学界也一直争议颇多。不过，近年来各种观点趋向一致。一般情况下，行政行为是指行政主体为实现国家行政管理目标而依法行使国家行政权，针对具体事项或者事实，对外部采取的能产生直接行政法律效果，使具体实施规则化的行为。[1] 由于现代公共事务的管理活动内容庞杂，范围广泛，行为方式纷繁复杂，因此应当对行政行为加以类型化，对一些主要的行政行为进行分类，如行政许可、行政处罚等。其他行政行为的概念在本质上承载了行政行为的主要特征，只是在行为特征上及生效步骤上与典型的行政行为有一定差别。

二、其他行政行为的分类

就其他种类的行政行为而言，主要有以下几种：①行政检查作为行政执法的重要手段，能够直接对公民的生产生活产生影响，但又与行政处罚行为有一定不同，尤其是在产生的后果方面。②行政司法行为是指行政机关作为第三人，依照相关法律规定，解决平等主体相互间的各种民事纠纷的行为。此时，行政机关处于中立地位，与争议双方的关系是三方关系，类似于司法程序，因而被称为行政司法行为。[2] 这些行为主要包括行政调解、行政裁决、行政复议、行政仲裁等。这些行为本质上仍是行政行为，都是行使行政职权的体现，只是在表现形式、具体程序上与

---

〔1〕 杨建顺：“关于行政行为理论与问题的研究”，载《行政法学研究》1995 年第 3 期。
〔2〕 杨建顺主编：《行政法总论》，北京大学出版社 2016 年版，第 176～177 页。

典型行为有所区别。③行政主体还可以根据已了解的信息，对行政相对人的生产生活提供一定的行政指导。④行政主体还可以根据公共事务管理的需求，作为一方主体，与他方签订行政协议。⑤为了化解社会矛盾纠纷，更好地管理社会公共事务，行政主体还可以开展行政调解活动。

按照上文对其他行政行为的定义，本章主要对行政检查、行政指导、行政协议、行政裁决及行政调解这五类行政行为进行介绍。

第二节　行政检查

一、行政检查的概念及特征

行政检查有时又称为行政调查，是指行政主体依照法定职权，对公民、法人或其他组织是否遵守法律、法规及规章等方面的情况进行了解的行为。这一定义具体包含如下几层意思：①从检查主体来看，执行行政检查的具体行为者只能是行政主体；②从检查对象来看，被检查人是公民、法人或其他组织；③从检查内容来看，包括是否遵守法律、法规和规章，是否执行行政决定、命令，以及行政规划、行政计划的执行情况等，并且会对被检查人的权益造成一定影响；④从检查程序来看，行政检查必须依法进行。[1]

在依法治国和法治政府建设的背景下，行政机关在作出任何决策或者决定前，都需要首先获取充分的信息、取得相当的证据。因此，行政调查是一种非常重要的行政活动，但是该行为的性质一直处在争议之中。其中，英美法系倾向于将行政检查视为行政机关获得信息的一种技术手段、措施，即一种辅助性行政行为；大陆法系国家倾向于将行政检查视为行政机关为其所决定的行政行为收集信息的一种程序活动，即一种程序性的行政行为。我国学界关于行政检查性质的研究成果颇多，但也没有达成统一意见。从本质说，行政调查是行政管理过程中一个不可或缺的环

---

〔1〕　胡锦光、莫于川：《行政法与行政诉讼法概论》，中国人民大学出版社 2017 年版，第 97 页。

节，它和行政许可、行政处罚、行政裁决、行政复议等行政活动联系紧密，但又不是完全依赖于哪一种行政活动，也不是与其他行政行为完全独立的一种行政行为。行政调查的具体性质应根据具体情形来确定，可以是调查手段，也可以是调查行为。根据不同的法律规范，行政调查也可以运用于内部行政法律关系中。[1]这一点在现有的法律规定中可以找到很多例子，例如，《知识产权海关保护条例》第 20 条规定，知识产权权利人请求海关扣留侵权嫌疑货物的，海关应当自扣留之日起 30 个工作日内对被扣留的侵权嫌疑货物是否侵犯知识产权进行调查、认定。此时的行政调查就是单独的行政调查行为，其结果可能会引发行政处分、行政处罚，也可能引起行政奖励、行政许可，也可能不引起任何其他行政活动。[2]

二、行政检查的分类

行政检查根据不同的标准进行分类，从目前学界比较认同的分类方法看，主要有以下几种：[3]

（一）一般行政检查和特定行政检查

这种分类是以行政检查的对象是否特定为标准。一般行政检查是针对不特定的相对方的检查，具有普查的特点，如工商管理机构工作人员对市场经营者有无营业执照的检查，这类一般检查大多是行政机关的日常监督行为。特定行政检查是对具体的相对方进行的行政检查，如统计机关要求特定企业报送统计资料，税务机关要求某企业向其报送记账信息等。

（二）事前行政检查、事中行政检查和事后行政检查

该种分类以实施行政检查的时期为划分标准。事前行政检查的特点是实施于相对方的专业行为完成之前，如事先登记、注册、申报情况等；事中行政检查是指对相对方正在实施的专业行为开展检查，如对行政协议的履行情况的检查；事后行政检查是对相对方已实施完的专业行为的检查。

---

〔1〕　杨建顺主编：《行政法总论》，北京大学出版社 2016 年版，第 207 页。
〔2〕　杨建顺：《日本行政法通论》，中国法制出版社 1998 年版，第 501～502 页。
〔3〕　罗豪才、湛中乐主编：《行政法学》，北京大学出版社 2006 年版，第 216～217 页。

（三）依职权行政检查和依授权行政检查

该种分类以行政检查与检查主体的职权关系为标准。依职权行政检查是行政主体依据自身的行政职责权限实施的检查，如税务检查、户籍检查等；依授权行政检查是指行政主体不是依据自身管理权限，而是依据法律、法规授予的行政检查权所实施的检查，如渔政部门根据《海洋环境保护法》的规定，取得了对渔港船舶排污进行检查的权力。

（四）专门行政检查和业务行政检查

该种分类以行政检查机构的任务为划分标准。专门行政检查是指由专门从事行政检查、本身并无其他管理任务的行政机关实施的行政检查，如审计署等；业务行政检查是指担负管理与监督双重任务的行政机关所进行的行政检查，如工商、物价、卫生等，此时的管理与检查完全紧密地结合在一起。

三、行政检查的程序

目前，我国尚未制定行政程序法典，因而至今没有关于行政检查程序的系统规定，相关规定大体只是散见于单行法律、法规中。但是，行政检查作为行政行为的一种，也应当符合普适性的程序规定。因此，一般来说，行政检查应当符合如下一般性程序规则：[1]

（一）表明身份

行政工作人员在实施行政检查时，应向被调查人表明身份、说明理由等。对不表明身份的人员的检查、调查要求，被调查人有权予以拒绝。

（二）公开检查

除例外规定外，对有关实物、场所实施检查时，应通知被检查人和利害相关人到场，进行公开检查。

（三）时机适当

行政检查必须按照法定时间或正常时间及时开展，不得拖延而超过正常检查所需时间，应坚决杜绝变相拘禁或扣押，否则应当承担相应法律责任。

---

〔1〕 罗豪才、湛中乐主编：《行政法学》，北京大学出版社 2006 年版，第 220～221 页。

（四）职权法定

对涉及公民基本权利的某些特别检查，必须有法律的明确授权，应当符合法定的特别要件和方式。

（五）说明理由

在作出不利于相对方的检查结论前要允许被检查人陈述和申辩，并且说明作出该检查结论的理由。

（六）告知权利

行政主体在作出不利于相对方的检查结论后，应当告知被检查人相应的救济手段。

第三节　行政指导

一、行政指导的概念和特征

行政指导是行政机关基于国家的法律、政策的规定而作出的，旨在引导行政相对人自愿采取一定作为或者不作为，以实现行政管理目的的一种非职权的行为。行政指导具有以下四个特征：[1]

1. 行政性。行政指导是行政主体的社会管理行为。只有具有行政主体资格的行政机关和法律法规授权组织才能实施行政指导行为。

2. 多样性。行政指导适用的范围非常广泛，其方法多种多样。行政机关可以根据法定职责和管辖事务的范围灵活采取指导、劝告、建议、示范、告诫等方式，对社会经济生活作出及时灵活的反应。

3. 自愿性。行政指导是一种柔性的、不具有法律强制力的行为，以非强制性的方式进行，并辅以利益诱导机制，向特定行政相对方施加作用和影响，以促使其为一定作为或不作为，从而达到一定的行政目的。但是，至于相对方是否接受行政指导，全凭其自行决定。

4. 积极性。行政指导属于"积极行政"的范畴。相比之下，

---

〔1〕　罗豪才、湛中乐主编：《行政法学》，北京大学出版社 2006 年版，第 287 页。

传统行政主要是"消极行政"。但在现代社会，由于经济生活日趋复杂化和多样化，政府为了平衡各方利益，兼顾公平与效率，应当从社会发展和促进人类福祉目的出发，实施积极行动，包括采取行政指导方式，以弥补强制手段的不足。

二、行政指导的原则

作为行政活动的一种类型，行政指导的实施需要遵循一定的原则。这一基本原则必须能确保行政指导的实施不偏离法定目的，根据行政法学理论及现有的制定法规定，行政指导的基本原则可分为以下几个：[1]

（一）正当性原则

正当性原则要求行政指导必须最大限度地保障行政相对人对行政指导的可接受性。行政相对人对带有选择性特征的行政指导，可以将自己利益在限定的范围内实现最大化，如果行政相对人认为行政指导不具有正当性且对其产生不利后果，可能行政指导就无法发挥真正的作用。因此，正当性原则是行政指导的前提条件。

（二）自愿性原则

自愿性原则是指行政指导应为行政相对人自愿接受。行政指导不是一种行政机关依行政职权实施的，并且可以产生相应法律效果的行政行为，原则上不对行政相对人具有法律约束力。自愿性意味着行政相对人接不接受行政指导全凭自己决定，不受他人意志支配，这就意味着行政相对人对是否接受行政指导具有选择权；自愿性还意味着，行政相对人对接受行政指导后产生的不利后果，只能自己承担，但这并不意味着行政机关可以不顾法律和事实，随意给出行政指导。

（三）必要性原则

如果行政机关采取行政指导比实施强制性行政行为可能产生更好的效果，那么行政机关应当优先选择行政指导。如果行政机关通过实施非传统型行政行为就可以达到维持正常社会秩序的效果，那么行政机关可以选择低成本的行政指导来实现这一行政

---

[1] 姜明安主编：《行政法与行政诉讼法》，北京大学出版社 2011 年版，第 310~311 页。

目的。

三、行政指导的作用

在当代市场经济条件下，行政指导广泛运用于经济、科技和社会管理等各个领域，其发挥的作用显而易见。从世界各国的实践效果来看，行政指导符合现代民主、法治的要求，在当代公共事务管理中起着非常重要的作用：[1]

（一）补充和替代作用

由于经济与社会生活发展等原因，难免会出现立法落后、空白的现象，灵活采取行政指导措施加以调整，补充单纯法律手段的不足，是社会经济发展的客观要求。此外，实践中，采取行政强制手段可能存在不及时、成本高、效果差、问题多等情况，采取行政指导可以有效弥补这些不足，有助于行政目标的顺利达成。

（二）辅导和促进作用

通常来说，行政机关在掌握知识和信息上具有很大的优势，因此对有效指引社会经济与科技的健康发展至关重要。在市场经济条件下，行政机关应当遵循市场运行的基本规则，不能总是随意发号施令，而应采取柔和的指导方式加以引导和影响行政相对人的行为，同时保护社会公益，最终促进经济社会的健康发展。

（三）协商和疏通作用

行政指导是一种非常灵活的手段，能够很好地解决当前多元主体之间发生的矛盾冲突。行政指导的非强制性和自主性能够使其在缓解和平衡各种利益之间的矛盾和冲突过程中，起到一种特殊而有效的协调作用。

（四）预防和抑制作用

在损害社会公益的行为作出之前，行政指导这种积极方式对相关行为进行调整，能够起到防患于未然的作用，对于刚刚萌芽的损害行为可以起到一定的抑制作用，这与其他行政行为发生作用的方式有明显区别。

---

〔1〕　莫于川：《行政指导与建设服务型政府——中国的行政指导理论发展与实践探索》，中国人民大学出版社 2015 年版，第 43 ~ 44 页。

四、行政指导的分类

关于行政指导的类型，我国行政法学者莫于川教授对学界的主要观点进行了归类、评析和总结，主要情况如下：

（一）功能角度三分说

莫于川教授认为，对于行政指导行为，学界主要从行政指导具有何种功能的角度进行划分，大多数学者将其归为三类：

1. 规制性或抑制性的行政指导。主要是指行政机关为了维护和增进公益，预防危害行为的发生，对违法行为加以规制和约束的行政指导，如对物价暴涨给出的提醒、告诫等行为。

2. 调整性或调停性的行政指导。主要针对行政相对人之间发生利害关系时，行政机关出面进行调停的情况。此时的行政指导出于对社会秩序稳定的考量，往往寻求在权限范围内对争议的解决。

3. 助成型或辅助性。主要指以帮助和促进相对人自身利益或事业发展为目的，为其指明方向，提出建议的行政指导，即为了促使相对人的行为合理化而给予的行政指导，如政府提供的农业经营指导、就业指导、投资指导、价格指导等。

（二）功能角度二分说

与三分说相同，二分说的区分角度也是以功能分析为标准，即将行政指导分为助成性指导和规制性指导。在此基础上，将助成性指导分为信息服务性指导和技术帮助性指导；将规制性指导根据有无具体法律依据，分别分为直接规定型指导、前置程序型指导、协调解纷型指导及积极能动型指导。

（三）功能角度四分说

在研究国内外行政指导理论和实践的基础上，莫于川教授认为，四分说的区分方式最为合理。四分说倾向于从行政指导具有何种功能的角度，将其划分为如下四种类型：①规制性或抑制性行政指导；②调整性或调停性行政指导；③促进性或辅助性行政指导；④动员性或参与性行政指导。莫于川教授认为，四分说的主要目的，在于通过增加协作型行政指导的行为类型，促进改善官民关系、提高行政效率目标的顺利达成，具有非常明显的实践价值。

除上述几种主要分类学说外，学界还有依据角度划分说（从行政指导有无具体的法律依据这一角度来划分）及救济角度划分说（从行政指导的救济途径这一角度来划分）。

五、行政指导的程序

纵观世界各国的行政指导实践情况，行政指导程序并不同于其他典型行政行为程序，其法定化程度不高，我国也没有专门的相关规定。但通过对各国实践情况的了解，可以从中找寻出一些普遍的做法：[1]

1. 行政指导的启动方式。根据实践情况，行政指导的启动方式大致可以分为依职权和依申请两种，前者是最主要的方式，这也正是行政指导的一个显著特点。

2. 行政主体应当事前调查了解实践情况，确定是否有进行行政指导的必要。

3. 行政主体在开展行政指导活动时，应当向有关专家和业务部门进行咨询和论证，确定行政指导的适当方式及相关措施。

4. 行政主体与行政相对人进行商谈、协商或其他方式的交流，来取得最大程度的谅解和配合。

5. 行政指导的时机。在开展行政指导之前，应当确定不同实践情况应当采取行政指导的时机。

6. 告知行政相对人有关行政指导的实质内容，包括行政指导的目的、内容、负责人，并且说明理由。

7. 向行政相对人提供与行政指导有关的文件、资料、数据等材料，供其参考。

8. 听取行政相对人和利害关系人的意见，对于重要事项，还可举办听证会、论证会等。

六、行政指导的救济

行政指导的救济，是指当受指导方认为行政指导过程中，因指导方的责任造成其合法权益受到损害，或者听从行政指导后，

---

〔1〕 莫于川：《行政指导与建设服务型政府——中国的行政指导理论发展与实践探索》，中国人民大学出版社2015年版，第176~177页。

致使其合法权益牺牲太大时，通过法定渠道就该行政指导及其后果进行诉请，以求及时得到有效裁断和救济。

我国现有法律框架下，行政指导救济的法定渠道主要有行政复议和行政诉讼两种。[1] 其中，行政复议是指相对人认为行政机关的行为侵犯其合法权益，依法请求上一级或法定复议机关重新审查该行为是否合法、适当，并作出决定的活动。该制度是针对行政行为可能的违法和不当，导致行政相对人的权益受损而设立的法定救济制度。按照这一制度的规定，只要有利益损害时，行政相对人即可向法定机关提出行政复议申请，其中包括因行政指导造成的损害。此外，行政诉讼作为保护行政相对人的合法权益不受行政行为侵害的最后一道防线，也被认为是行政指导的重要救济途径。但是，由于行政指导行为的特殊性和复杂性，对能否将其纳入行政诉讼的范畴仍存在争议。但如果从保护相对人合法权益的角度出发，凡是因行政机关的违法失职行为造成行政相对人权益受损的，行政相对人均可以提出行政诉讼。这有助于防止行政机关违法行政，又可对行政相对人因行政指导造成的损害提供救济。这是现代法治主义的要求，也是体现行政诉讼制度价值的重要举措。

【课后练习与测试】

第四节　行政协议

一、行政协议的概念

行政协议是指行政机关为实现公共利益或者行政管理目标，依据法定权限，与其他民事权利义务主体协商订立的具有行政法上权利义务内容的协议。行政机关设立、变更和终止其他民事权利义务主体的权利义务，不仅可以通过行政机关的单方命令，还可以通过双方协商一致来进行。行政机关利用行政协议履行行政职能，一般情况下，行政协议有一些普通民事合同不具备的

---

〔1〕　莫于川：《行政指导要论：以行政指导法治化为中心》，人民法院出版社 2002 年版，第 171～175 页。

特征：[1]

1. 行政机关是行政协议的当事人。行政机关是行政协议不可缺少的当事人，民事权利义务主体之间缔结的合同一般不属于行政协议。

2. 行政协议需对行政公益和经济补偿进行平衡。行政协议的自由范围受到法律的限制，违反法律的限制规定将承担法律责任。行政机关经与对方当事人协商一致后，可以享有为维护公共利益和公共安全所必需的行政公益，并且以向对方承担经济补偿义务作为平衡手段。

3. 行政协议更多地体现的是公法责任。行政协议涉及国家公共利益和公共安全，协议当事人不仅能够享受利益，同时还要承担专门的公法责任。这种责任不仅有一般的违约责任，而且要根据法律规定承担必要的行政责任。

二、行政协议的订立和效力

（一）行政协议的订立

行政协议的订立包含缔约能力、形式、内容、方式等内容：①缔约能力，是指协议当事人缔结行政协议应当具备相应的权利能力和行为能力。享有缔约权利能力和行为能力的行政机关，可以委托代理人订立行政协议，委托代理人应当依照法律规定的条件进行委托。②行政协议应当具有一定的形式特征，因此基本排除了自由约定的情况，原则上应当采用书面形式。③行政协议的内容应当由当事人约定。在协议订立过程中，行政当事人不得超越其权限并应符合法律授权规定，对方当事人对此应当特别注意。④行政协议的订立需遵守要约和承诺规则，原则上应当依法采用招标或者其他竞争方式，并且应当符合法定条件。

（二）行政协议的效力

行政协议的效力主要分为对行政机关的约束力和对行政相对人的约束力。就行政机关而言，虽然我国法律没有明文规定行政协议的效力，但行政机关签订协议的目的就是试图用有拘束力的协议，实现"官民"合作。因此，行政协议对于行政当事人的约

---

[1]　北京万国学校组编：《行政法与行政诉讼法》，中国法制出版社2017年版，第122页。

束力，应该是不言自明的。还应当注意的是，行政协议的约束力不是绝对的，首先行政协议应当是合法有效的，其次在行政协议缔结之后，如果产生了重大情势变更，按照协议条款的字面意思履行将对一方当事人造成显失公平的后果时，双方当事人有权终止或退出协议，但是情势变更的适用需要慎重，否则会影响行政机关的公信力。

就行政相对人而言，行政协议本质上是一种契约，同民事合同一样具有对等性。行政协议是对公共利益和资源的优化配置，这种配置不可避免地会影响行政相对人的利益，强调行政协议对行政相对人具有约束力实际是对其合法权益的一种法律保护。因此，行政相对人应当受到生效行政协议的约束。

三、行政协议的履行

行政协议自成立和生效后，即对当事人产生法律约束力。行政机关可以依照法律或行政协议的规定，对另一方当事人履行行政协议的情况提供指导和监督。可以要求对方提供相应的实际履行说明，行政机关随后在此基础上提出完善和改进建议。行政协议应当规定关于行政机关监督和指导的条款，其中包括监督和指导的范围、方式、时间、费用等必要事项。如果因行政机关的违法监督造成对方损失的，行政机关应当承担相应的赔偿责任。

此外，在一定情况下，行政协议可以变更或终止，这种情况主要是行政协议的继续履行会给公共利益造成重大损害时，行政机关可以向对方提出变更或终止行政协议并向对方提出书面情况说明。该说明应当包括变更或终止行政协议的法律依据、事实依据、行政理由、补偿方式和数额以及其他相关事项。对方对说明内容不接受的，可以要求进行协商。在协议终止后，行政机关应向对方提供经济补偿。[1]

四、行政协议的纠纷解决

在履行行政协议的过程中，会产生各种各样的纠纷。这些纠纷得不到解决的话，行政协议将成虚设。根据有关研究和实践情

---

〔1〕 北京万国学校组编：《行政法与行政诉讼法》，中国法制出版社 2017 年版，第 122～123 页。

况，在我国现有具体国情的背景下，事前的责任条款机制和事后的行政解决机制或可成为最主要的行政协议解决机制，而司法解决机制和仲裁解决机制的实施在现实中面临较大的阻力，但随着司法体制改革的推进，司法解决机制的运行状况有望得到改善。[1]

第一，就责任条款解决机制来说，这种预防手段是解决争议最为有效和最节省时间和金钱的。行政协议的缔结、效力和履行等制度安排，目的是避免或减少行政协议纠纷，从而使行政协议内容得以真正实现。在这些制度中，责任条款的预先设置是最为巧妙和最为直接的事前预防措施。面对法律规定的空白及实践中的种种困境，应当寻求一种合理设置违约责任条款的方案。为使违约责任具有实现的可能性，违约条款应当具备以下特征：①应当是违约责任。这种责任的性质是指缔约者不履行该行政协议义务或履行不合规定时所承担的法律后果。②应当是约定责任。违约责任是缔约者通过行政协议条款来约定的，不是由法律强制规定。③主要是补偿责任。这种责任是补偿性的，目的在于弥补因一方违约行为造成的损害后果，因而损害赔偿应当是违约责任的主要形式。它应当用于补偿受害一方的损害，而不能将其变成一种惩罚。④应当是强制责任。约定的违约责任应当具有强制性，这种强制性主要来源于约定义务的拘束力。对于行政协议而言，行政约定具有原生的约束力，经由约定行为的合法性上升为法律约束力，缔约双方作为协议义务人，受此约束，应当承担约定义务。

第二，就行政解决机制来说，行政机关积极、自愿地解决纠纷非常重要。在实践中，即使行政协议的责任条款设定得非常完善，或者其他保障措施做得非常好，行政协议违约的情况依然层出不穷，缔约双方争端在所难免。对于行政争议的解决，实践中并无成熟的机制可以适用，也没有相应的法律配套机制。在借鉴国外经验及结合我国实践情况的基础上，通过行政程序解决行政协议纠纷是较为有效的方式，主要包括以下几种类型：[2] ①上级

---

〔1〕　叶必丰等：《行政协议：区域政府间合作机制研究》，法律出版社 2010 年版，第 231～234 页。

〔2〕　叶必丰等：《行政协议：区域政府间合作机制研究》，法律出版社 2010 年版，第 239～243 页。

行政机关解决模式。当各缔约者因履行行政协议而产生纠纷时，行政机关的上级行政机关可以进行裁决。从我国现有的行政实践来看，这是一种比较常见的处理方式。②缔约双方自行解决模式。因履行行政协议产生纠纷时，由缔约双方自行协调解决。③条款约定模式。通过行政协议条款预先约定行政协议纠纷的行政解决程序。

【课后练习与测试】

此外，还有行政诉讼和仲裁也是解决行政协议纠纷的两种方式，并且随着行政法治化的发展，行政诉讼作为行政协议纠纷的解决方式，将会发挥越来越重要的作用。

第五节　行政裁决

一、行政裁决的概念和特征

行政裁决是行政机关处理行政事务的一种重要方式，所谓行政裁决，指的是行政机关依照法律规定或授权，对平等主体之间发生的，与行政管理活动密切相关的民事争议进行审查，并作出裁决的行政行为。根据这一定义，可以归纳出行政裁决具有如下特征：[1]

1. 行政裁决是一种行政司法行为。所谓行政司法行为，是指行政机关作为争议双方或者特定的民事争议双方之外的第三者，按照准司法程序审理特定案件，处理特定争议的活动。在我国，行政司法活动包括行政复议、行政裁决、行政诉讼等。所以，行政裁决从本质上看是一种行政司法活动。

2. 行政裁决的主体是法定的行政机关。行政裁决的主体具有限定性，首先，裁决主体必须是对与民事纠纷有关的行政事务具有管理权的行政机关；其次，裁决主体还应当具有法定权限，即法律明确规定其有解决此类民事纠纷的行政裁决权。

3. 行政裁决的对象是特定的民事纠纷。并非任何平等主体之间发生的民事纠纷均可以提请行政机关裁决，行政机关只负责处理法律规定的与行政事务有关的民事纠纷。虽然民事纠纷一般情

---

〔1〕　罗豪才、湛中乐主编：《行政法学》，北京大学出版社 2006 年版，第 260～263 页。

况下会诉至法院，但在特定情形下，由于行政管理的需要，法律规定某些类型的民事纠纷可以或者必须由行政机关预先裁决。

4. 行政裁决的结果具有法律权威性。法律规定行政机关对特定民事纠纷具有裁决权，从本质上是将其纳入到国家权力的范围内，行政裁决具有行使行政权的特征，带有明显的强制性。无论民事纠纷当事人是否同意，都不影响行政裁决结果的作出，也不影响其生效。

5. 行政裁决的效力没有终局性。一般情况下，除法律明确规定外，行政裁决不能产生终局效力，民事纠纷当事人如果不服从行政裁决的结果，可以对行政裁决提起行政诉讼，这与司法判决的最终权威性具有明显不同。

二、行政裁决的作用和原则

（一）行政裁决的作用

行政裁决制度在世界范围内普遍存在成为一种事实。从实践需要来看，行政裁决制度的确立是经济社会发展的需要，也是国家职能的优化和提升。如上文所述，行政裁决与行政诉讼虽然均是化解矛盾纠纷的方式，但是由于行政裁决不具有最终效力，民事纠纷当事人可以在行政裁决之后诉请法院作出最终决定，因此行政裁决与行政诉讼之间并不冲突。作为一种前置型的纠纷解决方式，行政裁决对行政诉讼起到了补充、调解的作用。具体来说，行政裁决的作用主要表现为以下几个方面：[1]

1. 行政裁决具有及时性。行政裁决的民事纠纷均与行政管理事务有关，大多涉及医疗事故、工伤赔偿、土地争议等专业且复杂的事务。行政裁决程序简便、收费低廉、专业化程度高等优势为行政机关及时有效地处理民事纠纷提供了坚实保障。

2. 行政裁决的便民性。由于行政裁决费用低廉、程序简便等特点，避免民事纠纷当事人为解决问题而多次奔波，促使民事纠纷当事人积极寻求行政机关的帮助，这不仅有利于行政管理活动的顺利开展，还有利于提升行政公信力。

3. 行政裁决的补充性。行政裁决制度的目的是化解民事纠

---

〔1〕 罗豪才、湛中乐主编：《行政法学》，北京大学出版社2006年版，第263页。

纷，这就在一定程度上将许多本将进入诉讼程序的纠纷化解在法院大门之外。很多纠纷在行政裁决下得到解决，民事纠纷就不必再起诉至法院，这在很大程度上是对诉讼的一种补充，减轻了法院的案件负担。

（二）行政裁决的原则

作为一种特殊的行政活动，行政裁决应当遵循一定的原则：[1]

1. 客观且准确。行政裁决是行政机关行使法定权力的一种类型，作为一种行政司法行为，行政机关需要平息争议、化解纠纷，这就需要行政机关客观地查明事实，依赖多种手段，准确地认定与案件有关的证据、事实。

2. 简便且迅速。行政裁决与诉讼相比，明显优势在于其能够依赖简便的程序，就能化解矛盾纠纷。因此，行政机关在行使行政裁决权时，一定要在程序上考虑行政效率及行政效果，在客观、公正、真实的前提下，尽可能地采取简单、迅速的行政裁决程序。

3. 公正且平等。作为裁决者，行政机关在民事纠纷中处在第三人的地位，其必须严格按照法律规定，遵循公平、公正的原则，为双方当事人提供平等的答辩和陈述机会，确保双方当事人在程序和事实上的平等。

三、行政裁决的程序

行政裁决程序是确保行政裁决活动顺利开展的步骤、顺序、方式等规则。与其他西方国家相比，我国大部分行政裁决事项还没有与之配套的程序规定，行政裁决程序大多依赖行政机关的自由裁量，非规范化现象非常突出。虽然没有统一的行政裁决程序，但是在某些专门领域，如行政许可使用收费、土地权属争议等领域，确实存在一些低层级的专属行政裁决程序规则。通过对国外行政裁决程序和我国行政裁决活动现实需要的观察，行政裁决的程序应当包括如下几个方面：[2]

---

〔1〕 姜明安主编：《行政法与行政诉讼法》，北京大学出版社 2011 年版，第 257 页。
〔2〕 王小红：《行政裁决制度研究》，知识产权出版社 2011 年版，第 79～88 页。

（一）申请和受理

民事纠纷当事人申请行政裁决的，一般应在法定期限内提交书面申请或有关证据，行政裁决机关对该申请进行审查，对不符合条件的申请，通知申请人不予受理并说明理由。对于法定期限这一问题，可以参照一般性的行政行为。

（二）审理和裁决

行政裁决申请受理后，行政机关即可进入具体的审理程序。其中，涉及的程序问题有回避、证据和听证等，在对上述问题进行解决的基础上，对双方进行交叉询问、查明事实。在审理的基础上，进入行政裁决的结案阶段。在裁决阶段，裁决人可以对双方当事人展开调解，对于调解不成的，应当及时作出裁决。行政裁决必须在规定期限内作出，并且应在法定时间内送达双方当事人。

（三）执行和效力

行政裁决是一种职务行为，具有法律效力，民事纠纷当事人应当服从并履行生效的行政裁决。生效的行政裁决包括法律规定的终局裁决及当事人未在规定期限内向法院提起诉讼两种情况，如果当事人不自行履行行政裁决规定的义务，行政机关可以强制或者申请法院强制其履行。

四、行政裁决的种类

实践中，行政裁决的种类多种多样，为了方便行政裁决的具体适用，有必要对其加以类型化。依据不同标准，可以对行政裁决作出不同分类。[1]

1. 从行政裁决的标的进行区分，可以分为权属性纠纷裁决及赔偿性纠纷裁决。就权属性纠纷裁决而言，指的是民事纠纷当事人就私有财产的使用权或所有权归属发生争议，交由行政机关作出裁决的情况。这类纠纷多涉及土地、水面、宅基地等权属纠纷。就赔偿性纠纷裁决而言，指的是行政机关依据法律规定，对平等主体之间与行政管理职能相关的纠纷和争议所引发的损害赔

---

〔1〕　贺荣：《行政执法与行政审判实务：行政裁决与行政不作为》，人民法院出版社 2005 年版，第 5~6 页。

偿，进行裁决的情况。这类纠纷多涉及社会治安、食品安全、交通管理等领域。

【课后练习与测试】

2. 从行政裁决主体上进行分区，可分为一般行政机关裁决与专业行政机关裁决。就一般行政机关裁决而言，指的是法律规定普通行政机关应当就某些民事纠纷进行裁决的情况。就专业行政机关裁决而言，指的是法律规定行政系统内设的专门机构对特定的民事纠纷依法进行行政裁决的情况。

第六节　行政调解

一、行政调解的概念和特征

行政调解是行政机关管理公共事务的重要手段，也是建设服务政府的重要举措，在化解社会矛盾纠纷方面发挥着积极作用。从本质上看，行政调解是在行政机关的主持下，通过协商的方式化解矛盾纠纷的机制。行政调解应当在自愿、合法的前提下，以相关法律法规及政策为根据，通过说服教育的方式，促使争议各方平等协商，最终化解矛盾纠纷。[1] 根据行政调解的概念，大致可以归纳出如下特征：

1. 行政调解的主体是行政机关。行政调解与行政裁决相似，均需要行政机关作为第三人，公平地对待双方或多方纠纷当事人或利害相关人，在查清事实、询问各方意见的基础上，给出合理的解决方案。

2. 行政调解应当遵循一定原则和依据。作为主持人，行政机关若想行政调解产生实际效果，得到被调解人的信服，就必须在实事求是的基础上，准确引用法律规定。此外，行政调解虽然是行政活动的一种，但并非属于必须履行的行政职责，如果当事人不同意行政调解，行政机关应当遵循自愿原则，不再开展调解活动。

3. 行政调解的方式不具有强制性。虽然行政调解与行政裁决一样，都是由行政机关来主持纠纷解决活动。但是，二者有一个

---

〔1〕　王伟民：《行政调解概论》，安徽人民出版社 2016 年版，第 4 页。

最明显的区别，即行政裁决具有法律约束力，行政裁决生效后，争议当事人必须执行裁决。与行政裁决相反，行政调解虽然与行政裁决的大致程序相似，但行政调解本身不具有拘束力，纠纷当事人可以不履行行政调解确定的事项，并且不用承担任何不利后果。

4. 行政调解的最终目的是化解纠纷。行政调解是一种柔性的解决矛盾纠纷的方式，因此，不论行政调解本身是否具有法律效力，行政调解制度的唯一目的是化解矛盾纠纷。并且，由于行政调解带有强烈的劝导、教育色彩，一旦争议当事人接受行政机关提出的解决方案，那么争议很可能会得到最终解决，而不需要进入行政复议、行政裁决及司法渠道。这极大地方便了争议当事人，也有利于维护社会秩序的稳定。

二、行政调解的性质和原则

根据行政调解的定义和特征可以发现，行政调解相比其他行政活动，具有特殊性。具体来说，行政调解具有以下特性：①合法性。行政调解活动的开展需要依照有关法律法规的规定，应当符合行政法的基本原则和程序，调解方式和调解内容不能突破法律底线。②自愿性。虽然行政调解是行政机关行使行政职权的表现，但行政调解的开展必须要经过被调解人的同意，如果有被调解人不同意采用行政调解的方式化解纠纷，那么行政调解在此种情况下将无任何意义。③便捷性。根据现有制度设计，行政调解当然地具有高效、便捷的特点，并且行政调解不收取任何费用以及启动迅速，方式较为灵活，行政机关可以主动或依申请开始行政调解活动，适用范围非常广泛。④任意性。纠纷当事人如果不服行政调解结果，可以另行提起诉讼，但是不能以行政调解结果为请求对象，原因在于行政调解的效力具有任意性，对争议当事人没有拘束力。

从依法行政的角度来看，任何行政行为都要遵守行政法的基本原则，行政调解也不例外。行政调解不得违背法治精神，同时不能违背信赖保护原则。经过对理论和实践的总结和提炼，行政调解活动应当遵循以下原则:[1] ①合理合法原则。所有行政行为都得遵循依法行政的原则,行政调解也不例外,行政调解应当充分运用有关法律法规,依法调解。②自愿原则。行政调解必须要经过纠纷当事人的同意,方能进行调解。行政机关应当站在中立的立场上,寻求中肯的解决办法,只有这样,才能使越来越多的纠纷当事人自愿寻求行政调解这一解决方法。③中立原则。行政机关进行行政调解工作需要坚持中立,不偏不倚,在此前提下,保证纠纷当事人平等协商,要兼顾纠纷当事人各方的合法权益。④高效原则。行政调解适用范围非常广泛,近几年来,社会矛盾激增,及时化解纠纷,对于维护社会稳定具有非常重要的作用。⑤听取意见原则。行政调解主持人应当听取纠纷当事人的意见和陈述,在查明事实的基础上,依据现有法律规定,给出可行、合理的调解方案。在这一过程中,听取纠纷当事人的意见非常重要。

三、行政调解的范围

由于行政调解适用范围非常广泛,所以现实中行政调解的种类也非常广泛。具体来说,根据行政调解主持者的不同,行政调解大致可以分为两种:[2]

1. 政府机关主持的行政调解。现行法律规定,基层人民政府和其他行政机关都可以对民事纠纷、行政纠纷及其他纠纷进行调解。例如,我国《水法》第57条第1款规定:"单位之间、个人之间、单位与个人之间发生的水事纠纷,应当协商解决;当事人不愿协商或者协商不成的,可以申请县级以上地方人民政府或者其授权的部门调解,也可以直接向人民法院提起民事诉讼。县级以上地方人民政府或者其授权的部门调解不成的,当事人可以向人民法院提起民事诉讼。"此外,还有基层的政府部门也是重要的行政调解部门。例如,《民间纠纷处理办法》第2条规定:"司法助理员是基层人民政府的司法行政工作人员,具体负责处理民

---

〔1〕 邓刚宏:《行政调解制度研究——基于上海以及长三角地区部分城市立法例的考察》,中国政法大学出版社2017年版,第108~111页。

〔2〕 王伟民:《行政调解概论》,安徽人民出版社2016年版,第15~17页。

间纠纷的工作。"此外，还有专门的行政机关负责劳动行政调解、工商行政调解、公安行政调解等。这些政府机关通过非强制性手段，化解大量纠纷，对社会安定发挥了重要作用。

2. 法律法规授权组织主持的行政调解。在我国，法律法规授权组织具有管理公共事务的职能，常见的法律法规授权组织有法律法规授权的行政机关内部机构、派出机构及临时机构。这类机构调解的范围比较常见的是针对版权权属纠纷的调解。还有一类可以开展行政调解活动的法律法规授权组织为企事业单位、社会组织、团体等其他社会公共组织。这类组织经常涉及对消费、证券领域纠纷的调解。

四、行政调解的程序

我国虽然设立了行政调解制度，但是缺乏调解程序的统一规定。程序是公正、合理且及时解决纠纷的有力保证，如果行政调解缺乏最基本的程序保障，那么行政调解的效果就得不到保障。本书认为，行政调解程序规则的设定可以参考一般行政行为的程序规定。具体而言，行政调解的程序规定应当包含如下几个方面：[1]

1. 行政调解的纠纷当事人既可以向行政调解机关提出口头申请，还可以提出书面申请。与此同时，开展行政调解活动的行政机关可以依职权提出，只是需要征得各方纠纷当事人的同意。此外，行政机关如果在日常事务管理发现争议纠纷时，应当主动告知争议双方可以申请行政调解解决纠纷。

2. 行政机关在收到行政调解申请之后，应当及时决定并告知纠纷当事人是否受理。两个以上行政机关同时收到行政调解申请的，由具有相关管理职能的行政机关受理；涉及多个部门的矛盾纠纷，由政府法制机构指定的部门牵头调解。

3. 行政机关在受理行政调解之后，应当及时告知当事人依法享有的权利、遵循的程序及相关事项。调解过程中，行政调解主体应当认真听取纠纷当事人的陈述、申辩和质证，分析各方的争论点，依法、依情对当事人进行说服，劝导争议各方达成谅解。

---

〔1〕　王伟民：《行政调解概论》，安徽人民出版社 2016 年版，第 30～31 页。

【课后练习与测试】

对于重大复杂的案件，行政调解机关可以采取听证、现场调查等方式调查取证。行政调解达成协议的，应当签订调解协议书。行政调解协议经纠纷当事人签字盖章后，当事人应当自觉履行。行政调解机关还可以对以往案件进行回访，听取纠纷当事人的合理的意见和建议，以便更好地发挥行政调解的职能。

第九章　行政应急

本章知识结构图

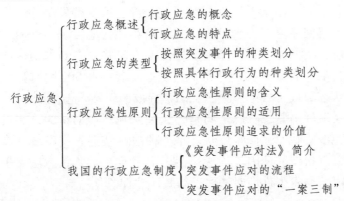

行政应急　┃　行政应急概述　{　行政应急的概念
　　　　　　　　　　　　　　　行政应急的特点
　　　　　　　行政应急的类型　{　按照突发事件的种类划分
　　　　　　　　　　　　　　　　按照具体行政行为的种类划分
　　　　　　　行政应急性原则　{　行政应急性原则的含义
　　　　　　　　　　　　　　　　行政应急性原则的适用
　　　　　　　　　　　　　　　　行政应急性原则追求的价值
　　　　　　　我国的行政应急制度　{　《突发事件应对法》简介
　　　　　　　　　　　　　　　　　　突发事件应对的流程
　　　　　　　　　　　　　　　　　　突发事件应对的"一案三制"

重点内容讲解

行政应急指国家行政机关行使应急职权，以控制和消除突发事件的制度。按照突发事件的种类划分，行政应急可分为自然灾害行政应急、事故灾难行政应急、公共卫生行政应急、社会安全行政应急。本章重点在于：①理解行政应急的概念，掌握行政应急权与行政紧急权的区别；②理解行政应急性原则；③了解突发事件应对的流程。

第一节　行政应急概述

为了预防和减少突发事件的发生，控制、减轻和消除突发事件引起的严重社会危害，规范突发事件应对活动，保护人民生命财产安全，维护国家安全、公共安全、环境安全和社会秩序，2007 年 8 月 30 日第十届全国人民代表大会常务委员会第二十九次会议通过了《突发事件应对法》。该法及其相关的行政应急预案体系主要规范了行政应急状态，对行政应急制度作出了规定。

一、行政应急的概念

（一）突发事件与紧急状态

探讨行政应急的概念离不开准确理解"突发事件"与"紧急状态"的含义。在公法语境下，突发事件是指突发公共事件。我国的《突发事件应对法》这样定义突发事件：突发事件是指突然发生，造成或者可能造成严重社会危害，需要采取应急处置措施予以应对的自然灾害、事故灾难、公共卫生事件和社会安全事件。

紧急状态，是指发生或者即将发生特别重大突发事件，需要国家机关行使紧急权力予以控制、消除其社会危害和威胁时，有关国家机关按照宪法、法律规定的权限决定并宣布局部地区或者全国实行的一种临时性的严重危急状态。我国在 2004 年修宪时，用紧急状态取代了戒严。紧急状态包括戒严但不限于戒严。

突发事件与紧急状态之间是什么关系呢？本书认为，突发事件是一种事实状态，而紧急状态是一种法律状态。突发事件有可能成为紧急状态的诱因。从法律性质上来看，紧急状态法属于宪法性法律，突发事件应对法属于行政法法律。

（二）行政紧急权与行政应急权

如上所述，紧急状态与突发事件含义不同，且分别由不同位阶的法律进行规范。在紧急状态下，国家行使国家紧急权，这种权力又分为立法紧急权、行政紧急权、司法紧急权。行政紧急权包含两种状态下的行政权的行使：紧急状态下行政权的行使，突发事件状态下行政权的行使。行政应急权特别强调突发事件状态下行政权的行使，而行政紧急权强调在紧急状态下行政权的行使。

因而，行政应急的概念如下：行政应急指国家行政机关行使应急职权，以控制和消除突发事件的制度。行政紧急涵盖突发事件与紧急状态两种状态，行政应急更侧重指突发事件发生时政府行使的行政权力。

二、行政应急的特点

行政应急有如下基本特征：

1. 行政应急具有扩张性。在突发状态下，从行政行为角度说，行政应急权几乎涵盖所有的具体行政行为，这就造成了常规状态下与非常规状态下同一行政机关行使相同职权的现象。

2. 行政应急程序具有特殊性。在突发状态下，程序正义虽然重要，但效率是行政应急程序的首要价值。因此，行政应急程序力求简洁，快速有效。

3. 行政应急权的时效性。在突发事件应急过程中，行政应急权与常规的行政权是交替行使的，为防止以特权取代常规行政权的行使，行政应急权具有极强的时效性。一旦突发事件得到有效控制，行政应急权即失去效力。

4. 行政应急具有侵益性。在发生突发事件的情况下，实施行政应急权的主体会临时征收或征用行政相对人的财产，或让行政相对人承担其他义务。对行政相对人来说，行政应急会使其负担义务或减损其权益。

第二节　行政应急的类型

行政应急依照不同的分类标准可分为不同种类。

一、按照突发事件的种类划分

按照突发事件的种类划分，行政应急可分为自然灾害行政应急、事故灾难行政应急、公共卫生行政应急、社会安全行政应急。具体如下：

（一）自然灾害行政应急

自然灾害行政应急，是指由于自然灾害，包括水旱灾害、气象灾害、地震灾害、地质灾害、海洋灾害、生物灾害和森林草原火灾等导致突发公共事件，行政机关作出应急处理的制度。我国于1997年公布了《防震减灾法》，该法规定了在造成特大损失的严重破坏性地震发生后，指挥机构的设立、信息的报告和紧急应急措施的采取等重要事项。

（二）事故灾难行政应急

事故灾难行政应急，是指由于出现包括工矿商贸等企业的各类安全事故，交通运输事故，公共设施和设备事故，环境污染和生态破坏事件，核与辐射事故等技术性事故导致突发公共事件，行政机关作出应急处理的制度。相关法律有《安全生产法》《核电厂核事故应急管理条例》等。

（三）公共卫生行政应急

公共卫生行政应急，是指由自然因素和人为因素共同所致，主要包括传染病疫情、群体性不明原因疾病、食品安全和职业危害、动物疫情以及其他严重影响公众健康和生命安全的事件，行政机关对此作出应急处理的制度。相关法律有《突发公共卫生事件应急条例》。

（四）社会安全行政应急

社会安全行政应急，是指由于出现包括恐怖袭击事件、民族宗教事件、经济安全事故、涉外突发事件等突发公共事件，行政机关作出应急处理的制度。相关法律有《戒严法》。

二、按照具体行政行为的种类划分

按照行政行为的种类，我国的行政应急可以分为：行政应急征收、征用，行政应急强制，行政应急奖励等。

（一）行政应急征收、征用

行政征收与征用对行政相对人来说具有一定的侵益性和强制性，突发事件的发生会放大这种负面效应，因此更应当严格受到法律的限制，依法进行。行政应急征收与征用应当具有较强的公益性。我国《突发事件应对法》第52条第1款规定："履行统一领导职责或者组织处置突发事件的人民政府，必要时可以向单位和个人征用应急救援所需设备、设施、场地、交通工具和其他物资，请求其他地方人民政府提供人力、物力、财力或者技术支援，要求生产、供应生活必需品和应急救援物资的企业组织生产、保证供给，要求提供医疗、交通等公共服务的组织提供相应的服务。"但目前我国仍然欠缺关于行政应急征收、征用的具体制度，有待进一步完善。

（二）行政应急强制

所谓行政应急强制权，应当是指行政主体在紧急状态下，为了维护社会治安、公共秩序或保护公民人身健康与安全，对相对人的人身或财产采取应急性即时强制。比如对感染寨卡病毒的病人进行强制隔离和治疗。行政应急强制受到《行政强制法》的制约，行政应急强制措施的设定应当严格遵守法律的绝对保留原则。

（三）行政应急奖励

所谓行政应急奖励，旨在鼓励先进，树立榜样，为营造良好的社会风气提供制度支持。行政应急奖励是指行政主体在应急状态中，对为国家和社会作出重大贡献的单位和个人，给予物质或精神鼓励的行为。我国《突发事件应对法》第 61 条第 3 款规定："公民参加应急救援工作或者协助维护社会秩序期间，其在本单位的工资待遇和福利不变；表现突出、成绩显著的，由县级以上人民政府给予表彰或者奖励。"

第三节　行政应急性原则

一、行政应急性原则的含义

行政应急性原则是行政应急领域里较为特殊的原则。目前，学界的通说认为，行政应急性原则是现代行政法治原则的重要内容，指在某些特殊的紧急情况下，出于国家安全、社会秩序或公共利益的需要，行政机关可以采取没有法律依据的或与法律相抵触的措施。应急性原则是合法性原则的例外，但是不受任何限制的行政应急权力同样是行政法治原则所不容许的。

二、行政应急性原则的适用

（一）适用范围

行政应急性原则适用于"突发事件"。根据《突发事件应对法》的分类，突发事件分为：自然灾害、事故灾难、公共卫生事件和社会安全事件。因此，行政应急性原则适用于这四类事件。

（二）适用阶段

一般而言，突发事件的应对可分为三个阶段：事前的预防与准备、事中的突发事件应对、事后的恢复。行政应急性原则是事中的突发事件应对阶段的紧急处置原则。事前的预防与准备和事后的恢复由于不具有紧急性，因此不适用行政应急性原则。

三、行政应急性原则追求的价值

在公平与效率之间，行政应急原则是追求效率、兼顾公平的。由于突发事件的紧迫性，行政应急常常在事中应对阶段追求高效，而在事前和事后的程序上予以公平性的考量和平衡。

《突发事件应对法》第 7 条的规定就体现了行政应急性原则所追求的高效。"突发事件发生后，发生地县级人民政府应当立即采取措施控制事态发展，组织开展应急救援和处置工作，并立即向上一级人民政府报告，必要时可以越级上报。"该法第 12 条则体现了兼顾公平的价值追求。"有关人民政府及其部门为应对突发事件，可以征用单位和个人的财产。被征用的财产在使用完毕或者突发事件应急处置工作结束后，应当及时返还。财产被征用或者征用后毁损、灭失的，应当给予补偿。"

第四节　我国的行政应急制度

一、《突发事件应对法》简介

【拓展案例】

《突发事件应对法》作为规范突发事件应对工作的全国性法律，第一次系统全面地规定了突发事件应对工作的各个领域和各个环节，为突发事件应对工作提供了最基本的法律依据。该法确立了我国突发事件应对的管理体制。《突发事件应对法》第 4 条规定，国家建立统一领导、综合协调、分类管理、分级负责、属地管理为主的应急管理体制。

二、突发事件应对的流程

《突发事件应对法》从内容上看，覆盖了"预防与准备、监测与预警、应急与救援、恢复与重建"的全过程，实现了"从预防开始到重建结束"的整体覆盖，提供了一个系统、完备的权利、义务框架。

（一）预防与准备

居安思危，预防第一，防治结合。突发公共事件管理能力的有效性，最根本的不在于结束公共危机能力的有效，而是预防公共危机能力的有效，以最合理的资源配置尽早发现危机，对可能引起、演变成突发公共事件的事件作出先期反应和预警。

【法条链接】

《突发事件应对法》明确了在预防与准备阶段的几项职责。①制定应急预案。各级政府和政府有关部门应当制定、适时修订应急预案，并严格予以执行。②建立应急培训制度。县级以上人民政府应当建立健全应急管理知识和法律法规的培训制度。③加强对公众的应急知识宣传与演练。县级人民政府及其有关部门、乡级人民政府、街道办事处和基层群众自治组织、有关单位应当组织开展应急知识的宣传普及活动和必要的应急演练，新闻媒体应当无偿开展应急知识的公益宣传。各级各类学校和其他教育机构应当将应急知识教育作为学生素质教育的重要内容。④加强应急的物质保障。国家建立健全重要应急物资的监管、生产、储备、调拨和紧急配送体系，完善应急物资储备保障制度和应急通信保障体系。

（二）监测与预警

《突发事件应对法》规定，可以预警的自然灾害、事故灾难和公共卫生事件的预警级别，按照突发事件发生的紧急程度、发展势态和可能造成的危害程度分为一级、二级、三级和四级，分别用红色、橙色、黄色和蓝色标示，一级为最高级别。国家建立健全突发事件预警制度；县级以上地方政府应当及时决定并发布警报、宣布预警期，并及时向上报告；发布三级、四级警报后，县级以上地方政府应当采取措施，启动应急预案，及时向社会发布警告。

【法条链接】

（三）应急与救援

突发事件发生后，政府必须在第一时间组织各方力量开展应急处置和救援工作，努力减轻和消除其对人民生命财产造成的损害。《突发事件应对法》规定突发事件发生后，履行统一领导职责的人民政府应当立即组织有关部门，调动应急救援队伍和社会力量，根据有关法规采取应急处置措施。中国人民解放军是应对突发事件的中坚力量。

【法条链接】

（四）恢复与重建

突发事件的威胁和危害基本得到控制或者消除后，应当及时组织开展事后恢复与重建工作，减轻突发事件造成的损失和影

【课后练习与测试】

【法条链接】

响，尽快恢复生产、生活、工作和社会秩序，妥善解决处置突发事件过程中引发的矛盾和纠纷。

在恢复与重建阶段，《突发事件应对法》规定了如下职责：①停止应急处置措施。履行统一领导职责的人民政府应当及时停止执行应急处置措施，同时采取或者继续实施防止发生次生、衍生事件的必要措施。②评估损失并制订重建计划。立即组织对突发事件造成的损失进行评估，组织受影响的地区尽快恢复生产、生活、工作和社会秩序，制订恢复重建计划，修复被损坏的公共设施。③恢复重建的物质支持。上级人民政府应当根据受影响地区遭受的损失和实际情况，提供资金、物资支持和技术指导，组织其他地区提供资金、物资和人力支援。④扶持政策与灾后评估。国务院制定扶持有关行业发展优惠政策；受影响地区的人民政府应当组织制订并实施善后工作计划；及时总结应急处置工作的经验教训，评估突发事件应对工作，并向上一级政府和本级人大常委会报告应急处置工作情况。

三、突发事件应对的"一案三制"

突发事件应对的"一案三制"是我国应急管理体系建设的核心内容。"一案"是指应急预案，应急预案是应急管理的重要基础，是《突发事件应对法》在预防与准备阶段对各级人民政府提出的基本职责要求。"三制"分别指：应急管理体制、应急管理机制、应急管理法制。应急管理体制是指国家建立统一领导、综合协调、分类管理、分级负责、属地管理为主的管理机制。应急管理机制是指突发事件全过程中各种制度化、程序化的应急管理方法与措施。应急管理法制是在制定各级各类应急预案的基础上，形成的应急管理体制机制，并且最终上升为一系列的法律、法规和规章，使突发事件应对工作基本上做到有章可循、有法可依。

【理论扩展】

第十章　行政程序

本章知识结构图

行政程序
├─ 行政程序概述
│　├─ 行政程序的概念和特征
│　├─ 行政程序的分类
│　├─ 行政程序的法律价值
│　├─ 行政程序的基本原则
│　└─ 行政程序立法
├─ 行政程序制度
│　├─ 行政公开制度
│　├─ 听证制度
│　├─ 行政回避制度
│　├─ 职权分离制度
│　├─ 禁止单方接触制度
│　├─ 说明理由制度
│　├─ 案卷排他制度
│　└─ 行政时效制度
└─ 政府信息公开
　　├─ 政府信息公开的概念
　　├─ 政府信息的界定
　　├─ 理论拓展：政府信息公开中的公共利益衡量
　　├─ 政府信息公开的分类
　　└─ 政府信息公开程序

重点内容讲解

　　法律意义上的行政程序，一般是指行政主体实施行政行为时所应遵循的方式、步骤、时限和顺序。行政程序具有规范和控制行政权、保障相对人合法权益、提高行政效率、促进民主的法律价值。本章重点在于：①理解行政程序的概念、特征与法律价值，掌握行政程序的基本原则，了解行政程序立法；②掌握行政程序制度；③理解政府信息公开的概念，掌握政府信息公开的范围、分类与程序。

第一节　行政程序概述

一、行政程序的概念和特征

（一）行政程序的概念

程序，一般意义上是指"事情进行的先后次序"或"按时间先后或依次安排的工作步骤"。实施任何行为都离不开一定的方式、步骤、顺序以及时间的延续性，这就是行为的程序。

法律意义上的行政程序，一般是指行政主体实施行政行为时所应遵循的方式、步骤、时限和顺序。所谓方式，是指实施和完成某行为的方法及行为结果的表现方式。[1] 具体而言，是采用秘密的方式还是公开的方式作决定，是以书面的方式还是口头的方式作出，甚至可否使用电子、电脑或电讯媒介等高新技术方式。所谓步骤，是指完成某一行为所要经历的阶段。行政程序一般由程序的启动、进行和终结三个阶段组成，如行政许可程序就由申请、审查和决定三个步骤构成。不少国家正是以行政程序的不同阶段作为立法线索，架构行政程序法中程序的规定。所谓时限，是指规定行政主体完成某一行为的期限。这是一项重要的程序制度，有利于促进行政机关积极行使权力，提高行政效率，也有利于早日确定行政相对人的权利义务关系，避免行政机关无故拖延以向相对人索取好处。所谓顺序，是指完成某一行为所必经的步骤间的前后次序。譬如，行政机关在作出行政决定时，必须"先取证，后裁决"，不能先作决定，再去收集证据。否则，就违背人的认识规律，容易形成错误决定。

（二）行政程序的特征

行政程序具有如下特征：

1. 法定性与正当性。不是所有的行政程序都必须法律化。行政主体的一般管理工作程序、规范行政主体内部关系的程序等，可以在一般意义上强调制度化，而非都上升到法律层面。法定性

---

〔1〕　参见董茂云、朱淑娣、潘伟杰、刘志刚：《行政法学》，上海人民出版社 2005 年版，第 287 ~ 288 页。

是制度化的最高形式，行政主体实施行政行为所遵循的程序必须是法律程序，这是行政程序的外在特征。重要的行政法律程序必须贯彻公开、公平、公正原则，这是行政程序的内在品质。以行政正义为主旨的行政程序必须实现外在法定性特征和内在正当性品质的有机结合。

2. 权力性与权利性。行政程序是关于行政权力运行的主体、环节、步骤、顺序、期限、信息等要素的组合，它以维护和保障行政主体及其行为的规范性、公正性、权威性和有效性为主旨，体现了行政程序权力性特征；同时又发挥维护行政相对人知情、陈述、申辩、质证等程序性权利，保障行政相对人参与行政的功能，这是行政程序权利性的体现。符合法治要求的行政程序应当实现权力与权利的平衡。

3. 行政性与司法性。行政程序不同于诉讼程序，诉讼程序具有完全司法性，而行政程序不可能也不需要具有完全司法性。一般说来，行政过程是行政主体主导的过程，其突出特征是行政性。行政裁决、行政复议等特别行政行为通常被视为"准司法行为"，其程序具有"弱行政性"或者说"强司法性"。行政性明显的行政处罚、许可、强制等行政行为因为引入司法性的听证程序，逐步实现了行政性与司法性适度结合的行政程序制度改造。[1]

二、行政程序的分类

（一）内部行政程序和外部行政程序

内部行政程序，是指行政主体对内部事务实施行政行为时所应当遵循的程序。比如，行政系统内部各部门公文办理程序、讨论研究作出决策的程序以及行政首长签署程序、某些行政监督程序等。这些程序基本上是由行政主体自行设置，适用于行政主体系统内的一种程序。一旦行政主体不遵守内部程序往往也只能通过行政主体系统内部来解决，因而内部行政程序的法律化程度不高。

---

〔1〕　参见行政法与行政诉讼法学编写组：《行政法学与行政诉讼法学》，高等教育出版社 2017 年版，第 300~301 页。

外部行政程序，是指行政主体对外部事务实施行政行为时所应当遵守的程序。比如，工商行政管理部门在办理企业登记事项时所适用的程序。外部行政程序直接关系到相对方的切身利益，是行政程序法的研究重点。

（二）具体行政程序和抽象行政程序

具体行政程序，是指具体行政行为所应依据的程序。经过具体行政程序所作出的一个行政行为，可以直接作为强制执行的依据。该程序所规范的具体行政行为直接为特定的行政相对人确定行政法上的权利和义务，具体程序的违法或者不当将直接对行政相对人的利益产生不利影响，因此，具体行政程序备受行政相对人和全社会的关注。

抽象行政程序，是指抽象行政行为所应依据的程序。经过抽象行政程序所作出的一个行政行为，不能直接作为强制执行的依据。由于抽象行政行为所作用的对象具有不特定性和广泛性，抽象行政行为所产生的结果表现为一种法律规范，具有反复、多次适用的特点，因而抽象行政程序比具体行政程序更具有稳定性和重复性。

（三）行政立法程序、行政执法程序和行政司法程序

这是根据实施行政行为时形成法律关系的特点所作的分类。不同的特点需要不同的程序。

行政立法的法律关系是以行政主体为一方，以不确定的个人或组织为另一方。任何人、任何组织如果具有行政法律规范所规定的条件就可能成为行政立法中的相对一方。

行政执法的法律关系是以行政主体为一方，以确定的具体的个人或组织为另一方，是一种双方关系，它是行政主体行使职权的活动，其特点是日常性、具体性和直接性。一方面，行政执法作为行政行为的最主要的部分，必然强调效率与速度。另一方面，由于执法活动直接影响个人或组织的具体权利和义务，就必须强调不侵犯个人或组织的合法权益。行政执法程序的特点，应该是行政效率与保障个人或组织权利的统一。行政执法的形式和手段的多样性，决定了程序设置的多样性。例如，在行政监督检查、行政决定、行政强制执行、行政制裁等不同的形式和手段方面，必须设置不同的程序制度。

行政司法的法律关系是三方关系，即以行政主体为一方，以发生争议的双方当事人各为一方。行政主体在这里是以裁判者的身份出现，如行政裁决程序、行政仲裁程序等。因此，公正是行政司法程序设置的最主要的要求。这就需要借鉴法院的司法程序，同时保留某些效率方面的特点。

三、行政程序的法律价值

（一）规范和控制行政权

现代各国行政权都呈扩大的趋势，这是社会发展的必然要求。但是，有权力的人都很容易滥用权力，如果没有实体规范和行政程序规范控制行政权的使用，相对人的权益必然遭到侵害。行政程序法规定行政权使用的程序、规定行政相对人参与行政行为程序，使行政主体行使行政权能够依法进行，受到制约，保证行政权行使符合实体法律规范，符合法律授权的目的。

（二）保障相对人的合法权益

首先，行政程序法的内容主要是约束行政机关的行为，比如规定行政机关有公开义务，就意味着相对人有了知情权。又如规定行政机关有说明理由的义务，要对结论作出的理由进行陈述、解释、说明，那么相对人就有了获得说明理由的权利。所以说程序规则可以保证行政相对人的实体权利能够实实在在地实现。其次，行政程序旨在约束行政权力，促使其规范行使，而行政权力的正确行使，就意味着行政相对人的权利得到保障和实现。最后，在很多国家行政程序法中都规定了行政相对人的参与行政程序的权利，如听证制度，也是公民参政权的具体表现。公民可以参与行政行为的作出，直接监督行政机关，行使国家主人的权利。

（三）提高行政效率

行政程序为行政权的运行设定了必要的方式、步骤，并且具有明确的期间限制。前者不可消减，否则会欲速而不达，背离行政目的，减损行政效能；后者更是不可怠慢，否则会影响行政效率。而且，行政程序的一系列制度，也为行政效率的实现提供了保障，主要表现有：①时效制度，它是指行政主体在法定期限内不作为，待法定期限届满后即产生相应不利的法律后果；②代理制度，它是指行政主体不履行或无法履行法定义务时，依法由他人代而为之；③不停止执行制度，它是指行政相对人因不服行政决定而提起申诉后，除法律规定的情形外，行政决定必须继续执行；④紧急处置制度，它是指行政机关在某些法定的特殊情况下，可以省略某些程序而采取紧急措施的制度。

（四）促进民主

行政民主，要求全体公民在行政管理中不仅是国家行政主体的被管理者，还是行政活动的参与者，也是国家权力的最终所有者。行政程序法一般都规定行政法规、政府规章、重大计划、重大行政决策等涉及公民重要权利义务的抽象行政行为的公众参与程序，以保证这些抽象行政行为更能符合社会公共利益。这是现代行政民主的发展趋势，是民主政治的组成部分。公众通过参与以了解国家政策，增强民众参与意识，在该抽象行政行为执行中增加自觉性。行政相对人通过与自己有关的行政行为的参与活动，也增强自己的主体意识，增加对行政主体的信任，消除或减少对立情绪，不断树立起民主法治思想，为民主政治的发展奠定社会基础。

四、行政程序的基本原则

行政程序的基本原则，是指行政程序法的制定和实施所必须遵循的基本准则。一般来说，行政程序的基本原则，或体现在行政程序法典中，或体现在零散的程序性法规中，或以法的一般原则，或以不成文的判例法形式存在。

（一）合法原则

合法原则是指行政活动的程序必须遵守法律、法规，不得与之相抵触；如若出现自由裁量的情况，则行政行为必须遵循一般程序的原则，以适当的方式予以实施。这一原则，其实是依法行政原则在程序方面的具体体现。

合法原则的具体内容有：①行政机关的行政活动必须按照法律所规定的方式、步骤进行，不得违反。这是行政程序合法原则的前提。②行政机关的自由裁量式行政活动，必须在一般程序原则的指导下，以合理、适当、公正的方式进行。③行政机关行使职权，不得侵犯公民的权利和自由，除非为了公共利益，并由法

【拓展案例】

律加以明确规定。④行政机关在实施行政行为过程中，在程序方面违反有关法律规范，应属违法行为，并应予以撤销。⑤违反行政程序的行政机关，应承担相应的法律责任；给行政相对人造成损害的，还应依照《国家赔偿法》的有关规定作出赔偿。

（二）公开原则

公开原则是指行政机关将有关信息以及行政权力运行的依据、过程和结果向相对人和公众公开，以便相对人和公众知悉。公开原则涉及公民的知情权，是民主参与和公正原则的延伸，但又有独立价值。除了实现公民的知情权外，行政公开还可以增进公民对行政机关的理解和信赖，防止行政权的滥用。行政公开将使暗箱操作失去土壤，可以有效防止专断和腐败。

公开原则也有许多具体要求：①凡是可以由相对人了解的情况都应当公开。包括普遍性的行政法律、法规、规章和规范性文件，也包括影响个人权利义务的有关信息材料。公开方式有两种：主动公开和被动公开。②行政公开不得损害公民的隐私权。行政公开以不影响公民的隐私权为前提。公民的隐私权究竟包括哪些内容，需要法律明确界定。③凡是作出不利于相对人的决定，都必须向相对人说明理由。

（三）参与原则

参与原则是指行政权力的运行过程要有公民的有效参与，要为公民参与管理、参与决定自己的事情提供程序上的保障。民主参与原则的政治基础是人民主权。国家权力来自于人民，人民有权以各种形式参与国家管理。如采用分权的形式来组织公共行政，使更多的人有机会直接参与管理；再如参与管理过程，从而影响行政决策或行政决定的作出。后者是通过设置合理的行政程序来实现的。

参与原则有许多具体要求：①公民对行政运作有知情权。②公民有自愿、自主发表意见的权利。③行政机关应听取相对人的意见，并对合理的意见予以采纳。④所有的行政活动要允许公众评论，包括事后的评价。

【拓展案例】

（四）公正原则

公正原则，也就是公平正义原则，是指行政机关在行政管理活动中，于程序上平等地对待行政相对人各方，排除各种可能造成不平等或有偏见的因素，以求实现政府行政的正义目标。根据现代法治理念，法律的正义只有通过公正的程序才能得到真正的实现。因为只有公正的程序，才能确保行政机关在行使行政权、开展公务活动的过程中正确认定事实，合理选择和适用有关的法律、法规，完成法定职责。

程序公正原则的具体内容主要有：①行政主体在实施行政行为、开展行政活动时，应尽可能地兼顾公私利益，并确保二者的协调统一和平衡有度。②行政机关在行使行政权的过程中，应当对所有行政相对人一视同仁，不偏不倚。③行政机关在开展公务活动中，要排除偏见，秉公处置，不受私人恩怨和个人情愫的影响。

（五）效率原则

效率原则是指行政程序的设立和实施必须有利于行政效率的实现和提高。由于行政管理是对公共事务的管理，效率之高低直接影响到公共利益的实现和维护，所以，在行政程序的设定和实施方面，必须贯彻效率原则。对我国而言，既面临建设社会主义法治国家的重任，又面临改革行政体制、提高行政效率的重任；既面临依法行政、公正服务的重任，又面临科学行政、有效服务的重任，所以，效率原则始终是行政程序法的根本定位之一，它同公正原则一道构成我国行政程序法的两大核心原则。

效率原则的主要内容包括：①行政程序的设定应考虑时间性——这是对行政程序的各个环节作出的时间限制。②为使政府行政能够更好、更快地适应现代社会发展的变动和创新步伐，行政程序的设定除了时间性要求以外，还应考虑灵活性。③为保证决策、执行等行政行为能够科学合理地反映现实社会发展的需求和公民的需要，行政程序的设定必须建立在科学论证、合理规范的基础上。④效率原则还体现在程序设定引发的行政争议、简便易行、程序本身的规范和统一。

五、行政程序立法

（一）外国行政程序法的发展

行政程序的产生同政府行政活动的产生紧密相连，自古有之，但具有民主、科学特色的现代行政程序是在 19 世纪末期才出现的。20 世纪以来，行政程序法在美国得到了长足的发展，1946 年美国颁布了《联邦行政程序法》。继美国《联邦行政程序法》发布之后，奥地利、西班牙、德国、波兰、意大利、日本、法国等也先后制定或修订或草拟了行政程序法。可以说，行政程序法的法典化，是行政程序法兴起和发展的最突出也是最主要的标志，国外行政程序法法典化已呈现为一种趋势。然而，现代法治原则要求，行政机关的行政行为无论在实体上还是在程序上都应受法律制约，都应法制化。因此，调整与规定行政行为的程序性法制规则，也成为程序法律体系的重要组成部分，与司法程序具有同样重要的法律效力和地位。

（二）我国行政程序立法中存在的问题

虽然近年来行政程序法日益受到重视，行政程序立法也取得了相当进展，但仍存在许多问题：

1. 大部分行政程序尚未法律化。如政府政策、计划制定程序，行政调查程序，行政机构改革程序等都缺乏法律规定。从现有立法看，仅在行政处罚领域有比较完整的程序规定。

2. 行政程序立法不统一，没有一部统一的行政程序法典。西方许多国家都已经历行政程序法典化的过程，我国还没有正式着手制定。

3. 已有的行政程序法欠缺民主参与精神。听证制度还没有被法律普遍确认，行政公开制度仍然不发达。

4. 已有的行政程序法缺乏公正、理性、效率等精神。如咨询论证程序没有被广泛运用到政府的法规、规章和政策的制定中；说明理由没有成为一种普遍性的制度，时效制度也没有被普遍确认。

（三）完善我国行政程序立法的设想

从行政程序法的发展历史看，行政程序的法典化是一种必然趋势。我国也不例外。学界对如何进行行政程序立法有两种思路：一种是先分别立法，如在行政处罚法、行政许可法中分别规定行政处罚程序、行政许可程序，待条件成熟后再制定统一的行政程序法；另一种是直接制定统一的行政程序法。从我国目前行政程序立法的状况看，以行政程序法典来实现行政程序立法的统一是最有效的途径。

制定统一的行政程序法，应当采用权利和效率并重模式，既要考虑民主的参与，对公民程序权给予充分保障；也要考虑行政效率的要求。这种模式也为多数国家所推崇。至于行政程序法典的框架和主要内容，应当包括主要的程序制度，如听证制度、公开制度等。首次制定行政程序法典，要考虑到社会的实际接受能力，官员的整体素质，管理的成本，不能强调大而全，过于追求完美。

在内容体系上应注意以下几点：

1. 行政程序法既规定行政程序规则，也应当规定行政实体性规则，可以在行政程序法中明确规定成熟的行政法原则和制度。

2. 行政程序法既调整外部行政行为，也应当调整内部行政行为。授权、委托、代理、公务协助等发生在行政主体内部的行政行为，表面上看不直接影响行政相对人的法律权益，但对行政相对人的权益能够产生实质影响。内部行政行为与外部行政行为相互关联，需要衔接和协调，如果不规定内部行政程序，将影响行政行为的逻辑和统一。

3. 行政程序法既应当规范具体行政行为，也应当规范抽象行政行为。除行政法规、规章的制定外，还有大量的制定行政规范性文件的行为、行政决策行为等，它们属于抽象行政行为范畴，需要相应的程序规范。统一行政程序法应当将行政决策、行政规范性文件的制定等抽象行为纳入视野。

4. 行政程序法既规范行政机关行为，也应当规范社会公权行为。大量的非行政组织，像工会、妇联等社团组织、律师协会、足球协会等行业协会，村民委员会、居民委员会等基层群众自治组织，以及各类学校、社团等，一方面是行政相对人，另一方面又是独立于行政、内部基本自治、对外具有公共职能的具体社会形态，是内部治理的权力责任主体，其公权行为具有与行政行为相同的原理。从规范社会公权行为的角度看，行政程序立法应当将社会公权行为程序纳入调整范围。[1]

---

〔1〕 参见行政法与行政诉讼法学编写组：《行政法学与行政诉讼法学》，高等教育出版社 2017 年版，第 311～313 页。

第二节　行政程序制度

一、行政公开制度

行政公开制度是指行政主体根据职权或者应行政相对人的请求，向行政相对人或者社会公众公开行政过程和政府信息，以确保其知情权、对行政过程的参与和对行政权的监督。行政公开制度包含行政过程公开和政府信息公开两方面。行政过程公开是指通过公开行政方式、步骤、期限、顺序等形成开放的行为过程，以防止暗箱操作，为行政相对人参与行政过程、主张程序性权利提供时空条件保障。政府信息公开则是将与行政行为有关的信息公之于众，保障知情权以促进有效的参与和监督。本章将专节概述政府信息公开制度。

行政过程公开主要通过职权依据公布、行政决定送达、行政告知等制度得以体现与落实。

（一）职权依据公布

任何行政权行使的依据只要影响行政相对人合法权益，都必须向行政相对人和社会公开。这是法治行政的一条基本准则。一个规范的行政权依据公布制度，有利于树立行政权依据的权威，感召社会民众的自愿服从，提高行政权行使的实效。为了确保一般性职权依据公布的有效性，便于行政相对人知悉，防止依据公布的随意性，行政程序法必须建立一个行政主体制定的行政权依据的公布制度。[1]

（二）行政决定送达

行政主体作出个别行政决定之后，应当以适当方式将行政决定送达行政相对人，以使行政相对人了解行政决定的内容，从而自觉履行行政决定设定的义务，或者行使其确认的权利，或者在不服行政决定时有针对性地提起行政复议或行政诉讼。行政决定以什么方式送达给行政相对人，既关系到行政决定能否生效，又涉及行政相对人能否及时履行义务和行使行政救济等权利。个别

---

〔1〕　参见章剑生主编：《行政程序法学》，中国政法大学出版社2004年版，第65页。

行政决定送达是行政决定生效的必要条件。为了保证行政决定产生预期的法律效果，形成正常的社会秩序，行政程序法应当重视行政决定送达制度的建构。因此，行政程序法必须建立行政决定的送达制度。

从目前各国行政程序立法的情况看，关于行政决定送达制度主要有两种模式，一是在行政程序法中专门规定行政决定送达制度，如奥地利等国；另一种模式是规定行政决定送达准用民事诉讼法的规定，如我国《行政处罚法》第40条的规定。

（三）行政告知制度

行政主体作出影响行政相对人权益的行为之前，应当就该行为的事实依据、法律依据以及相对人所享有的权利等告知行政相对人，这将有助于落实行政相对人在行政程序法上的权利，及时地维护自身的合法权益，同时也有利于将行政行为的违法倾向消弭在行政程序之中，以减少行政复议和行政诉讼数量。

该制度的具体内容包括：①表明身份。行政主体工作人员在作出行政行为之前，应当向相对人出示有关证件，以证明自己拥有行政职权或执法资格。如我国《行政处罚法》第37条规定："行政机关在调查或者进行检查时，执法人员不得少于两人，并应当向当事人或者有关人员出示证件。"②告知权利。行政主体在行使行政权过程中，应当依法告知行政相对人的法定权利，旨在通过行政相对人行使这些权利，抵抗行政主体违法行使行政权。这些权利主要是陈述权和申辩权。陈述权是行政相对人就所知的事实向行政主体进行陈述的权利，目的在于要求行政主体全面了解案件的事实真相。申辩权是行政相对人针对行政主体的不利指控而作辩解的权利，目的在于要求行政主体作出公正的处理。③告知依据。为了确保行政相对人有效地行使申辩权，行政主体应当将拟作出行政决定的依据告知行政相对人。行政决定的依据包括事实依据、法律依据和裁量依据。

二、听证制度

听证是行政主体在作出影响行政相对人合法权益的决定前，由行政主体告知决定理由和听证权利，行政相对人随之向行政主体表达意见、提供证据以及行政主体听取其意见、接纳其证据的程序所构成的一种法律制度。行政听证制度是行政程序法基本制度的核心。1996 年我国制定的《行政处罚法》第一次正式规定了听证制度，这是我国行政程序立法史上的重要突破。此后，《价格法》《立法法》《行政许可法》等对听证制度的规定又有新的发展。

听证是由听证的方式、步骤、时限等构成的一个连续过程，其主要程序包括通知、质辩、决定等环节，具体内容包括：①告知和通知。告知是行政主体在作出决定前将决定的事实和法律理由依法定形式告知利害关系人。通知是行政主体将有关听证的事项在法定期限内通知利害关系人，以使利害关系人有充分的时间准备参加听证。告知和通知在行政程序中发挥着行政主体与行政相对人之间的沟通作用，是听证过程中不可缺少的程序，对行政相对人的听证权利起着重要的保障作用。②公开听证。听证必须公开，让社会民众有机会了解行政主体的行政决定作出的过程，从而实现对行政主体依法行政的监督。如果涉及国家秘密、商业秘密和个人隐私，听证可以不公开进行。③委托代理。行政相对人并不一定都能自如地运用法律维护自己的合法权益，因此，应当允许其获得必要的法律帮助。在听证程序中，行政相对人可以委托代理人参加听证，以维护自己的合法权益。④对抗辩论。由行政主体提出决定的事实和法律依据，行政相对人对此提出质疑和反诘，从而使案件事实更趋真实，行政决定更趋于公正、合理。⑤制作笔录。听证过程必须以记录的形式保存下来，行政主体必须以笔录作为作出行政决定的唯一依据，如果允许行政主体可以依据听证记录以外的材料作出行政决定，那么听证可能会流于形式。⑥作出决定。听证主持人作出的决定是否具有法律效力，各国有着不同的规定。例如，在美国，行政法官可以作出两种决定：初步决定和建议性决定。对于行政法官作出的初步决定，如果当事人不提出上诉，行政机关也没有要求复议，则该决定成为行政机关的决定。对于行政法官作出的建设性决定如为行政机关所接受，则成为行政机关的决定。两者的区别在于，前者一经作出即具有法律效力，而后者只有在为行政机关接受后才对当事人产生约束力。

【考试真题】

三、行政回避制度

这一制度主要指公务回避，即行政主体的公务员在行使职权过程中因其与所处理的法律事务有利害关系，为保证实体处理结果和程序进展的公正性，根据当事人的申请或行政机关工作人员的请求，有权机关依法终止其职务的行使并由他人替代的一种法律制度。确立回避制度与人们对法律公正的期待有关，是人们追求公正行为结果的需要。从行政公正性的角度看，行政机关公务员应当与其所处理的事务没有任何利害关系。只有这样，才能保证处理结果的公正性。但是，如果行政机关公务员与其处理的事务有任何非直接的利害关系都要回避的话，又会影响到行政效率。因此，回避制度的确立往往要兼顾两种利益，尽量地谋求二者之间的平衡。

在具体操作层面，回避的理由特别是回避范围应由法律明确加以规定。所谓回避范围，即指与行政机关工作人员有利害关系的哪些人作为案件当事人时，行政机关工作人员应当回避。一般认为，回避范围包括以下七个方面：①当事人中有其亲属的；②与当事人的代理人有亲属关系的；③在与本案有关的程序中担任过证人、鉴定人的；④与当事人之间有监护关系的；⑤当事人为社团法人，行政机关工作人员作为其成员之一的；⑥与当事人有公开敌意或者亲密友谊的；⑦其他有充分证据可以证明行政机关工作人员不能公正处理案件的。

行政回避制度中回避程序大致有两种：①自行回避，即行政机关工作人员认为自己与本案有法律规定的回避情形时，向本机关的负责人主动提出要求回避的请求，本机关负责人对行政机关工作人员的申请依法进行审查并作出是否准许的决定。该程序一般由请求、审查、决定三个步骤组成。②申请回避，即当事人认为处理案件的行政机关工作人员有法律规定的回避情形时，在行政程序结束之前依法向有权限的行政机关提出要求该行政机关工作人员回避的请求，有权限的行政机关依法对此申请进行审查后作出是否准许的决定。该程序由申请、审查、决定三个步骤组成。

四、职权分离制度

职权分离制度是指行政主体调查与审查、决定与裁决的职权分别由不同机构和人员行使的制度。程序结构上的职权分离有两个层次：①完全的职权分离，即把调查职能、审理职能和裁决职能完全分开，由相互独立的机构行使。②内部的职权分离，指行政机关的调查、听证和裁决职能由不同的实际工作人员行使。职权分离的重要目的在于避免裁判者在作出决定之前就形成了"成见"，从而影响程序中立。假如作出裁决的主体与主持调查的主体是合一的，可能在决定正式作出之前他就有了自己的结论；在听证和决定的制作时可能就很难接受与自己观点相反的意见，因而也就难以客观、全面地作出裁决。换言之，由于受到调查阶段有关信息的影响，裁判者作出决定时的独立性会受到质疑。此外，调查与裁决的功能混合，还可能导致裁判者"成为自己案件的法官"这种情形，因为从逻辑上讲，裁判者总是会极力维护自己在调查阶段形成的"确信"。上述情况都会影响程序活动的过程和结果的公正性。同理，规则的设定权、实施权以及相应的裁决权的混合也可能产生类似的影响。

五、禁止单方接触制度

单方接触是指一方当事人在另一方当事人不在场时与听证主持人讨论案件，以影响听证主持人的决定。由于单方接触可能影响到听证决定的公正性，因此，禁止单方接触被确立为行政程序法上的一项基本制度。它移植于诉讼程序，由美国在《联邦行政程序法》于 1976 年的修改中率先增加。其主要内容是：①任何机关以外的利害关系人都不得就本案的是非依据问题同该机关的领导集体成员、行政法官，以及其他参与或者可能参与该裁决过程的雇员进行或故意促成单方联络。②机关的任何领导集体成员、行政法官，以及其他参与或可能参与该裁决过程的雇员，都不得就本案的是非依据问题同该机关以外的任何利害关系人进行或促成单方联络。③机关的领导集体成员、行政法官，以及其他参与或可能参与该裁决过程的雇员，如果收到或者进行或故意促成了法律所禁止的单方接触，应当记录在案卷中并公开。④机关、行政法官或主持听证的其他雇员，在收到当事人违反上述规定作出的或故意促成的单方联络时，可以在符合司法利益和基本法律原则的前提下，要求该当事人说明其在本程序中的请求或利益不应因这种违法行为而受到驳回、否定、不理或其他不利影响的理由。须指出，我国《行政处罚法》和《价格法》虽已建立了行政听证制度，但是尚未建立单方接触禁止制度。

六、说明理由制度

行政行为说明理由是指行政主体在作出对相对人合法权益产生不利影响的行政行为时，除法律有特别规定外，必须向行政相对人说明其作出该行政行为的事实因素、法律依据以及进行自由裁量时所考虑的政策、公益等因素。这一制度体现了对行政权制约的基本要求，顺应了现代行政法由命令—服从的模式向协商合作的转变，并为司法审查提供了基础。

这一制度应当包括三个方面的内容：①行政行为说明理由的内容。它分为行政行为的合法性理由和正当性理由。前者如事实依据、法律依据等，后者如筛选事实、选择法律等。②行政行为说明理由的规则。为了确保行政机关说明理由符合法律规定的要求，行政机关在说明合法性理由时，应当遵守的规则包括禁止主观臆断规则、符合证明逻辑规则、主要事实依据规则、全面展示法律规则、法律冲突择上规则、排除非法律性规范规则；行政机关在说明正当性理由时，应当遵守的规则包括排除非法证据规则、遵循因果联系规则、疑惑事实从无规则、遵守惯例公理规则、体现政策形势规则、符合公共利益规则。③不说明或错误说明理由的行政行为效力。对不说明理由和说明理由错误的，应当规定各自对行政行为效果的影响。

【拓展案例】

我国行政立法中规定说明理由制度较为典型的是《行政处罚法》，该法第 31 条规定，行政机关在作出行政处罚决定之前，应当告知当事人依法享有的权利。第 41 条规定，行政机关及其执法人员在作出行政处罚决定之前，不依法向当事人告知给予行政处罚的事实、理由和依据，行政处罚决定不能成立。

七、案卷排他制度

案卷排他制度是关于行政决定只能以行政案卷体现的事实作为根据的行政程序制度。案卷排他是指对行政程序的记载以及行政行为所根据的一切文献，即行政行为案卷，是有关行政主体的行政行为所依据的事实的证据、调查或者听证记录、法律文书等案件材料的总和。行政案卷是行政行为作出过程和支持行政行为合法性的重要依据。正式的行政程序必须有案卷，这是依法行政原则的基本要求之一。行政案卷的构成和形成应当依据法律的规定。案卷是整个行政行为过程的客观载体，行政决定只能以行政案卷体现的事实为根据，不得以行政案卷以外的、没有经过法定程序认定的事实为根据。法律设立行政案卷制度的意义，在于使行政决定建立于按照法定程序形成的客观事实之上，规范认定程序和认定结果的权威性，排除外界对行政决定的不当影响和干预，便利司法审查和法制监督。

"案卷"作为法律用语在我国只出现在《最高人民法院关于审理反倾销行政案件应用法律若干问题的规定》和《最高人民法院关于审理反补贴行政案件应用法律若干问题的规定》中，我国法律中更多的是使用"笔录"一词，现有法律规范主要对听证笔录作了规定。《行政处罚法》第42条第7项规定："听证应当制作笔录；笔录应当交当事人审核无误后签字或者盖章。"第37条规定："……询问或者检查应当制作笔录。"至于听证笔录的法律效力，《行政处罚法》则没有涉及，当然也有学者认为"从《行政处罚法》第31条、第32条可以看出，作为行政机关认定案件事实的证据材料必须是经过当事人发表意见或质证的材料，未在听证中质证和记录在听证记录中的证据材料不能作为定案证据"，即便如此，《行政处罚法》关于听证笔录法律效力的规定似乎过于含蓄。与《行政处罚法》相比，《行政许可法》总结了《行政处罚法》的实施经验，进一步规定了听证笔录的法律效力，该法第48条第2款规定："行政机关应当根据听证笔录，作出行政许可决定。"

八、行政时效制度

行政时效制度是指行政权力运作的全过程和各个阶段都受法定时间限制的制度。一般来说，时效指能够引起法律关系产生、变更或消灭的时间期限。行政程序法上的时效制度的内容包括：行政机关在法定期间内不履行职责就可能引起行政责任或对行政相对人有利的法律后果，在法定期间内不行使职权就不得再行使，同时应承担相应的法律后果；行政相对人在法定期限届满后即丧失权利，或者承担相应的法律后果。前者如我国《集会游行示威法》第9条第1款规定："主管机关接到集会、游行、示威申请书后，应当在申请举行日期的2日前，将许可或者不许可的决定书面通知其负责人。不许可的，应当说明理由。逾期不通知的，视为许可。"后者如我国《行政强制法》第46条规定："行政机关依照本法第45条规定实施加处罚款或者滞纳金超过30日，经催告当事人仍不履行的，具有行政强制执行权的行政机关可以强制执行。"

行政时效制度的设立，有利于迅速作出行政行为，及时排除行政障碍，稳妥保护行政相对人的合法权益，并稳固行政法律关系。

第三节　政府信息公开

一、政府信息公开的概念

政府信息公开是指政府机构依照法定程序以法定形式公开与社会成员利益相关的所有政府信息，并允许公众通过查询、阅览、复制等方式充分利用政府所掌握的信息的行为。其本质上是政府机构依法公开有关政府信息的行政行为。

政府信息公开制度的产生可以追溯到200多年前的18世纪70年代。1766年瑞典制定了《出版自由法》，该法确立了政府文件公开的制度，规定民众有权阅读并出版任何政府文件。1966年，美国制定了《信息自由法案》，它标志着现代政府信息公开制度的正式确立，并在此后的数十年影响着世界各国和地区政府信息公开制度的建立和发展。日本、法国、加拿大、澳大利亚、韩国等国家和我国台湾地区均制定了关于政府信息公开的法律。我国于 2007 年颁布了《政府信息公开条例》，与《保守国家秘密法》《档案法》等法律相协调，基本实现了政府信息公开制度的体系化。

【理论扩展】

二、政府信息的界定

政府信息公开制度和实践，首先就要明确"政府信息"的内涵。《政府信息公开条例》的调整对象为"政府信息"，因而开宗明义在第 2 条即明确规定：本条例所称政府信息，是指行政机关在履行职责过程中制作或获取的，以一定形式记录、保存的信息。

1. 从主体上来说，政府信息的制作者或获取者主要是指行政机关。顾名思义，政府信息公开主要是以"政府"为调整对象。政府信息即由行政机关作为主体形成的信息，离开行政机关，也无所谓政府信息。

2. 从属性上来说，政府信息与行政机关履行职责有关。这是界定政府信息的核心要素，即政府信息必然是行政机关在履行职责过程中形成的。这里的关键，是如何理解和认定"职责"。

3. 从获取方式来看，政府信息的形成是双向的。《政府信息公开条例》规定了政府信息形成的两种方式：①制作，主要是指行政机关自身在履行职责过程中制作、汇总、加工形成的信息；②获取，主要是指从其他主体处获取的信息。

三、理论拓展：政府信息公开中的公共利益衡量

（一）政府信息公开范围的基本原则

从政府信息公开制度在世界范围内的起源和发展角度看，各国都将"公开为原则，不公开为例外"作为政府信息公开制度的立足点。这一立足点深刻地植根于"法治政府"和"阳光政府"的理念之中，其本质是要使政府公权力的行使置身于有力的监督之下，使民众能够知情并参与到社会公共管理中来。

【理论扩展】

我国的《政府信息公开条例》并未明确地写入"公开为原则，不公开为例外"的规定。2014 年 3 月 17 日，国务院办公厅

发布《2014 年政府信息公开工作要点》通知，提出了《政府信息公开条例》"以公开为原则，不公开为例外"的原则。可以说，到目前为止，"以公开为原则，不公开为例外"已经成为政府信息公开制度较为公认的、具有共识基础的基本原则。从《政府信息公开条例》的内容体系来看，其实也暗含着"以公开为原则，不公开为例外"的理念和精神。总的来说，《政府信息公开条例》确立了主动公开和依申请公开相结合的公开模式，不公开必须具备法定的理由，本质上建立了"不公开为例外"的规则。所以，"以公开为原则，不公开为例外"是我国政府信息公开制度的首要和基础性原则。

（二）政府信息不予公开的法定事由

我国政府信息公开制度在实践中已经逐步形成了一个制度体系。这个制度体系以《政府信息公开条例》为核心，包括国务院办公厅关于政府信息公开的有关文件、最高人民法院颁布的《最高人民法院关于审理政府信息公开行政案件若干问题的规定》等。以上这些立法、行政和司法的实践构成了目前我国政府信息公开制度的边界和内容。

综合上述制度体系，政府信息不予公开的法定事由包括以下情形：

1. 《政府信息公开条例》确定的法定事由，主要包括：危及国家安全、公共安全、经济安全和社会稳定的政府信息（第 8 条）；涉及国家秘密、商业秘密和个人隐私的政府信息（第 14 条第 4 款）。

2. 国务院办公厅关于政府信息公开工作的指导意见在《政府信息公开条例》规定的不予公开事由之外，列举了几种不予公开的情形。《国务院办公厅关于施行政府信息公开条例若干问题的意见》（国办发〔2008〕36 号）第 14 条规定，行政机关对申请人申请公开与本人生产、生活、科研等特殊需要无关的政府信息，可以不予提供；对申请人申请的政府信息，如公开可能危及国家安全、公共安全、经济安全和社会稳定，按规定不予提供，可告知申请人不属于政府信息公开的范围。《国务院办公厅关于做好政府信息依申请公开工作的意见》（国办发〔2010〕5 号）中规定，行政机关在日常工作中制作或者获取的内部管理信息以及处于讨论、研究或者审查中的过程性信息，一般不属于《政府信息公开条例》所指应公开的政府信息。依据《政府信息公开条例》精神，行政机关一般不承担为申请人汇总、加工或重新制作政府信息，以及向其他行政机关和公民、法人或者其他组织搜集信息的义务。[1]

3.《最高人民法院关于审理政府信息公开行政案件若干问题的规定》第2条明确了四种法院不予受理的起诉申请政府信息公开情形，侧面表明了对政府信息依申请公开范围的态度，亦即涉及此四种情形的，行政机关可以拒绝申请人的申请从而不予公开。这四种排除司法审查的情形分别是：①程序性告知：因申请内容不明确，行政机关要求申请人作出更改、补充且对申请人权利义务不产生实际影响的告知行为；②拒绝提供公开出版物：要求行政机关提供政府公报、报纸、杂志、书籍等公开出版物，行政机关予以拒绝的；③拒绝信息创制：要求行政机关为其制作、搜集政府信息，或者对若干政府信息进行汇总、分析、加工，行政机关予以拒绝的；④卷宗阅览：行政程序中的当事人、利害关系人以政府信息公开名义申请查阅案卷材料，行政机关告知其应当按照相关法律、法规的规定办理的。

以上就是现行政府信息公开法律制度下，行政机关可以不予公开政府信息的所有事由。鉴于政府信息公开的特殊性，凡是主张根据上述事由不予公开的，行政机关都负有说明理由的义务，以证明不予公开的事由得当。除了上述理由之外，其余信息都应当属于公开范围。

【课后练习与测试】

四、政府信息公开的分类

根据不同的标准可以对政府信息公开进行划分。这里主要介绍根据行政信息公开启动方式的不同，将行政信息公开分为依职权的政府信息公开和依申请的政府信息公开两类。

---

〔1〕　应当注意的是，内部管理信息、过程性信息、加工汇总信息并非法律概念，也不是《政府信息公开条例》规定的不予公开的法定情形，与国家秘密、商业秘密、个人隐私等不予公开事由不具有同等的法律效力，加上个案中涉及内部管理信息、过程性信息情况判断的复杂性，不能简单地认为内部管理信息或过程性信息统统不予公开，而应在个案中具体分析和判断。

（一）依职权的政府信息公开

依职权的政府信息公开是指行政主体依据法定职权主动将所掌握的政府信息以法定方式面向社会公开。依职权公开是政府信息公开的基本方式。根据我国《政府信息公开条例》第9条的规定，依职权的政府信息公开的范围包括：①涉及公民、法人或者其他组织切身利益的；②需要社会公众广泛知晓或者参与的；③反映本行政机关机构设置、职能、办事程序等情况的；④其他依照法律、法规和国家有关规定应当主动公开的。

对于依职权主动公开的政府信息，行政主体应当通过法定方式或其他有效方式予以公开。根据我国《政府信息公开条例》第15条的规定，行政主体依据职权主动公开的政府信息，应当通过政府公报、政府网站、新闻发布会以及报刊、广播、电视等方式予以公开。对国家、社会和公民生活有重大影响的政府信息应当通过法定形式公布。

（二）依申请的政府信息公开

依申请的政府信息公开是指行政主体回应行政相对人的信息公开请求，以申请人要求的形式或其他适当形式面向申请人的信息公开。充分发挥行政信息对于人民群众生产、生活和经济社会活动的服务作用是行政信息公开的重要目的之一，除了依职权公开的政府信息外，行政主体还掌握着大量关涉公民、法人或者其他组织生产、生活、科研等方面的政府信息。对于这些政府信息，公民、法人或者其他组织均可以依法向特定行政主体申请公开。

根据我国《政府信息公开条例》的有关规定，申请政府信息公开原则上应当采取书面形式，但采用书面形式确有困难的，申请人可以口头提出，由受理的行政主体代为填写政府信息公开申请。行政主体回应行政相对人请求公开政府信息，除检索、复制、邮寄等成本费用外，不得收取其他费用。

五、政府信息公开程序

政府信息公开由于有政府机关主动公开和依当事人申请公开两种情形，在公开的程序上也就有所不同，但主动公开的程序实际隐含在依申请公开的程序之中，下面分别论述两种情形的信息公开程序。

（一）依职权的政府信息公开程序

1. 审查。审查主要是指保密审查，行政主体应当对拟公开的行政信息进行保密审查，依照国家有关规定需要批准的，还应当经过有权机关审批。

2. 公开发布。公开发布是指在保密审查的基础上将符合条件的政府信息公之于众的活动。在公开发布环节，应当符合及时原则和便民原则的要求。

3. 期限。除法律、法规对政府信息公开的期限另有规定的以外，都属于主动公开范围的政府信息，应当自该政府信息形成或者变更之日起 20 个工作日内予以公开。

4. 督查。督查是指对于行政主体的政府信息公开情况进行的监督检查。它是依职权的政府信息公开程序的重要内容。政府信息公开工作主管部门和行政监察机关负责对行政主体的政府信息公开实施情况进行监督检查。当然，公民、法人或者其他组织认为行政主体不依法履行政府信息公开义务的，可以向有关机关举报，收到举报的机关应当依法调查处理。

5. 法律救济。《最高人民法院关于审理政府信息公开行政案件若干问题的规定》确立了对行政机关不依法履行主动公开政府信息义务不服应当"申请前置"的起诉条件，即公民、法人或者其他组织认为行政机关不依法履行主动公开政府信息义务，直接向人民法院提起诉讼的，人民法院应当告知其先向行政机关申请获取相关政府信息。对行政机关的答复或者逾期不予答复不服的，可以向人民法院提起诉讼。

（二）依申请的政府信息公开程序

1. 申请及其处理。行政相对人提出政府信息公开申请，行政主体应当及时予以处理，根据不同情况分别作出答复。属于公开范围的，应当告知申请人获取该政府信息的方式和途径；属于不予公开范围的，应当告知申请人并说明理由；依法不属于本行政机关公开或者该政府信息不存在的，应当告知申请人，对能够确定该政府信息的公开机关的，应当告知申请人该行政机关的名称、联系方式；申请内容不明确的，应当告知申请人作出更改、补充。

2. 公开决定。行政机关认为申请公开的政府信息涉及商业秘

【课后练习与测试】

密、个人隐私，公开后可能损害第三方合法权益的，应当书面征求第三方的意见；第三方不同意公开的，不得公开。但是，行政机关认为不公开可能对公共利益造成重大影响的，应当予以公开，并将决定公开的政府信息内容和理由书面通知第三方。行政机关收到政府信息公开申请，能够当场答复的，应当当场予以答复。行政机关不能当场答复的，应当自收到申请之日起 15 个工作日内予以答复；如需延长答复期限的，应当经政府信息公开工作机构负责人同意，并告知申请人，延长答复的期限最长不得超过 15 个工作日。申请公开的政府信息涉及第三方权益的，行政机关征求第三方意见所需时间不计算在期限内。

【法条链接】

3. 法律救济。公民、法人或者其他组织认为行政机关在政府信息公开工作中的具体行政行为侵犯其合法权益的，可以依法申请行政复议或者提起行政诉讼。

第十一章　对行政的监督和权利救济

本章知识结构图

```
                        ┌ 对行政的监督与权利救济概述┤对行政的监督的概念和种类
                        │                          └权利救济的概念和种类
                        │                  ┌ 国家监察的概念和特点
                        │                  │ 国家监察体制改革的意义
                        │ 国家监察概述┤ 国家监察的基本原则
对行政的监督              │                  │ 监察机关
和权利救济────┤                  └ 监察管辖
                        │                    ┌ 监察对象
                        │ 国家监察的主要制度┤ 监察权限
                        │                    │ 监察程序
                        │                    └ 监察处置
                        │                          ┌ 人大监督
                        │                          │ 民主监督、社会监督、舆论监督
                        └ 对监察机关和监察人员的监督┤ 内部监督
                                                   └ 被调查人及其近亲属申诉制度
```

重点内容讲解

　　《中华人民共和国宪法修正案》明确规定监察委员会是国家的监察机关。我国国家机构由"一府两院"变为"一府一委两院"。2018年3月，第十三届全国人民代表大会第一次会议专门制定《中华人民共和国监察法》，该法的出台对于深化监察体制改革具有重大意义。本章将重点围绕国家监察的意义、监察原则、监察对象、监察权限、监察程序以及对监察机关和监察人员的监督等问题进行介绍。

第一节 对行政的监督与权利救济概述

一、对行政的监督的概念和种类

（一）对行政的监督

对行政的监督，也称为行政法制监督，是指国家权力机关、司法机关、专门监督机关及社会和个人依法对行政主体及其公务人员行使行政权力的行为进行监督。对行政的监督，顾名思义，是对行政系统的监督，因此监督的对象是行政主体及国家公务人员。行政主体包括行政机关和法律、法规授权的组织。国家公务人员在行政管理法律关系中代表行政主体行使行政职权，因此，作为行政主体最主要的要素——人员要素，行政公务人员是行政监督的最主要的对象。

对行政的监督的主体范围非常广泛，包括国家权力系统的监督和国家权力系统之外的监督。国家权力系统的监督是能对监督对象产生实际法律效力的监督。国家权力系统之外的监督，主要通过申诉、控告、批评、建议、检举等方式进行，其本身不产生直接的法律效力，只能在法定的条件下启动国家权力系统的监督，从而实现对行政的监督。

对行政的监督的主要内容是行政主体行使行政职权的行为以及国家公务人员遵纪守法的情况。对行政主体职权行为的监督包括对行政行为的合法性以及合理性进行监督。对国家公务人员的监督则既包括对其所从事的行为的监督也包括对其遵纪守法的情况的监督，如是否存在职务犯罪行为以及利用职权以权谋私等违法情形。

（二）对行政监督的种类

按照对行政监督的主体以及法律效力的不同，对行政的监督可以划分为两类：①国家权力系统的监督；②国家权力系统之外的监督。

国家权力系统的监督包括国家权力机关监督、国家监察、司法机关监督、国家行政机关监督、专门行政监督机关的监督。

1. 国家权力机关的监督。

（1）国家权力机关的监督。各级国家权力机关，包括全国人大和地方各级人大及其常委会对行政系统的监督。这种监督包括两种情况：第一种是对行政行为的监督。如我国《宪法》第67条规定：全国人大常委会监督国务院的工作；撤销国务院制定的同宪法、法律相抵触的行政法规、决定和命令。《宪法》第104条规定：县级以上的地方各级人民代表大会常务委员会讨论、决定本行政区域内各方面工作的重大事项；监督本级人民政府的工作；撤销本级人民政府的不适当的决定和命令。《立法法》第98条规定：行政法规报全国人民代表大会常务委员会备案。部门规章和地方政府规章报国务院备案；地方政府规章应当同时报本级人民代表大会常务委员会备案。《各级人民代表大会常务委员会监督法》第16条规定：国务院和县级以上地方各级人民政府应当在每年6~9月期间，向本级人民代表大会常务委员会报告本年度上一阶段国民经济和社会发展计划、预算的执行情况。《各级人民代表大会常务委员会监督法》第19条规定：常务委员会每年审查和批准决算的同时，听取和审议本级人民政府提出的审计机关关于上一年度预算执行和其他财政收支的审计工作报告。另一种监督方式是对行政机关工作人员的任免。我国《宪法》第62条规定："全国人民代表大会根据中华人民共和国主席的提名，决定国务院总理的人选；根据国务院总理的提名，决定国务院副总理、国务委员、各部部长、各委员会主任、审计长、秘书长的人选……"《宪法》第63条规定：全国人民代表大会有权罢免国务院总理、副总理、国务委员、各部部长、各委员会主任、审计长、秘书长。

【理论扩展】

（2）国家监察。详细内容将在第二节阐述。

（3）国家司法机关的监督。国家司法机关包括人民法院和人民检察院。人民法院主要是通过行政诉讼对行政行为进行监督，包括撤销行政行为、确认行政行为违法、责令行政主体履行行政职权、判决行政主体承担赔偿责任等。此外，人民法院还可以通过司法建议的方式，建议行政机关纠正行政行为，建议处分行政行为中有过错的行政公务人员。检察院的监督方式包括三种方式：①在刑事案件中，通过国家公务员的职务犯罪行为进行起诉，实现监督职能。②在行政诉讼中，通过监督行政诉讼的进行实现对行政系统的监督。③行政公益诉讼。人民检察院在履行职责中发现生态环境和资源保护、食品药品安全、国有财产保护、国有土地使用权出让等领域负有监督管理职责的行政机关违法行使职权或者不作为，致使国家利益或者社会公共利益受到侵害的，应当向行政机关提出检察建议，督促其依法履行职责。行政机关应当在收到检察建议书之日起 2 个月内依法履行职责，并书面回复人民检察院。出现国家利益或者社会公共利益损害继续扩大等紧急情形的，行政机关应当在 15 日内书面回复。行政机关不依法履行职责的，人民检察院依法向人民法院提起诉讼。人民检察院以公益诉讼起诉人身份提起公益诉讼，依照行政诉讼法享有相应的诉讼权利，履行相应的诉讼义务。

（4）国家行政机关的监督。上级行政机关对下级行政机关有监督的职权。如我国《宪法》规定：国务院有权改变或者撤销国务院各部、各委员会发布的不适当的命令、指示和规章；改变或者撤销地方各级国家行政机关的不适当的决定和命令。

（5）专门行政监督机关的监督。专门行政监督主要指审计监督。国务院设立审计机关，对国务院各部门和地方各级政府的财政收支，对国家的金融机构和企业事业组织的财务收支，进行审计监督。审计机关在国务院总理领导下，依照法律规定独立行使审计监督权，不受其他行政机关、社会团体和个人的干涉。

2. 非国家权力系统的监督。个人、组织通过批评、建议、申诉、控告、检举、起诉等方式对行政主体及其公务人员进行监督。新闻媒体通过对违法行政行为的曝光、揭露等方式监督行政系统。

二、权利救济的概念和种类

（一）权利救济的概念

"有权利必有救济"是普通法上一项古老原则，也是法治国家的基本特征之一。救济即纠正、改正不正当行为，对已发生或必然发生的损害进行弥补。权利的隐含要素或前提要素就是要有救济，没有救济的权利实际上并不是权利。在行政法意义上的权利救济是向受到行政机关侵权的公民、法人和其他组织提供法律补救，恢复其合法权益的制度。权利救济制度的主要法律特征是保护公民、法人和其他组织的个体权利。除非法律另有规定，权利救济由受到行政侵权的公民、法人和其他组织提起。国家机关提供权利救济的手段，包括通过法定程序撤销、变更违法的行政决定、确认行政行为违法、履行法定义务和提供国家赔偿。

（二）权利救济的种类

按照不同的标准可以对权利救济进行分类。按照权利救济的途径可以划分为行政救济和司法救济，行政救济包括行政申诉、信访、复议等。司法救济是指行政诉讼，这是最后一道权利救济防线，处于救济体系的核心。按照权利救济的内容可以分为程序性权利救济和实体权利救济，前者是对行政相对人依法享有的程序权利给予保障，后者是对当事人的实体权益进行补救。

第二节　国家监察概述

深化国家监察体制改革是以习近平同志为核心的党中央作出的重大决策部署。为了推进全面从严治党，坚持思想建党和制度治党紧密结合，十八届六中全会颁布《关于新形势下党内政治生活的若干准则》和《中国共产党党内监督条例》。《中国共产党党内监督条例》第37条明确规定："各级党委应当支持和保证同级人大、政府、监察机关、司法机关等对国家机关及公职人员依法进行监督……"2016年12月，全国人大常委会发布《关于在北京市、山西省、浙江省开展国家监察体制改革试点工作的决定》，部署在三省市设立各级监察委员会，从体制机制、制度建设上先行先试、探索实践，为在全国推开积累经验。2018年3月11日，第十三届全国人民代表大会第一次会议通过的《中华人民共和国宪法修正案》在《宪法》第三章"国家机构"中专门增加一节，作为第七节"监察委员会"。第十三届全国人民代表大会第一次会议通过《中华人民共和国监察法》。该法是贯彻落实党中央关于深化国家监察体制改革决策部署的重大举措。

一、国家监察的概念和特点

国家监察是指各级监察委员会依法对所有行使公权力的公职

人员执行法律、法规、规章、政策、履行职责的情况以及职务违法和职务犯罪行为进行监督、调查、惩戒的活动。

我国国家监察具有以下特征：

1. 专门性。国家监察机关是专门监督行使国家监察职能的机关，具有监督、调查、处置三项职责。这个特点使得国家监察机关区别于人大、政府、法院、检察院等国家机关。

2. 全面性。国家监察机关的监察权具有全面性和综合性。监察活动是各级监察机关一项常规性的工作，面向所有行使公权力的公职人员，不是暂时的、局部的监督。国家监察机关的监督对象较之前的行政监督对象而言，其范围有了极大扩展，实现对所有行使公权力的公职人员的全覆盖，而不再仅限于行政机关的公务员。

3. 法治性。权责法定是国家机关的重要特征，也是法治国家的必然要求。为了深化国家监察体制改革，深入开展反腐败工作，我国专门制定了《中华人民共和国监察法》（以下简称《监察法》）。该法的公布实施标志着国家监察制度的法治化。监察机关应当依法监察，在法律规定的权限、主体和程序内正确行使权力。各级国家监察机关要依法办事，防止滥用监察权力，侵害公务人员的合法权益。

【理论扩展】

二、国家监察体制改革的意义

（一）整合国家反腐败力量

我国政府内部设有行政监察机关和审计机关，检察院设有专门的反贪污、反渎职、预防职务犯罪等反腐败机构。这些力量过于分散，很难发挥合力。设立监察委员会，能够有效整合各种反腐败力量，结束"九龙治水"局面，实现依法治国的目标。

（二）实现党内监督和国家监督的有机统一

党内监督已经实现对党员和党员领导干部监督全覆盖。然而，之前的《行政监察法》（现已失效）在监督对象上仅涵盖国家行政机关及其公务员，不能涵盖立法机关、司法机关等其他行使公权力的公职人员，存在监督空白和盲区。监察体制改革可以解决党内监督和行政监督"一条腿长，一条腿短"的弊端，有效整合党内监督和国家监督力量，实现两者的有机统一。

（三）实现国家治理现代化

十八届三中全会提出，全面深化改革的总目标是完善和发展中国特色社会主义制度，推进国家治理体系和治理能力现代化。设立监察委员会，形成集中统一、权威高效的国家监察体系，有利于推进国家治理体系和治理能力现代化。

（四）丰富监察手段

与之前的《行政监察法》相比，《监察法》设置了一系列行之有效的监察手段。监察机关具有采取调查措施的监察权限，可以对涉案财产和账户实施查封、冻结、扣押。用留置取代纪委的"双规"，更是体现出监察制度的法治化。

【理论扩展】

三、国家监察的基本原则

（一）坚持中国共产党领导

中国共产党的领导是中国特色社会主义最本质的特征。《监察法》明确规定："坚持中国共产党对国家监察工作的领导，以马克思列宁主义、毛泽东思想、邓小平理论、'三个代表'重要思想、科学发展观、习近平新时代中国特色社会主义思想为指导，构建集中统一、权威高效的中国特色国家监察体制。"中国共产党作为执政党，带领全国各族人民取得了卓越成绩。成立监察委员会，与党的纪律检查机关合署办公，这是加强党的领导的重要举措。监察体制改革必须坚持和加强中国共产党的领导。

（二）独立行使监察权原则

《监察法》第4条第1款规定："监察委员会依照法律规定独立行使监察权，不受行政机关、社会团体和个人的干涉。"该规定明确规定监察权受国家法律保护。国家监察机关是国家专门设立的监察机构，应当独立、公正行使监察权。"干涉"主要指行政机关、社会团体和个人利用职权、地位或者采取其他不正当手段干扰、影响监察人员依法独立行使职权[1]。行政机关等公权力机关以及工作人员通过说情、打招呼等方式不当干预国家监察工作，将会严重影响国家监察工作的正常进行。为了保障监察机关

---

〔1〕　中共中央纪律检查委员会、中华人民共和国国家监察委员会法规室：《〈中华人民共和国监察法〉释义》，中国方正出版社2018年版，第65页。

独立行使职权，必须强调任何行政机关、社会团体和个人不得以任何理由干涉监察活动。国家监察机关在监察活动中要克服一切阻力，克服特权思想，无论监察对象地位多高，权力多大，只要违反《监察法》和有关法律规定，都要根据违法的性质、程度、情节给予制裁。监察机关必须坚持以事实为根据，不许滥用或超越职权，违反程序；必须坚决同违法行为作斗争，抵制来自其他机关、社会团体和任何个人的干涉。

（三）监察法治化原则

《监察法》第5条规定："国家监察工作严格遵照宪法和法律，以事实为依据，以法律为准绳。"

监察委员会依照法律规定独立行使监察权，必须做到有法可依、有法必依、执法必严、违法必究。国家监察的"法"不仅包括《宪法》《监察法》，同时也包括有关规范监察对象活动的行为法，如治安管理法律法规、工商行政管理法规、税务法规等。

以事实为依据，以法律为准绳，是依法开展监察工作必须坚持的原则。"以事实为依据"，指必须以事实为依据，客观公正地确定行使公权力的公职人员是否有违法犯罪行为。"以法律为准绳"，是指监察工作的所有环节包括立案、调查、做出监察决定等都必须严格依法进行。

（四）平等原则

平等原则不仅是行政法的重要原则，同时也是国家监察工作所应当遵循的基本原则。《监察法》第5条规定："……在适用法律上一律平等，保障当事人的合法权益……"平等原则要求同等条件对待。国家监察机关在行使职权时，不得因为民族、性别、教育程度、职业、经济收入等给予监察对象不平等对待。

（五）权责对等原则

有权必有责是权力正确行使的基本要求。有多大权力同时意味着承担多大责任。该原则旨在防止权力的恣意行使，国家监察机关在行使权力的同时，必须承担相应的责任。

四、监察机关

2018年《宪法修正案》中规定，《宪法》第三章"国家机构"中增加一节，作为第七节"监察委员会"。我国国家机构由原来的"一府两院"转变为"一府一委两院"，由"一委"对所有行使公权力的公职人员进行监察，实现党内监督和国家监督有机统一。

（一）各级监察委员会

《宪法》第 123 条规定："中华人民共和国各级监察委员会是国家的监察机关。"第 124 条规定："中华人民共和国设立国家监察委员会和地方各级监察委员会。监察委员会由下列人员组成：主任，副主任若干人，委员若干人。监察委员会主任每届任期同本级人民代表大会每届任期相同。国家监察委员会主任连续任职不得超过 2 届。监察委员会的组织和职权由法律规定。"《监察法》第 7 条规定："中华人民共和国国家监察委员会是最高监察机关。省、自治区、直辖市、自治州、县、自治县、市、市辖区设立监察委员会。"

《宪法》是国家监察机关设置和权限的根本法律渊源，《监察法》是《宪法》有关监察条款的具体化与延伸，是国家监察机关机构设置和权限的具体法律依据。

【课后练习与测试】

（二）派驻或者派出监察机构、监察专员

《监察法》第 12 条规定："各级监察委员会可以向本级中国共产党机关、国家机关、法律法规授权或者委托管理公共事务的组织和单位以及所管辖的行政区域、国有企业等派驻或者派出监察机构、监察专员。监察机构、监察专员对派驻或者派出它的监察委员会负责。"派驻或者派出监察机构、监察专员的目的，是使监察工作更好地深入覆盖到所有行使公权力的公职人员，确保及时、准确地了解分散在不同机关、组织的监察对象的情况，有效地开展事前、事中和事后的全过程监督工作，实现监察工作"无死角、全覆盖、看得见、管得了"。

派驻或者派出监察机构、监察专员设置的原则，主要是根据工作的需要，视监察对象的多少、监察任务的轻重而定。一般而言，对于中国共产党机关、国家机关等可以采取派驻监察机构的形式，对于乡镇等可以派出监察专员。该规定有利于实现监察力量向基层延伸，便于及时解决发生在群众身边的贪污腐败等问题。

派驻或者派出监察机构、监察专员对派驻或者派出它的监察机关负责，不受所驻机关或者单位的领导。该规定有利于最大限度保证监察机关不受被监察对象的干扰，依法独立行使职权。

派驻或者派出的监察机构、监察专员根据授权，按照管理权限依法对公职人员进行监督，提出监察建议，依法对公职人员进行调查、处置。

五、监察管辖

明确监察机关的管辖，科学、合理地确定各级监察机关的职责权限分工，有利于防止互相推诿，保障监察工作的顺利进行。

（一）一般管辖

《监察法》第 16 条第 1 款规定："各级监察机关按照管理权限管辖本辖区内本法第 15 条规定的人员所涉监察事项。"一般管辖包括级别管辖和地域管辖。级别管辖是指按照管理权限进行管辖。国家监察委员会管辖中管干部所涉监察事项，省级监察委员会管辖本省省管干部所辖事项。[1] 地域管辖指按照地域界定管辖范围。管辖权法定，每个监察委员会既不能越权行使本应当由其他部门行使的权力，同时也不得放弃自身权限。

（二）提级管辖

《监察法》第 16 条第 2 款规定："上级监察机关可以办理下一级监察机关管辖范围内的监察事项，必要时也可以办理所辖各级监察机关管辖范围内的监察事项。"提级管辖为一般管辖的有效补充。有的案件较为重大复杂，按照一般管辖有可能受到各种利益羁绊，有可能会影响公正处理的，上级监察机关可以亲自办理下一级监察机关管辖范围内的监察事项。

下级机关在特定情形下可以报请上级监察机关提级管辖。《监察法》第 17 条第 2 款规定："监察机关认为所管辖的监察事项重大、复杂，需要由上级监察机关管辖的，可以报请上级监察机关管辖。"监察机关综合考虑监察事项复杂程度、本机关业务能力等多种因素之后，如果认为本机关没有能力管辖或者不适宜管辖的，可以依法报请上级监察机关提级管辖。

---

〔1〕 中共中央纪律检查委员会、中华人民共和国国家监察委员会法规室：《〈中华人民共和国监察法〉释义》，中国方正出版社 2018 年版，第 116 页。

（三）管辖权争议

监察机关之间对监察事项的管辖有争议的，由其共同的上级监察机关确定。管辖权争议是指对于同一监察事项，两个或者两个以上机关都认为自己有管辖权或者没有管辖权，进而发生争取或者推诿的情形。管辖权存在争议时，双方应当提请共同的上级监察机关尽快、及时确定管辖权。例如，广东省的两个地市监察委员会发生管辖权争议，应当提请共同管辖机关即广东省监察委员会确定管辖。

（四）指定管辖

《监察法》第17条第1款规定："上级监察机关可以将其所管辖的监察事项指定下级监察机关管辖，也可以将下级监察机关有管辖权的监察事项指定给其他监察机关管辖。"指定管辖为一般管辖原则的补充。为了更好地实现监察目的，赋予上级监察委员会指定管辖权，这也是我国监察体制实行上级领导下级原则的具体体现。上级监察机关指定管辖，有两种方式：①将原本属于自己管辖的监察事项指定下级监察机关管辖。监察机关任务繁重，上级机关常存在人手不足等困境。如果监察事项由下级监察机关管辖能够更好地完成监察任务，则可以指定下级监察机关管辖。②将下级监察机关有管辖权的监察事项指定给其他监察机关管辖。下级监察机关行使监察权的过程中，有可能受到各种干扰，例如人情等不正当因素影响。上级监察机关在此情形下将该案件交由其他监察机关处理，能够有效抵御外界因素对于案件的干扰，进而保障监察事项得以公正处理。

第三节　国家监察的主要制度

一、监察对象

监察对象是指国家法律、法规规定的接受监察机关监察的组织和人员。行政监察对象与国家监察对象较之于行政监察，不再局限于对行政机关公务员和行政机关任命的其他人员实施监察，而是对所有行使公权力的公职人员均实施监察，实现监察对象全覆盖。

　　《监察法》第 15 条明确规定了监察范围。监察对象包括六类：①中国共产党机关、人民代表大会及其常务委员会机关、人民政府、监察委员会、人民法院、人民检察院、中国人民政治协商会议各级委员会机关、民主党派机关和工商业联合会机关的公务员，以及参照《中华人民共和国公务员法》管理的人员；②法律、法规授权或者受国家机关依法委托管理公共事务的组织中从事公务的人员；③国有企业管理人员；④公办的教育、科研、文化、医疗卫生、体育等单位中从事管理的人员；⑤基层群众性自治组织中从事管理的人员；⑥其他依法履行公职的人员。该兜底条款旨在避免挂一漏万，防止因列举不全出现监察盲区。对于"其他依法履行公职的人员"是否属于监察对象的标准，主要是其是否行使公权力，所涉嫌的职务违法或者职务犯罪是否损害了公权力的廉洁性。

【理论扩展】

二、监察权限

　　《监察法》明确规定监察权限，包括依法采取谈话、陈述、讯问、询问、留置、查封、扣押、冻结等。这些措施对于保障监察实效具有重要意义。监察权必须严格依法行使，不得超越法定权限和幅度。具体而言，监察权限包括以下几种：

　　（一）调查权

　　监察机关为履行职责，有权要求被监察的部门和人员全面、如实地提供与监察事项有关的文件、资料、财务账目以及其他有关的材料。《监察法》第 18 条第 1 款规定："监察机关行使监督、调查职权，有权依法向有关单位和个人了解情况，收集、调取证据。有关单位和个人应当如实提供。"监察机关依法调查取证、查明事实，是其行使职权的基础性工作。唯有具有客观性、合法性和关联性的证据，方可作为定案的依据。有关单位和个人负有配合义务，需要如实提供相关材料，不得伪造、隐匿或者毁灭证据，妨碍监察工作。

　　权力和义务具有一致性和对等性。监察机关在行使权力时，应当履行保密义务。监察机关及其工作人员对监督、调查过程中知悉的国家秘密、商业秘密、个人隐私，应当予以保密。

（二）谈话或者要求说明情况

对可能发生职务违法的监察对象，监察机关按照管理权限，可以直接或者委托有关机关、人员进行谈话或者要求说明情况。《中国共产党党内监督条例》明确规定，党内监督必须把纪律挺在前面，运用监督执纪"四种形态"，经常开展批评和自我批评、约谈函询，让"红红脸、出出汗"成为常态。谈话或者要求说明情况成为一种法定手段充分体现出国家监察与党内监督的有机统一。对可能发生职务违法的监察对象进行谈话，可以防患于未然，避免其坠入职务违法犯罪的深渊。

（三）要求陈述、讯问

在调查过程中，对涉嫌职务违法的被调查人，监察机关可以要求其就涉嫌违法行为进行陈述，必要时向被调查人出具书面通知。

讯问指监察机关工作人员依照法定程序，以言词提问方式向被调查人查问案件事实的侦查行为。该方式是监察机关调查取证所使用的重要方式之一。对涉嫌贪污贿赂、失职渎职等职务犯罪的被调查人，监察机关可以进行讯问，要求其如实供述涉嫌犯罪的情况。

（四）询问

在调查过程中，监察机关可以询问证人等人员。凡是知道案件情况的人都有作证的义务。监察机关通过询问证人等方式，能够进一步查明案件事实情况。监察机关询问应当在证人所在单位、住处等地进行，必要时可以通知证人到监察机关提供证言。

（五）留置

留置是监察机关在调查过程中所使用的重要措施。《监察法》将其作为法定权限加以规定。用留置取代"双规"措施，并对其进行严格的程序约束，有利于解决法治难题，彰显全面依法治国的决心和自信。[1] 留置权涉及限制人身自由，因此，必须遵循比例原则，严格适用条件和程序，以保障被调查人的合法权益。从适用案件范围来看，留置适用于被调查人涉嫌贪污贿赂、失职渎

---

〔1〕　李建国："关于《中华人民共和国监察法（草案）》的说明"，载中国人大网，2018 年 3 月 21 日。

职等严重职务违法或者职务犯罪，监察机关已经掌握其部分违法犯罪事实及证据，仍有重要问题需要进一步调查的情形，具体包括：①涉及案情重大、复杂的；②可能逃跑、自杀的；③可能串供或者伪造、隐匿、毁灭证据的；④可能有其他妨碍调查行为的。从适用对象来看，留置措施不仅适用于前述被调查人，也适用于涉嫌行贿犯罪或者共同职务犯罪的涉案人员。监察机关依法对行贿犯罪或者共同职务犯罪的涉案人员进行留置，有利于对违法犯罪事实展开调查。

（六）查询、冻结

监察机关调查涉嫌贪污贿赂、失职渎职等严重职务违法或者职务犯罪，根据工作需要，可以依照规定查询、冻结涉案单位和个人的存款、汇款、债券、股票、基金份额等财产。监察机关依法进行查询、冻结时，应当向银行或者其他金融机构出具查询、冻结书面通知。有关单位和个人应当配合，不得以任何理由拒绝或者拖延。

冻结的财产经查明与案件无关的，应当在查明后3日内解除冻结，予以退还。这里"与案件无关"指冻结的财产并非违法犯罪所得，也不能证明被调查人是否有违法犯罪行为。

（七）搜查

监察机关可以对涉嫌职务犯罪的被调查人以及可能隐藏被调查人或者犯罪证据的人的身体、物品、住处和其他有关地方进行搜查。搜查旨在收集犯罪证据，查明案件事实。搜查时，调查人员不得少于两人，并向被搜查人出示搜查证。搜查应当有被搜查人或者其家属等见证人在场。搜查应当制作现场笔录，如实记录搜查情况。

搜查女性身体的特殊规定。搜查女性身体，应当由女性工作人员进行。这体现出对于女性的特殊保护，防止女性人格尊严和人身安全受到侵犯。

监察机关进行搜查时，可以根据工作需要提请公安机关配合。公安机关应当依法予以协助。我国《宪法》规定："监察机关办理职务违法和职务犯罪案件，应当与审判机关、检察机关、执法部门互相配合，互相制约。"如遇到以暴力、威胁等方式阻碍搜查的，监察机关可以提请公安机关予以协助。

（八）调取、查封、扣押

监察机关为履行职责，有权要求被监察的部门和人员全面、如实地提供与监察事项有关的文件、资料、财务账目以及其他有关材料。调取、查封、扣押是监察机关调查取证所采用的重要措施。监察机关在调查过程中，可以调取、查封、扣押用以证明被调查人涉嫌违法犯罪的财物、文件和电子数据等信息。采取调取、查封、扣押措施，应当收集原物原件，会同持有人或者保管人、见证人，当面逐一拍照、登记、编号，开列清单，由在场人员当场核对、签名，并将清单副本交给财物、文件的持有人或者保管人。

监察机关需要及时、全面、客观地收集、固定证据，以免证据灭失毁损。调取、查封、扣押需要遵循法定程序，应当由两名以上调查人员进行，并有持有人或者保管人、见证人在场。

对调取、查封、扣押的财物、文件，监察机关应当设立专用账户、专门场所，确定专门人员妥善保管，严格履行交接、调取手续，定期核实，不得毁损或者用于其他目的。对价值不明物品应当及时鉴定，专门封存保管。监察机关针对上述财物、文件具有妥善保管义务，要将其放置在安全措施较为完善的地方进行保管，防止证据遗失、毁损。查封、扣押的财物、文件经查明与案件无关的，应当在查明后3日内解除查封、扣押，予以退还。

（九）勘验检查、鉴定、技术调查

监察机关在调查过程中，可以直接或者指派、聘请具有专门知识、资格的人员在调查人员主持下进行勘验检查。勘验检查应当制作笔录，由参加勘验检查的人员和见证人签名或者盖章。现代社会中，犯罪形式日益多样化，有些犯罪仅采取一般性调查措施难以得出正确结论。聘请具有专业知识的人员参与勘验检查可以更好地查明案件事实。

监察机关在调查过程中，对于案件中的专门性问题，可以指派、聘请具有专门知识的人进行鉴定。鉴定意见是法定的证据种类，可以作为定案的依据。鉴定人只针对案件中的专门性问题进行鉴定，且对其鉴定意见承担责任。调查人员以及其他人员不得干预或影响鉴定意见。

监察机关调查涉嫌重大贪污贿赂等职务犯罪，经过严格的批准手续，可以采取技术调查措施，按照规定交有关机关执行。技术调查措施一般指通信技术手段，例如电话监听、监控等。上述手段涉及公民的通信自由和通信秘密，因此必须严格限制适用条件，审慎使用该措施。技术调查措施适用于涉嫌"重大"贪污贿赂等职务犯罪。何为"重大"？一般指犯罪数额巨大，造成损害严重，社会影响恶劣等。[1] 技术调查措施的批准决定应当明确采取技术调查措施的种类和适用对象，自签发之日起 3 个月以内有效；对于复杂、疑难案件，期限届满仍有必要继续采取技术调查措施的，经过批准，有效期可以延长，每次不得超过 3 个月。对于不需要继续采取技术调查措施的，应当及时解除。

（十）通缉

监察机关行使职权时，需要公安机关、检察院、法院等国家机关配合协助。被提请协助的国家机关应当根据监察机关提请协助办理的事项和要求，在职权范围内予以协助。依法应当留置的被调查人如果在逃，监察机关可以决定在本行政区域内通缉，由公安机关发布通缉令，追捕归案。通缉范围超出本行政区域的，应当报请有权决定的上级监察机关决定。公安机关在接到监察机关移送的通缉决定后，应当积极配合，迅速组织力量开展通缉工作。

（十一）限制出境

【课后练习与测试】

监察法对限制出境的审批主体和程序有严格规定。被调查人和相关人员如果逃匿境外，将影响监察机关展开调查工作。监察机关为防止被调查人及相关人员逃匿境外，经省级以上监察机关批准，可以对被调查人及相关人员采取限制出境措施，由公安机关依法执行。对于不需要继续采取限制出境措施的，应当及时解除。

三、监察程序

监察程序，是监察机关在行使监察职能、履行监察职责过程中必须遵循的方式、规程和步骤的总称。程序是决定法治和恣意

---

[1] 中共中央纪律检查委员会、中华人民共和国国家监察委员会法规室：《〈中华人民共和国监察法〉释义》，中国方正出版社 2018 年版，第 153 页。

人治的重要区别。监察机关办理案件应当遵循法定程序。

（一）处理报案、举报

公民报案和举报是监察机关发现违法犯罪线索的重要途径。监察机关对于报案或者举报，应当接受并按照有关规定处理。对于不属于本机关管辖的事项，应当移送主管机关处理。具体而言，如果该事项属于监察事项，但是不属于本监察机关管辖范围，应当移送有管辖权的监察机关处理；若不属于监察事项，应当由有关主管机关管辖。监察机关应当为报案人、举报人保密，以保护其人身安全。

（二）立案

《监察法》第39条规定："经过初步核实，对监察对象涉嫌职务违法犯罪，需要追究法律责任的，监察机关应当按照规定的权限和程序办理立案手续。监察机关主要负责人依法批准立案后，应当主持召开专题会议，研究确定调查方案，决定需要采取的调查措施。立案调查决定应当向被调查人宣布，并通报相关组织。涉嫌严重职务违法或者职务犯罪的，应当通知被调查人家属，并向社会公开发布。"该规定旨在规范监察机关的立案程序，切实保障被调查人及其家属的知情权。涉嫌严重职务违法或者职务犯罪的，应当向社会公开发布。这是保障公民知情权的应有之义，也是公民监督权得以实现的必要前提和基础。

（三）调查取证

调查工作中，监察机关应当收集被调查人有无违法犯罪以及情节轻重的证据，查明违法犯罪事实，形成相互印证、完整稳定的证据链。调查取证工作要依法进行，严格遵守和执行有关办案程序方面的规定，做到事实清楚、证据确凿、定性准确、程序合法、手续完备。

严禁以威胁、引诱、欺骗及其他非法方式收集证据，严禁侮辱、打骂、虐待、体罚或者变相体罚被调查人和涉案人员。

调查人员采取讯问、询问、留置、搜查、调取、查封、扣押、勘验检查等调查措施，均应当依照规定出示证件，出具书面通知，形成笔录、报告等书面材料，并由相关人员签名、盖章。监察机关调查人员在采取调查措施时，表明身份、出示证件是其必须遵循的程序义务。从事讯问、搜查、查封、扣押等重要取证工作，应当对全过程进行录音录像，以全面记录调查取证过程，留存备查。

（四）留置程序

《监察法》用留置程序取代了纪检所采用的"双规"措施，并对其进行严格程序限制。留置权涉及对被调查人人身自由的限制，若不遵循法定程序，极易侵犯其合法权益。监察机关采取留置措施，应当由监察机关领导人员集体研究决定。设区的市级以下监察机关采取留置措施，应当报上一级监察机关批准。省级监察机关采取留置措施，应当报国家监察委员会备案。

留置有严格期限要求。一般情况下，留置时间不得超过3个月。在特殊情况下，可以延长一次，延长时间不得超过3个月。省级以下监察机关采取留置措施的，延长留置时间应当报上一级监察机关批准。监察机关发现采取留置措施不当的，应当及时解除。

被调查人采取留置措施后，应当在24小时以内，通知被留置人员所在单位和家属，但有可能毁灭、伪造证据，干扰证人作证或者串供等有碍调查情形的除外。有碍调查的情形消失后，应当立即通知被留置人员所在单位和家属。

我国《宪法》明确规定"国家尊重和保障人权"。被留置人在留置期间的合法权益应当受到保障。监察机关应当保障被留置人员的饮食、休息和安全，提供医疗服务。讯问被留置人员应当合理安排讯问时间和时长，讯问笔录由被讯问人阅看后签名。

（五）监察决定的复审、复核程序

所谓复审，是指监察机关依法受理不服监察决定的复审申请，对原监察决定进行审查核实并作出复审决定的活动。所谓复核，是指上一级监察机关依法受理复核申请，对原复审决定进行审查核实并作出复核决定的活动。规定复审、复核程序的目的在于保证监察机关正确、及时地处理复审、复核案件，维护复审、复核申请人的合法权益，监督监察机关依法办事。《监察法》对此有明确规定。监察对象对监察机关作出的涉及本人的处理决定不服的，可以在收到处理决定之日起1个月内，向作出决定的监察机关申请复审，复审机关应当在1个月内作出复审决定；监察对象对复审决定仍不服的，可以在收到复审决定之日起1个月内，向上一级监察机关申请复核，复核机关应当在 2 个月内作出复核决定。复审、复核期间，不停止原处理决定的执行。复核机关经审查，认定处理决定有错误的，原处理机关应当及时予以纠正。

四、监察处置

监察机关依据法定程序进行监督、调查后，可以依据不同情形作出监察处置决定。

（一）谈话提醒、批评教育、责令检查、予以诫勉

对有职务违法行为但情节较轻的公职人员，按照管理权限，直接或者委托有关机关、人员，进行谈话提醒、批评教育、责令检查，或者予以诫勉。

（二）政务处分决定

对违法的公职人员依照法定程序作出警告、记过、记大过、降级、撤职、开除等政务处分决定。监察机关可以依据《公职人员政务处分暂行规定》（国监发〔2018〕2 号）以及《公务员法》《行政机关公务员处分条例》等法律法规规定对违法的公职人员作出政务处分决定。

（三）问责

有权必有责，用权受监督。《监察法》对问责制度予以法治化。监察机关对不履行或者不正确履行职责负有责任的领导人员，按照管理权限对其直接作出问责决定，或者向有权作出问责决定的机关提出问责建议。

（四）移送起诉

对涉嫌职务犯罪的，监察机关经调查认为犯罪事实清楚，证据确实、充分的，制作起诉意见书，连同案卷材料、证据一并移送人民检察院依法审查、提起公诉。

（五）监察建议

监察建议是监察机关依照法律、法规所规定的监察职权，在检查、调查的基础上，向被监察部门和人员就其职责范围内的事项提出的具有一定行政法律效力的建议。监察建议主要针对监察对象所在单位廉政建设和履行职责存在的问题等。具有以下情形的，可以提出监察建议：

1. 拒不执行法律、法规或者违反法律、法规以及人民政府的决定、命令，应当予以纠正的。所谓拒不执行，是指拒绝执行或错误执行、不按规定执行。监察机关可以对监察对象提出监察建议，要求其在规定期限内予以纠正。

2. 决定、命令、指示违反法律、法规或者国家政策。对此，监察机关可以提出监察建议，要求原发布机关予以纠正或者撤销。这是维护国家法治统一，保证政令畅通的重要手段。

3. 给国家利益、集体利益和公民合法权益造成损害，需要采取补救措施的。所谓"补救措施"，主要是指为了及时纠正差错或者避免差错继续扩大造成新的损害而采取的相应处理办法，包括消除影响、恢复名誉；赔礼道歉、承认错误；经济赔偿以及其他需要采取的措施。国家机关及其工作人员由于失职或者行使职权不当，已经给公民和法人合法权益造成损害的，应当按照有关法律、法规的规定承担赔偿责任。

4. 录用、任免、奖罚决定明显不适当的。这里的"明显不适当"，是指录用、任免、奖惩决定明显不符合或者违反国家有关法律、法规和政策规定。例如：被录用人员德才明显不符合所任职务要求、奖罚畸轻畸重。

5. 按照有关法律、法规规定需要给予行政处罚的。行政处罚包括警告、罚款、没收、吊销许可证和执照、行政拘留等。

6. 需要给予责令公开道歉、停职检查、引咎辞职、责令辞职、免职等问责处理的。

（六）撤销案件

监察机关经调查，对没有证据证明被调查人存在违法犯罪行为的，应当撤销案件，并通知被调查人所在单位。

第四节　对监察机关和监察人员的监督

有权必有责。监察委员会作为国家机关，其行使的监察权必须接受监督和制约。绝对的权力导致绝对的腐败。监察权作为重要的公权力，如果不加以制约和限制，极易侵犯公民的合法权益。《监察法》构建了包含人大监督、社会监督、内部监督等多种监督方式并存的监督机制，以实现对监察机关和监察人员的全方位、全覆盖监督。

一、人大监督

《监察法》第53条第1款规定："各级监察委员会应当接受本级人民代表大会及其常务委员会的监督。"我国《宪法》明确规定，国家的一切权力属于人民。人民代表大会是我国的权力机关和代议机关。监察委员会由人民代表大会产生，对人民代表大会负责，因此也要接受人民代表大会的监督。依据《监察法》的规定，各级人大及其常务委员会主要通过以下方式对监察委员会进行监督：①听取、审议专项工作报告；各级人民代表大会常务委员会可以听取和审议本级监察委员会的专项工作报告。②组织执法检查。各级人大常委会可以有计划地开展有关《监察法》的执法检查，对法律实施情况进行评价，并针对执法中存在的问题进行总结，提出改进建议。③询问、质询。县级以上各级人民代表大会及其常务委员会举行会议时，人民代表大会代表或者常务委员会组成人员可以依照法律规定的程序，就监察工作中的有关问题提出询问或者质询。具体而言，询问指各级人大常委会召开会议、审理议案时，监察委员会应当派有关负责人到会，听取意见，回答询问。质询指县级以上人大常委会组成人员联名，可以向本级人大常委会书面提出对本级监察委员会的质询案，由委员长会议或者主任会议决定交由受质询的监察委员会答复。

二、民主监督、社会监督、舆论监督

民主监督、社会监督和舆论监督是监督国家监察委员会的有效方式。《监察法》第54条规定："监察机关应当依法公开监察工作信息，接受民主监督、社会监督、舆论监督。"

（一）民主监督

伴随着我国社会主义民主政治的发展，作为人民政协三大职能之一的民主监督，在国家政治生活中起到越来越重要的作用。民主党派可以对监察委员会提出建议、意见和批评，促使监察委员会更好地改进工作。

（二）社会监督

社会监督主要指公民、社会组织对于监察委员会的监督。公民、社会组织应当充分运用互联网技术和信息化手段，不断拓宽监督渠道，实现对监察委员会的有效社会监督。

（三）舆论监督

在我国，舆论监督是人民监督公权力的重要方式，主要指网络、电视、报纸、广播等新闻媒体对各种违法违纪行为所做的报道、评论等。新闻媒体通过对社会事件的报道可以实现对于监察机关等公权力的监督。尤其是互联网时代的到来，新闻媒体在发现事实真相，揭露社会违法行为中所起的作用和影响力日益增强。新闻媒体应当客观、真实、公正，不得夸大事实或者进行虚假报道。

三、内部监督

"打铁还需自身硬"。只有解决好自我监督问题，才能够增强社会公众对国家监察体制改革的信心，更好地发挥监察委员会的监督功能。内部监督与外部监督可以共同构建严密的监督体系，将权力关进制度的笼子。监察机关通过设立内部专门的监督机构等方式，加强对监察人员执行职务和遵守法律情况的监督，建设忠诚、干净、担当的监察队伍，实现自我净化、自我完善、自我革新。为此，《监察法》专门规定了监察委员会的内部监督机制，具体包括说情干预登记备案制度、回避制度、离岗离职从业限制等制度。

（一）说情干预登记备案制度

对于监察人员打听案情、过问案件、说情干预的，办理监察事项的监察人员应当及时报告。发现办理监察事项的监察人员未经批准接触被调查人、涉案人员及其特定关系人，或者存在交往情形的，知情人应当及时报告。有关情况应当登记备案。

（二）回避制度

回避制度可以有效避免监察出现人情案、关系案，进而保障监察工作独立、客观、公正。有下列情形之一的，应当自行回避或者由利害关系人申请回避：①监察对象或者检举人的近亲属的；②担任过本案的证人的；③本人或者其近亲属与办理的监察事项有利害关系的；④有可能影响监察事项公正处理的其他情形的。

（三）脱密期和从业限制

监察工作有可能涉及大量国家秘密，为此监察人员不仅工作期间的行为受到约束，而且其离职后的行为也受到一定限制。为了保障国家安全，防止国家秘密泄露，《监察法》专门规定了脱密期和从业限制制度。监察机关涉密人员离岗离职后，应当遵守脱密期管理规定，严格履行保密义务，不得泄露相关秘密。监察人员辞职、退休3年内，不得从事与监察和司法工作相关联且可能发生利益冲突的职业。

四、被调查人及其近亲属申诉制度

申诉制度不仅可以有效保护被调查人的合法权益，而且能够对监察委员会权力运行起到监督作用。监察机关有下列行为之一的，被调查人及其近亲属有权申诉：①留置法定期限届满，不予以解除的；②查封、扣押、冻结与案件无关的财物的；③应当解除查封、扣押、冻结措施而不解除的；④贪污、挪用、私分、调换以及违反规定使用查封、扣押、冻结的财物的；⑤其他违反法律法规、侵害被调查人合法权益的行为。

受理申诉的监察机关应当在受理申诉之日起1个月内作出处理决定。申诉人对处理决定不服的，可以在收到处理决定之日起1个月内向上一级监察机关申请复查，上一级监察机关应当在收到复查申请之日起2个月内作出处理决定，情况属实的，及时予以纠正。

第十二章　行政复议

本章知识结构图

```
                                    ┌ 主体标准
                    行政复议的受案范围 ┤ 行为标准
                                    └ 结果标准

                                    ┌ 条块管辖
                    行政复议的管辖    ┤ 条条管辖
                                    │ 自我管辖
                                    └ 复议转送

                    行政复议的参加人  ┌ 申请人
                                    └ 被申请人

                                    ┌ 申请
                    行政复议的程序    ┤ 受理
                                    └ 审理

    行政复议                                            ┌ 证据规则
                    行政复议的证据规则与法律适用          ┤
                                                        └ 法律适用

                                    ┌ 结案的期限
                                    │ 不作出复议决定结案
                    行政复议的结案与执行┤ 作出复议决定结案
                                    │ 结案后的后续处理措施
                                    └ 行政复议决定的执行

                                                    ┌ 复议诉讼自由选择
                    行政复议与行政诉讼的衔接关系       ┤ 复议前置但不终局
                                                    │ 复议自由但复议终局
                                                    └ 复议前置且终局
```

重点内容讲解

　　行政复议，指的是在当事人的参与下，由行政复议机关对行政行为（附带部分行政规范性行为）的合法性与合理性加以审查，并作出评判的活动。与行政诉讼制度相比，行政复议同样是一种解决行政争议、救济私人权利、监督行政机关的重要制度。不同之处在于，行政诉讼是一种由司法机关实施的外部监督审查机制，而行政复议是由行政系统内部（通常是行政行为实施者的上一级机关）实施的内部监督审查机制。相对于行政诉讼，行政复议具有高效率、低成本的优点，但在公正性上则不如行政诉讼，可以说两者各有优劣。我国的行政复议制度，在立法框架上与行政诉讼制度有许多类似之处，在具体内容上也有许多共同点。

本章重点掌握以下内容：①行政复议的受案范围。②行政复议的管辖包括条块管辖、条条管辖和自我管辖。③行政复议被申请人的确定标准。④行政复议的程序。⑤行政复议与行政诉讼的衔接关系，包括复议诉讼自由选择、复议前置但不终局、复诉自由但复议终局、复议前置且终局四种类型。

第一节　行政复议的受案范围

判断行政复议受案范围的标准，与行政诉讼是类似的，都是看三个方面：

一、主体标准

这一点与行政诉讼是相同的，必须是由具有行政职权的机关、组织及其工作人员，或者是由这些机关、组织所委托的组织和个人所实施的行为，也就是基于行政职权的行使而引发的争议，才有可能进入行政复议。

二、行为标准

这一点与行政诉讼略有不同。

一方面，行政复议既可以直接审查行政行为，还可以附带审查一部分行政规范性文件，这一点和新修订的《行政诉讼法》是一致的。对此，掌握三点：

1. 理解好附带审查的概念，这里关键是看两点。一是"附带"，这是相对于直接审查而言的。直接审查意味着可以对这个抽象行政行为直接申请复议，附带审查则不行，如果直接申请的话，复议机关不予受理。但是，如果申请人先对一个行政行为要求审查，再提出一个作为这个行为依据的行政规范性文件，要求复议机关一并审查，复议机关就应当受理，这就是所谓的行政行为对行政规范性文件的"附带"。二者的关系是，行政规范性文件"依附"于行政行为，由行政行为"带领"着行政规范性文件进入复议。二是"审查",审查就意味着要作出结论。这和复议机关在法律适用中判断行政行为依据的个案效力是不同的,因为后者并不直接对这个依据的合法性作出判断,仅仅是明确了该依据在个案中是否应当被适用,即使该依据在本案中不被适用,并不意味着它在另外一个案件中同样不被适用。而附带审查则是要对这个依据的合法性作出明确的结论,这个结论是具有普遍效力的。如果其效力通过附带审查被否定,就从此失去了效力,在其他案件中也不能被当作行政行为的合法依据了。这一点,也是行政复议和行政诉讼在附带审查制度上的重要差别。

2. 理解附带审查的范围。按照《行政复议法》的规定,目前行政复议附带审查的范围指的是行政规章以下(不含行政规章)的其他行政规范性文件,行政规章或效力高于规章的其他行政规范性文件,不在行政复议的审查之列。之所以有这样的限制,有几个方面的原因:①规章以下的行政规范性文件数量最多、效力层级较低,复议机关或者复议机关转送的其他机关比较容易对其进行处理。②规章以下的文件制定质量较差,相互之间矛盾冲突较多,存在违法情形的可能性比较大,最需要进行合法性审查,行政复议的附带审查是对这些文件进行纠错的一个有效途径。③规章和规章以上的行政立法行为,已经有其他法律机制来对其加以监督审查了,例如《立法法》中规定的备案制度、上级政府的监督审查制度、本级人大及常委会的监督审查制度等。这些制度如果有效运行的话,已经能够比较好地解决好这些高位阶行政规范性文件的合法性问题,没有必要再通过行政复议来附带审查了。与此同时,如果将其纳入复议附带审查范围的话,在大多数案件中,复议机关的行政层级与这些文件制定主体的行政层级相差还比较多,需要经过多个层次的多次转送才能得到处理,其处理效率很低。此外,还需要处理好复议附带审查制度与对行政立法的其他监督审查制度之间的衔接、协调问题,比较复杂。因此,行政复议法暂时没有将规章与规章以上的行政规范性文件纳入审查的范围。当然,这种限制也并不是绝对的。规章及以上的行政规范性文件只是在复议申请阶段不能被申请人一并申请附带审查,而在复议审理阶段中,如果复议机关自己发现这些依据存在问题时,仍然可以依职权主动进行审查处理,并不受这些依据效力层级的限制。

3. 申请复议审查的时机。按照《行政复议法》第 7 条的规定，公民、法人或者其他组织认为行政机关的具体行政行为所依据的规定不合法，在对具体行政行为申请行政复议时，可以一并向行政复议机关提出对该规定的审查申请。但在实践中发现，很多复议申请人在对行政行为申请复议的时候，还没有注意到其某个依据存在问题，甚至还没有完全了解这个行为的依据都有哪些。一般来说，要等到被申请人作出答辩之后，申请人根据其答辩意见才能充分了解这一点。此时，申请人完全有可能才提出该行政行为的某个依据存在问题，要求复议机关附带审查。2007 年的《行政复议法实施条例》解决了这一问题，其第 26 条规定，依照《行政复议法》第 7 条的规定，申请人认为行政行为所依据的规定不合法的，可以在对行政行为申请行政复议的同时一并提出对该规定的审查申请；申请人在对行政行为提出行政复议申请时尚不知道该行政行为所依据的规定的，可以在行政复议机关作出行政复议决定前向行政复议机关提出对该规定的审查申请。

行政复议受案行为标准的另一方面是，行政诉讼只受理当事人认为违法和明显不当的行政行为，行政复议则受理当事人认为违法和所有不当（不合理）的行政行为。即行政复议既审查行政行为的合法性，也全面审查行政行为的适当性（合理性）。原因在于法院与复议机关性质上的差别，法院与行政机关之间的关系是监督关系而非领导关系，因此只能对行政行为做合法性审查，兼及一部分可以视为违法的明显不当行为；复议机关一般是被申请人的领导机关，特殊情况下还可能是被申请人自己，当然可以对被申请人的行为作合法性与合理性上的全面审查。

三、结果标准

行政诉讼与行政复议受案的结果标准也是相同的，都要求只有在当事人认为行政行为侵害其合法权益的情况下，方能受理。

行政复议的受案范围可以总结为这样几句话：①行政行为可以直接申请复议；②低于行政规章的行政规范性文件不得直接、但可以附带地申请复议；③行政规章以上（包含行政规章）的行政规范性文件，不得直接或附带地申请复议。

【理论扩展】

第二节　行政复议的管辖

复议管辖又称为复议机关的确定。行政复议机关一般是复议被申请人的上级行政机关或其他直接主管机关，特殊情况下由被申请人自己充当。复议机关的确定主要有三种规则，另有一些例外情况适用稍有特殊的规则，具体包括：

一、条块管辖

在日常生活中，人们常常将行政机关之间垂直领导的关系称为"条条"关系，而将地方政府对其下属部门的领导称为"块块"关系，行政复议机关的确定规则，就以行政管理体制上的这种"条块"划分为基础。

条块管辖，是确定复议机关的一般原则，也是最常见的情况，指的是由被申请人的同级政府或上一级主管部门作为复议机关的情况。条块管辖适用于县级以上地方政府的一般工作部门作为复议被申请人的情况。具体而言，这些作为被申请人的机关包括县、市、省三级政府的一般工作部门，它们在体制上既受同级政府领导，又受其上一级主管部门领导，这两个领导机关都可以充当其复议机关。例如，对某市水利局行政行为不服的案件，其复议机关是市政府或者省水利厅，申请人可以选择向其中任何一个机关申请复议。

二、条条管辖

这指的是只由被申请人的上一级领导机关充当复议机关，而排除其同级政府作为复议机关的情况。条条管辖的情况相对特殊，适用于两种情况：

1. 地方各级政府作为复议被申请人的情况。此时，被申请人自己就是一级政府，它的直接领导机关自然只有一个，就是上一级政府。例如，以成都市政府作为被申请人的案件，复议机关是四川省政府。在某些地区没有地级市的建制，只有省级政府设立的派出机关（地区行政公署），在这些地区对某个县级政府行政行为不服的复议案件，就由该地区行政公署管辖。

2. 垂直领导部门作为被申请人的情况。主要指的是中央垂直领导，即从中央到基层均实行垂直领导的部门，具体包括海关、金融、国税、外汇管理四个部门。还有的部门实行的是并非完全的垂直领导，主要是国家安全部门，它同时受到同级政府与上一级国安部门的领导，名义上还是同级政府的一个工作部门，但偏重于上一级主管部门的垂直领导，因此《行政复议法》也将其与上述四个垂直领导部门同等对待。以上述五个部门为被申请人的复议案件，只能由被申请人的上一级主管部门作为复议机关。如以某市国税局为被申请人的案件，其复议机关只能是省国税局。

关于条条管辖，需要特别注意省级以下垂直领导部门的复议管辖问题。实践中，除了实行全国垂直领导的部门，还有一些部门实行或曾经实行过省级以下的垂直领导，包括工商、地税、质量技术监督、药品监督、国土资源管理等。但按照《行政复议法实施条例》的规定，不服省级以下垂直领导部门的行为，当事人仍可选择向其上一级主管部门或同级政府申请行政复议，即仍实行"条块管辖"。但如果其所在省份对此作出特别规定的，从其规定。这种特别规定（在本省范围内，地方政府不作为省级以下垂直领导部门的复议机关）在理论上可能存在，但实践中十分罕见。

【课后练习与测试】

三、自我管辖

这指的是复议被申请人自己作为复议机关的情况。这只有一种情况，就是省部级行政机关管辖自己作为被申请人的复议案件。省部级行政机关，包括国务院的组成部门、直属单位以及其他有行政主体地位的下属机构，还包括各省级政府。需要注意，对于省部级行政机关作出的行政行为适用自我管辖规则，并不意味着对这些行为不能直接提起诉讼。当事人对这些行为不服，既可直接提起行政诉讼，也可申请行政复议，而对于复议结果不服，仍可再提诉讼，或申请国务院作出裁决（相当于二次复议）。有关自我管辖，注意两点：

1. 申请人对多个国务院部门共同作出的行政行为不服的，可以向其中任何部门提出复议申请，但由这些部门作为共同复议机关来审理。

2. 为了改善自我管辖情况下复议机关和被申请人重合可能导致的不公正，在此类自我管辖的案件中，由省部级行政机关内部原承办行政行为复议的部门或机构扮演被申请人的角色，提出书面答复，并提交作出行为的证据、依据和其他有关材料；由省部级单位内部的复议机构（法制机构）扮演复议机关的角色，实际审理案件，从而实现复议机关和被申请人在内部的相对"分离"。

四、复议转送

除了上述条块管辖、条条管辖、自我管辖三类规则，还存在着其他更为特殊的复议案件，包括：①地方政府派出机关作为被申请人的案件；②行政机关的派出机构作为被申请人的案件；③被授权的社会组织作为被申请人的案件；④多个行政机关作为共同被申请人的案件；⑤作出行政行为的机关被撤销的案件。这些案件的特殊之处表现在：一是其复议机关的确定与以上三种规则并不完全相同；二是这些案件可以由案件发生地的县级政府转送复议申请。

（一）特殊案件复议机关的确定

1. 地方政府派出机关作为被申请人的案件，地方政府的派出机关主要是地区行政公署、区公所、街道办事处三种，其地位类似于一级政府，其作为被申请人的案件，由设立它的地方政府作为复议机关。

【课后练习与测试】

2. 行政机关的派出机构作为被申请人的案件，行政机关的派出机构常见的如派出所、税务所、工商所等，当其作为复议被申请人时，复议机关是派出它的行政机关及该机关的同级政府两家，但如果派出它的机关是垂直领导部门，则复议机关中不包括其同级政府。例如，对县公安局派出所的行政行为不服的，复议机关是县公安局和县政府；而对县国税局（垂直领导部门）派出的税务所的行政行为不服的，复议机关就只有县国税局。

3. 被授权的社会组织作为被申请人的案件，复议机关是直接管理该组织的行政机关。例如，对中国人民大学的行为不服的，其复议机关是教育部。

4. 多个行政机关作为共同被申请人的情况，复议机关是这些机关的共同上一级行政机关。例如，某市甲县公安局和乙县公安局的共同上一级机关就是市公安局；而该市文化局与该市公安局的共同上一级机关就是该市政府。

5. 作出行政行为的机关被撤销的情况，此时首先要找到另外一个机关替代原机关作为复议被申请人，再根据后者的具体情况确定其相应的复议机关。一般来讲，一个行政机关被撤销时，应当有另外一个机关继续行使其职权，此时后者就代替前者作为被申请人。例如，某市新闻出版局被合并于文化局，则当事人对原新闻出版局的行为不服申请复议的，就以文化局为被申请人，相应地，复议机关就是该市政府或省文化厅。但有时候，一个行政机关被撤销是因为其职权已经无须行使了，不存在另外一个机关来继续行使它的职权，此时应当以撤销它的机关代替它作为复议被申请人。例如，某市曾设立一个专业市场管理局，其职权为管理该市若干大型专业贸易市场，后来因该市各大专业贸易市场相继倒闭，市政府决定将该局撤销，其职权不再行使。则对该局原来作出的行政行为不服的，应当以该市政府为复议被申请人，复议机关是该省政府。

（二）以上案件的复议转送问题

由于以上五类案件复议机关的确定规则不同寻常、较为复杂，一般当事人很难准确识别，这无疑提高了当事人申请行政复议的"门槛"。为了便利当事人申请行政复议，对于这些案件，申请人除了向复议机关申请之外，也可以向行政行为发生地的县级政府提出复议申请。接受复议申请的县级政府可能并非真正的复议机关，其扮演的是一个传递、转送的角色。县级政府对于其接受的复议申请应当作出判断，对于自己有权管辖的案件应当受理，对于自己无权管辖的案件应当在接到申请之日起 7 日内转送有权的复议机关，并告知申请人。

第三节　行政复议的参加人

行政复议的参加人包括申请人、被申请人、第三人、代表人、代理人等。

一、申请人

行政复议申请人的确定规则，与行政诉讼原告的确定规则是相同的。与被申请行政行为有法律上直接利害关系的公民、法人或其他组织，都可以申请行政复议。行政诉讼原告和行政复议申请人的确定标准必然具有一致性，否则由于当事人不服复议决定原则上还可以提起行政诉讼，这两个制度就难以顺利衔接了。只不过，如果一个案件是经过行政复议之后再提起诉讼的，具有原告资格的人范围会有所扩大。因为，复议决定等于是一个新的行政行为，这个新的行为在原行为的基础上有可能产生新的利害关系人，这些新的利害关系人如果不服复议决定，同样可以提起行政诉讼。除了申请人外，行政复议第三人、代表人、代理人的确定，与行政诉讼基本上也是相同的。

二、被申请人

行政复议被申请人的确定规则，与行政诉讼被告的确定规则大体相似，但稍有不同。确认行政复议的被申请人，一般也是看两点：一看是否具备行政主体资格；二看申请人是否针对其提出了申请，但特殊情况下存在例外。主要掌握以下两点即可：

1. 共同行政行为案件中的被申请人。当事人对共同行政行为申请复议时，应当以实施这些行为的多个行政主体作为共同被申请人。如果申请人没有将共同行政行为的所有实施者全部列为申请人，复议机关应当直接将遗漏的行政主体追加为共同被申请人，而不是像行政诉讼那样，将这一部分行政主体列为第三人。

某些情况下，行政主体与非行政主体共同署名作出行为，当事人申请复议的，只以其中的行政主体作为被申请人，非行政主体只能作为复议的第三人。

2. 经批准行为的被申请人。下级行政机关经上级行政机关批准作出行政行为的，当事人申请复议，应当按照实质标准，以批准的上级机关作为被申请人。这与行政诉讼也是不同的，行政诉讼在这种情况下，是按照名义标准，以署名的行政机关作为被告的。行政诉讼和行政复议的这两种做法各有长短，采取形式标准的好处是当事人很容易判断，降低了起诉门槛，缺点是被告不是真正作出决定的主体，即使原告胜诉了，法院的判决也不容易得到履行。采取实质标准则相反，有利于真正落实最后的复议决定，但当事人不容易判断到底是谁批准了这个行为，加大了申请复议的难度。

第四节　行政复议的程序

行政复议程序分为申请、受理、审理、决定四个阶段。对于决定阶段，我们将结合行政复议的决定方式在后文叙述，这里主要介绍申请、受理、审理。

一、申请

申请环节是行政复议程序的开始，主要掌握如下几点：

（一）申请期限的长度

当事人应当在知道行政行为之日起 60 日内提出复议申请，但法律规定的申请期限超过 60 日的除外。即申请复议的一般期限为 60 日，如法律另有规定超过 60 日的，从其规定；如另有规定少于 60 日的，以 60 日为准。例如，原来的《治安管理处罚条例》（现已失效）规定对于治安处罚不服申请复议的期限是 5 日，则这一期限是无效的，以 60 日为准。

【课后练习与测试】

（二）申请期限的起算

如果被申请的行政行为是作为的，其申请期限按以下规则起算：①当场作出行为的，自其作出之日起计算；②载明行为的法律文书直接送达的，自签收之日起计算；③载明行为的法律文书邮寄送达的，自在邮件签收单上签收之日起计算；没有邮件签收单的，自在送达回执上签名之日起计算；④行为通过公告形式告知受送达人的，自公告规定的期限届满之日起计算；⑤行政机关作出行为时未告知当事人，事后补充告知的，自当事人收到补充告知之日起计算；⑥被申请人能够证明当事人知道其行为的，自证明之日起计算。行政机关作出行政行为，依法应当送达法律文书而未送达的，视为当事人不知道该行为。

如果被申请的行政行为是不作为的，其申请期限按以下规则起算：①有规定履行期限的，自履行期限届满之日起计算；②没有规定履行期限的，自行政机关收到申请满 60 日起计算；③当事人在紧急情况下请求行政机关履行法定职责，行政机关不履行的，立即可以申请复议。

（三）申请复议的方式

1. 书面申请。申请人书面申请行政复议的，可以采取当面递交、邮寄或传真等方式提出，有条件的行政复议机构可以接受以电子邮件形式提出的申请。

2. 口头申请。申请人口头申请行政复议的，复议机构应当场制作行政复议申请笔录交申请人核对或者向申请人宣读，并由申请人签字确认。

二、受理

（一）受理条件

行政复议申请符合下列条件的，应当受理：①有明确的申请人和符合规定的被申请人；②申请人与行政行为有利害关系；③有具体的行政复议请求和理由；④在法定申请期限内提出；⑤属于行政复议法规定的行政复议范围；⑥属于收到行政复议申请的行政复议机构的职责范围；⑦其他行政复议机关尚未受理同一行政复议申请，法院尚未受理同一主体就同一事实提起的行政诉讼。

（二）受理期限

复议机关收到行政复议申请后，应当在 5 日内进行审查，视情况作出如下处理：①对符合条件的复议申请，决定受理；②对不符合法定条件的行政复议申请，决定不予受理，并书面告知申请人；③对符合法律规定，但是不属于本机关受理的行政复议申请，应当告知申请人向有关行政复议机关提出；④行政复议申请材料不齐全或表述不清楚的，应当自收到该行政复议申请之日起 5 日内书面通知申请人补正，申请人无正当理由逾期不补正的，视为申请人放弃复议申请。

（三）"受""理"分离

根据上文对复议管辖的介绍，申请人对派出机关的复议、对派出机构的复议、对被授权组织的复议、对共同行为的复议、对被撤销机关的复议五种特殊情况，除了可以向法定的复议机关申请复议之外，还可以向行政行为发生地的县级政府提交复议申请。对属于其他复议机关管辖的申请，县级政府应当接受，并在7日内转送有关复议机关。

（四）管辖竞合

申请人就同一事项向两个或两个以上有权受理的机关申请行政复议的，由最先收到申请的机关受理；同时收到申请的，由这些机关在10日内协商确定；协商不成的，由其共同上一级机关在10日内指定受理机关。协商确定或指定受理机关所用时间不计入复议审理期限。

（五）督促受理

当事人依法提出复议申请，复议机关无正当理由不予受理的，上级行政机关认为不予受理的理由不成立的，可以先督促其受理；经督促仍不受理的，应当责令其限期受理，必要时也可以直接受理；如上级行政机关认为复议申请不符合法定受理条件的，应当告知申请人。当然，如果复议机关应当受理而不受理的，申请人也可以转而提起行政诉讼，起诉复议机关不作为。

三、审理

（一）审理机构

行政复议案件一般由复议机关中负责法制工作的机构具体审理（法制办、法制处、法制科等），行政复议机构审理行政复议案件，应当由2名以上行政复议人员参加。

（二）审理方式

行政复议原则上采取书面审查的办法，但是申请人提出要求或行政复议机构认为有必要时，可以实地调查核实证据；对重大、复杂的案件，申请人提出要求或行政复议机构认为必要时，可以采取听证的方式审理。

（三）审理过程

行政复议审理的一般过程包括：①送达申请书。行政复议机构应当自行政复议申请受理之日起7日内，将申请书副本或者申请笔录复印件发送被申请人。②提供证据和答辩。被申请人应当自收到申请书副本或者申请笔录复印件之日起10日内，提出书面答复，并提交当初作出行政行为的证据、依据和其他有关

【课后练习与测试】

材料。

第五节　行政复议的证据规则与法律适用

复议机关审理行政复议案件和法院审理行政诉讼案件类似，在审理的依据上都要"以事实为根据、以法律为准绳"，也就是都要讲证据规则和法律适用规则。在证据规则和法律适用规则的具体内容上，行政复议的规定和行政诉讼是类似的，但其内容要简单得多。在实践中，对于这一方面的问题，如果遇到行政复议制度上没有详细规定的情况，可以参照行政诉讼的相关规定来处理。

一、证据规则

行政复议的证据规则，只规定了举证问题，对此掌握三个方面：

（一）被申请人举证

1. 举证责任。被申请人在复议中承担主要的举证责任。行政复议机构应当自受理复议申请之日起 7 日内，将复议申请书副本或复议申请笔录复印件发送被申请人，被申请人应当自收到之日起 10 日内，提出书面答复，并提交当初作出行政行为的证据、依据和其他有关材料。

被申请人逾期没有举证的，视为其行为没有证据和依据，复议机关应当撤销其行为。

2. 举证方式。被申请人举证应当遵循"有证在先"的原则，提供其在行政程序中收集的证据。在行政复议过程中，被申请人不得自行向申请人和其他单位或个人收集证据。

（二）申请人举证

1. 举证责任。申请人对个别问题承担举证责任，包括：①申请证明责任，当事人认为行政机关不履行法定职责的，应当提供其曾经要求被申请人履行职责而对方未履行的证据；②损害证明责任，当事人复议时一并提出行政赔偿请求的，应当提供受行政行为侵害而造成损害的证据；③其他证明责任，即法律、法规规定需要申请人举证的其他情形。

【课后练习与测试】

2. 举证方式。申请人或第三人提供的证据，主要来源于对有关材料的查阅。申请人、第三人可以查阅被申请人提出的书面答复、作出行政行为的证据、依据和其他有关材料，除涉及国家秘密、商业秘密或个人隐私外，复议机关不得拒绝，并为其提供必要条件。

（三）复议机关调查取证

由于行政复议属于内部监督与审查程序，因此，复议机关可以在必要时主动出击调查取证，其范围原则上不受限制。

调查取证时，行政复议人员不得少于2人，并应当向当事人或有关人员出示证件。被调查单位和人员应当配合行政复议人员的工作，不得拒绝或者阻挠。行政复议人员向有关组织和人员调查取证时，可以查阅、复制、调取有关文件和资料，向有关人员进行询问。

二、法律适用

由于行政复议是一种内部监督与审查程序，因此，复议机关在审理案件时所适用的依据，在范围上比行政诉讼更宽，包括法律、法规、规章，甚至可以包括规章以下的一般行政规范性文件。

第六节 行政复议的结案与执行

行政复议的结案方式与行政诉讼一审的结案方式比较接近，但相对更灵活一些。

一、结案的期限

复议机关应当自受理申请之日起60日内结案；但是法律规定的行政复议期限少于60日的除外。情况复杂，不能在规定期限内结案的，经复议机关负责人批准可以适当延长，并告知申请人和被申请人，但延长期限最多不超过30日。

行政复议的申请期限和审理期限容易被混淆，原则上都是60日，但要注意区别：

1. 两者的含义不同。复议的申请期限，是对申请人的期限限制，指的是从当事人知道行政行为之日到提出复议申请之间的时段。而复议的审理期限，是对复议机关的期限限制，指的是从复议机关受理复议申请之日起到作出复议决定之间的时段。

2. 两者的例外规定不同。复议申请期限原则上是 60 日，法律可对其作出长于 60 日的例外规定。复议审理期限原则上也是 60 日，法律可对其作出短于 60 日的规定。存在这种差别，是因为申请期限限制的对象是申请人，以宽松为宜；而审理期限限制的是复议机关，以严格为宜。

3. 两者能否延长不同。申请期限不能延长，只能在发生不可抗力等正当事由时，将耽误的时间扣除。而审理期限可以延长，对于情况复杂的复议案件，经行政复议机关的负责人批准，可以延长不超过 30 日的时间。

二、不作出复议决定结案

行政复议结案的主要形式是作出复议决定，但例外情况下，可以不作出复议决定结案，包括：

（一）申请人撤回申请

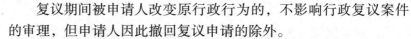
申请人在行政复议决定作出之前，自愿撤回行政复议申请的，经行政复议机构同意，可以撤回，复议程序终止。申请人撤回行政复议申请之后，不得再以同一事实和理由提出行政复议申请，但能够证明撤回行政复议申请违背其真实意思表示的除外。

复议期间被申请人改变原行政行为的，不影响行政复议案件的审理，但申请人因此撤回复议申请的除外。

【课后练习与测试】

（二）和解结案

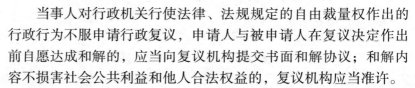
当事人对行政机关行使法律、法规规定的自由裁量权作出的行政行为不服申请行政复议，申请人与被申请人在复议决定作出前自愿达成和解的，应当向复议机构提交书面和解协议；和解内容不损害社会公共利益和他人合法权益的，复议机构应当准许。

【课后练习与测试】

（三）调解结案

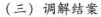
与行政诉讼类似，对于以下两种情况，复议机关可以按照自愿、合法的原则进行调解：①当事人对行政机关行使法律、法规规定的自由裁量权作出的行政行为不服申请行政复议的；②行政赔偿或行政补偿纠纷。

当事人经调解达成协议的，复议机关应当制作行政复议调解书，载明行政复议请求、事实、理由和调解结果，并加盖行政复议机关印章。行政复议调解书经双方当事人签字，即具有法律效力。调解未达成协议或调解书生效前一方反悔的，复议机关应当及时作出行政复议决定。

调解结案是《行政复议法实施条例》中的规定，打破了行政争议不得调解的圭臬。之所以规定上述两类案件可以调解，主要原因在于这两种案件的处理均与行政行为的合法性判断无关。第一类案件，实际上是对行政行为合理性的判断，自然与合法性判断非此即彼的性质有所不同，具有一定的裁量空间。第二类案件，由于行政赔偿或行政补偿问题都是在被申请行为合法性已经明确的前提下展开的，也不再涉及合法性争议。

【课后练习与测试】

三、作出复议决定结案

除了上述情形，在其他情况下复议机关必须作出复议决定。行政复议决定的类型，与行政诉讼一审判决的类型比较接近，但也有所差别。

（一）被申请人获胜的决定

被申请人在行政复议中获胜，即被申请的行政行为认定事实清楚，证据确凿，适用依据正确，程序合法，内容适当的，复议机关应当决定维持。而在行政诉讼中，维持判决已经被废除了。

在个别情况下，被申请人在行政复议中获胜，不适合采取维持的方式，应当决定驳回申请人的复议申请。驳回决定适用于：①申请人认为行政机关不履行法定职责而申请复议，复议机关受理后发现该机关没有相应法定职责或已经履行法定职责的；②复议机关受理申请后，发现该申请不符合受理条件的。

（二）申请人获胜的决定

第一种情况，申请人针对作为申请复议而获胜的，原则上通用撤销、变更、确认违法的复议决定。被申请行政行为有下列情形之一的，复议机关应当决定撤销、变更或确认该行政行为违法：①主要事实不清、证据不足的；②适用依据错误的；③违反法定程序的；④超越或者滥用职权的；⑤行政行为明显不当的。

复议机关决定撤销或确认被申请行为违法的，可以同时责令被申请人在一定期限内重新作出行政行为，被申请人不得以同一事实和理由作出与被申请行为相同或基本相同的行政行为。被申请人重作的行政行为，应当在法律、法规、规章规定的期限内重新作出，法律、法规、规章未规定期限的，应当在60日内作出。

复议机关变更被申请行为的，在申请人的复议请求范围内，不得作出对其更为不利的复议决定，如加重罚款数额或增加拘留日期等。

【课后练习与测试】

一般情况下，对于违法或不当的行政行为，撤销决定、变更决定、确认违法决定三者可以通用，但下列两种情况除外：①只有一般合理性问题的行为，可以撤销或变更，但不能确认违法；②只有程序违法的行为，可以撤销或确认违法，但不得变更。

第二种情况，申请人针对不作为申请复议而获胜的，复议机关应当作出履行决定，责令被申请人在一定期限内履行职责；不作为已经造成不可挽回的损失，履行职责失去现实意义的，复议机关应当确认不作为违法。

（三）赔偿决定

行政复议的赔偿决定包括两种类型，一是依申请作出的，二是依职权作出的，这是行政复议与行政诉讼的一个不同之处，因为行政诉讼绝不可能出现法院依职权作出赔偿判决的情形。

1. 依申请作出的赔偿决定。如果申请人在申请复议时一并提出行政赔偿请求的，对于其中符合国家赔偿要件的情况，复议机关在对行政行为违法决定撤销、变更或确认违法的同时，应当决定被申请人对申请人给予赔偿。

2. 依职权作出的赔偿决定。如果申请人在申请复议时虽然没有提出行政赔偿请求，但被申请的行政行为是直接针对财物作出的，如罚款、违法集资、没收财物、征收财物、摊派费用、查封财产、扣押财产、冻结财产等，且该行为依法应当被撤销或变更的，复议机关应当同时依职权责令被申请人给予赔偿。需要注意的是，只有直接以财务为对象的行政行为应当被撤销或变更的同时，复议机关才可以主动作出赔偿决定。如果这个行为是针对别的对象作出的，但是也造成了申请人的财产损害，就不能依职权决定予以赔偿。例如，行政机关吊销了申请人的许可证，这就很可能造成其财产损失，但这个行为的对象是一个许可证，而不是

【课后练习与测试】

一个财物，就不能依职权作出行政赔偿决定。

（四）对行政行为依据的附带处理决定

复议机关对行政行为依据附带审查后的处理方式，根据其启动方式的不同，分为两种情况：一是依申请处理，二是依职权处理。

1. 依申请的处理。如果申请人在对某一行政行为申请复议时，一并提出对作为该行政行为依据的、效力在规章以下的行政规范性文件的审查申请，复议机关就有义务对该行政规范性文件加以审查。对于这个行政规范性文件，复议机关有权处理的，应当在 30 日内处理完毕；无权处理的，应当在 7 日内依法转送有权处理的其他行政机关，后者应当在 60 日内处理完毕。对行政规范性文件处理期间，复议机关应先中止对行政行为的审查。

2. 依职权的处理。如果申请人在对某一行政行为申请行政复议时，并未对该行为的依据申请审查，但复议机关在案件的审查过程中主动发现其依据不合法的，也应加以处理。复议机关有权处理的，应当在 30 日内处理完毕；无权处理的，应当在 7 日内依法转送有权的国家机关处理。处理期间同样中止对行政行为的审查。

依申请的附带审查与依职权的附带审查存在着如下三个方面的区别：①对象不同。如前所述，依申请的只能是效力层级低于规章的一般行政规范性文件，依职权的审查则范围不限，可以审查该行政行为的各种依据。但是，对于依申请的审查，只要当事人对受案范围内的规范性文件提出申请，复议机关就必须加以审查；而对于依职权的审查，复议机关并不负有必须加以审查的义务，是可以选择的。②复议机关无权处理这些依据时，所转送的对象不同。对于当事人申请审查的规范性文件，复议机关无权处理时，应当转送给有权处理的其他行政机关；依职权的情况下，则是转送给有权处理的其他国家机关，这个机关既可能是行政机关，也可能是其他的机关，如某一级的人大常委会。因为，依申请审查的对象是规章以下的行政规范性文件，其制定机关自己或其上级行政机关肯定是有权审查的；而依职权审查的未必是行政规范性文件，还有可能是地方性法规或人大常委会的决定，此时行政机关就无权进行审查了，而是需要转送给其他的机关。③在转送处理的情况下，接受转送的行政机关在处理期限上有无限制不同。对于依申请的情况，有权机关应当在 60 日内处理完毕；而对于依职权的情况，有权机关的处理期限是没有规定的。《行政复议法》中没有规定这个期限，并不意味着有权机关的处理就是无限期的。因为对这些依据的处理一般要依据《立法法》的有关立法监督审查制度来处理，而这些制度本身已经规定了处理期限，《行政复议法》中就没有必要再规定了。

对行政规范性文件附带审查之后的处理，其处理结果的法律效力原则上和对行政行为的处理是相同的。如果被附带审查的行政规范性文件违法或者不当，复议机关或其他有权机关应当将其撤销、改变或确认违法。在实践中，也可能表现为要求该文件的制定机关自行修改或停止实施。无论是哪一种处理方式，处理结果都具有普遍效力而不是个案效力，也就是说，该行政规范性文件不但不能作为审查案中行政行为的依据，而且该文件的全部或部分内容自此便失去效力，在行政管理中不得继续作为依据使用。

【课后练习与测试】

四、结案后的后续处理措施

为了更加妥善地解决行政争议，《行政复议法实施条例》规定了三种结案后的后续处理措施：

1. 复议意见书。在复议期间，复议机关发现被申请人或其他下级行政机关的相关行政行为违法或需要做好善后工作的，可以制作行政复议意见书。有关机关应当自收到行政复议意见书之日起 60 日内，将纠正相关行政违法行为或做好善后工作的情况通报行政复议机构。

2. 复议建议书。在复议期间，行政复议机构发现法律、法规、规章实施中带有普遍性的问题，可以制作行政复议建议书，向有关机关提出完善制度和改进行政执法的建议。

【课后练习与测试】

3. 复议备案制。下级复议机关应当及时将重大行政复议决定报上级复议机关备案。

五、行政复议决定的执行

行政复议决定的执行措施，包括了三种性质完全不同的行为方式，有的是一种内部行政行为，有的是行政强制执行，还有的属于法院的非诉执行。

1. 属于内部行政行为的执行措施。复议被申请人不履行或无正当理由拖延履行复议决定的，复议机关或有关上级行政机关应当责令其限期履行，这实际上是一种内部行政行为。

2. 属于行政强制执行的措施。申请人、第三人逾期不起诉又不履行行政复议决定的，或不履行属于终局裁决的复议决定时，如果作出原行政行为的机关或复议机关具有直接强制执行权的，在复议维持的情况下由作出原行为的机关负责执行，在复议改变的情况下由复议机关负责执行。这种执行措施，在性质上就属于行政强制执行。

【课后练习与测试】

3. 属于法院非诉执行的措施。申请人、第三人逾期不起诉又不履行行政复议决定的，或不履行属于终局裁决的复议决定时，如果作出原行政行为的机关与复议机关不具备直接强制执行权的，在复议维持的情况下由作出原行为的机关申请法院执行，在复议改变的情况下由复议机关申请法院执行。此时的执行措施，就属于法院非诉执行的范围了。

第七节　行政复议与行政诉讼的衔接关系

行政诉讼与行政复议共同构成了行政争议法的主体内容，这两套制度的衔接关系历来是考查的重点。当事人自由选择复议与诉讼，是这一关系的原则，但存在某些例外，如复议前置乃至复议终局等。行政诉讼与行政复议之间的衔接关系，可以概括为四种基本类型：

一、复议诉讼自由选择

这是当事人选择救济程序的一般模式，适用于绝大部分行政纠纷。如果一个案件同时属于行政诉讼与行政复议受案范围，当事人既可以直接选择向法院起诉，也可以选择先向复议机关申请复议，对复议决定仍不服再提起行政诉讼。对此着重理解几点：

1. 已经诉讼，不得复议。当事人已经对某一行政纠纷提起诉讼的，一旦法院受理，无论法院是否已经作出判决，当事人都不得再就同一争议申请行政复议。因为根据司法最终的原理，只可能出现复议在先诉讼在后的情况，绝不可能颠倒过来。当然，如果原告在起诉之后又撤诉了，可以当作他从来没有起诉过，如果此时尚在行政复议的申请期限之内，则当事人仍可申请复议，不受此限。

2. 已经复议，暂缓诉讼。当事人如果就同一争议同时提起行政诉讼又申请行政复议的，应由先受理的机关管辖；如果两机关同时受理的，则由当事人任选其一。如当事人已经申请行政复议的，则在复议期间不得再就同一争议向法院起诉；只有在复议决定作出之后，或复议期限届满之后，或当事人撤回复议申请之后，才能就该争议向法院起诉。

3. 复后再诉，时间受限。如果当事人经过复议之后仍然不服，继续向法院起诉的，受到期限上的限制。这种期限原则上是15日，如果其他法律另有规定的，从其例外。这一期限的起算有两种方式：复议机关作出复议决定的，从当事人收到复议决定书之日起算；复议机关逾期不作出复议决定的，从复议审理期满之日起算。

4. 一事一议，不得重复。原则上，复议机关只对同一行政争议处理一次，当事人如对复议机关的处理决定不服，可以依法提起行政诉讼，不能再就此事向原来的复议机关或其他复议机关申请重新复议。"一事一议"存在例外，就是对于省部级行政单位的行为，在申请原机关一次复议失败之后，仍可选择向国务院申请作二次复议（法律上称为裁决）。

二、复议前置但不终局

除上述自由选择关系之外，其他情况均属复议与诉讼关系的例外。最常见的，就是复议前置但并不终局的情况（简称复议前置）。在这种关系中，当事人对特定的行政争议不服的，必须先行申请复议；对复议决定仍然不服，或复议机关拒不作出处理的，再行提起行政诉讼；当事人就此类争议直接提起行政诉讼的，法院不予受理。复议前置案件，常见的是如下几类：

1. 纳税争议案件。根据《税收征收管理法》与《海关法》的规定，当事人就纳税问题与税务机关发生争议时，应当先申请复议，对复议决定不服的再提起行政诉讼。

　　注意这里的"纳税争议"范围是特定的，并非泛指所有有关税收的争议，而是特指围绕纳税问题展开的争议。何谓"纳税"争议，法律上所列举的种类十分复杂，可以概括为 12 个字，即"交不交、谁来交、交多少、怎么算"。此外的其他税收争议，包括当事人对税务机关的处罚决定、强制执行措施或税收保全措施不服的，既可以申请复议，也可以直接提起行政诉讼。

【课后练习与测试】

　　2. 禁止或限制经营者集中的行为。根据《反垄断法》规定，不服反垄断执法机构禁止或限制经营者集中的行为，也需要先经复议之后才能诉讼。所谓经营者集中，主要是企业间的收购、并购行为，为了防止这些行为导致垄断，行政机关采取的禁止性或限制性措施，如果当事人对其不服，就属于复议前置的范畴。

　　3. 侵犯已经取得自然资源权利的确认性行为。根据《行政复议法》第 30 条第 1 款的规定，当事人认为行政机关的行政行为侵犯其已经依法取得的自然资源所有权或使用权的，应当先申请行政复议，对复议决定不服再提起行政诉讼。对于这一规定，最高法院又专门于 2003 年作出了司法解释，指出上述条款所规定的行政行为，必须是确认自然资源所有权或使用权的行政行为；而对于涉及自然资源权利的行政处罚、行政强制措施等其他行为提起行政诉讼的，无须复议前置。综合以上规定，可以归纳出对于这类案件，同时满足两个条件时就需要复议前置：①侵犯既得的自然资源权利；②被复议的行为确认了该自然资源权利。

【课后练习与测试】

三、复诉自由但复议终局

　　复诉自由但复议终局关系，也是行政诉讼与行政复议关系中的特例。其含义是：当事人如对特定行政争议不服，既可以提起行政诉讼，也可以申请行政复议，而一旦申请了行政复议，复议机关的决定就具有终局的效力，对该决定当事人不得再行提起诉讼。这只有一种情况，就是省部级单位对自身行为的复议决定。根据《行政复议法》规定，当事人不服省部级行政机关行政行为时，其救济途径有两种：一是直接起诉，二是向原机关申请行政复议。如果当事人选择行政复议的，对其复议决定不服仍有两种选择：一是起诉，二是申请国务院作出裁决，在这里，国务院的

【课后练习与测试】

裁决实际上就是一种二次复议决定，是"一事一议"原则的例外。当事人如果选择国务院裁决，则该裁决具有终局效力，不得再对其提起行政诉讼。这一规定的目的，是要避免国务院成为行政诉讼被告。因此，对省部级单位就自身行为作出的复议决定而言，其法律救济方式就属于复议（二次复议）与诉讼自由选择，但复议终局的关系。

四、复议前置且终局

复议前置且终局关系，是行政复议与行政诉讼关系中最为特殊的一种。在这种关系之下，当事人对特定行政争议不服时，只能先申请复议，而一旦申请复议，复议决定又产生终局效力，不得再对其提起行政诉讼。换言之，对于此类争议，当事人只有行政复议一种选择，不得提起行政诉讼。此类案件包括两种：

【课后练习与测试】

1. 特定情况下确认自然资源权利的行为。综合《行政诉讼法》和《行政复议法》的规定，不服行政机关确认自然资源权利的行为，当事人需要先申请行政复议。在一般情况下，当事人不服复议决定仍可以继续提起诉讼。但在符合《行政复议法》第30条第2款规定的特殊情况下，如果经过了行政复议，复议决定就将是终局的。该条第2款规定，省级政府根据国务院或者省级政府对行政区划的勘定、调整或征用土地的决定，确认自然资源所有权或使用权的行政复议决定为最终裁决。这就意味着，这种情况下的复议终局要同时满足两个条件：①复议决定是省级政府作出的，如果是其他机关作出的，复议决定就不会终局；②复议决定作出的依据是国务院或省级政府勘定、调整行政区划或征用土地的决定，如果是以其他依据作出的复议决定，也不会产生终局的效力。

【拓展案例】

【课后练习与测试】

2. 对外国人、境外人采取的出入境强制措施。根据2013年实施的《出境入境管理法》的规定，外国人、境外人对公安出入境管理机构实施的继续盘问、拘留审查、限制活动范围、遣送出境措施不服的，可以申请行政复议，该行政复议决定为最终决定。